Hilary Harmar

Hunde züchten mit Erfolg

Ein praktischer Ratgeber

Mit 24 Abbildungen im Text und 3 Zeichnungen

2. Auflage

Albert Müller Verlag
Rüschlikon-Zürich · Stuttgart · Wien

Aus dem Englischen übersetzt von Vreny Wenger-Fischer. Titel des englischen Originals: Dogs and how to breed them, erschienen bei John Clifford Ltd., London. Copyright ©by Hilary Harmar. — Deutsche Ausgabe: © Albert Müller Verlag AG, Rüschlikon-Zürich, 1978. — Nachdruck, auch einzelner Teile, verboten. Alle Nebenrechte vom Verlag vorbehalten, insbesondere die Filmrechte, das Abdrucksrecht für Zeitungen und Zeitschriften, das Recht zur Gestaltung und Verbreitung von gekürzten Ausgaben und Lizenzausgaben, Hörspielen, Funk- und Fernsehsendungen sowie das Recht zur foto- und klangmechanischen Wiedergabe durch jedes bekannte, aber auch durch heute noch unbekannte Verfahren. — ISBN 3-275-00681-9. — 6/9-84. — Printed in Switzerland.

Inhaltsverzeichnis

11 **Einleitung**

13 **Kapitel 1: Was der Hundezüchter über Genetik wissen muß**
13 Grundlagen
15 Rezessive Gene
15 Dominante Gene
16 Mutationen
17 Letalfaktoren
17 Geschlechtsgebundene Merkmale
17 Inzucht und Inzestzucht
19 Linienzucht
19 Fremdzucht (Outcross)
21 Verantwortungsbewußt sein!
23 Merkmale, die sich beim Großteil aller Rassen rezessiv vererben
24 Farben und Pigmentierung in der Genetik
26 Entstehung neuer Rassen
31 Generelle Überlegungen und Folgerungen
31 Praktisches Züchten
32 Zusammenfassende Liste von Richtlinien

35 **Kapitel 2: Aufbau einer Zucht**
36 Die besten Paarungen
37 Die wichtigsten schriftlichen Unterlagen
38 Wie man Fehler ausmerzen kann
40 Testpaarungen/Versuchspaarungen

41 **Kapitel 3: Der Zuchtrüde**
41 Die Wahl des Zuchtrüden
43 *Die Fortpflanzungsorgane des Rüden*
43 Prostata (Vorsteherdrüse)
43 Skrotum (Hodensack)
44 Penis
44 Spermien (Samenfäden)
44 Die Hoden (Testikel)
45 Kryptorchismus

45 Eintritt der Geschlechtsreife bei den verschiedenen Rassen
46 Wie oft darf der Zuchtrüde decken?
47 Pflege des Zuchtrüden
48 Die Rolle des Deckrüden bei der Paarung
49 Haltung eines eigenen Deckrüden/Zuchtrechtsvertrag
49 Decktaxen

51 **Kapitel 4: Die Zuchthündin**
52 *Die Fortpflanzungsorgane der Hündin*
52 Die beiden Eierstöcke
53 Die Gebärmutter (Uterus)
54 Die Eileiter (Tuben)
54 Die Scheide (Vagina)
54 Die Scham (Vulva)
55 Brustdrüsen (Mammae)
56 *Der Sexualzyklus*
56 Die Vorbrunst
56 Die Hochbrunst
57 Die Gelbkörperphase
57 Die Ruhe- und Rückbildungszeit
57 Die Befruchtung
58 Fortpflanzungsbereitschaft der Hündin
59 Glukose-Test zur Feststellung der Ovulation
60 Das Alter der Zuchthündin
61 Zyklus-Unregelmäßigkeiten und künstliche Einflüsse
62 Pflege der Hündin während der Brunstzeit
63 Allgemeine Pflege der Zuchthündin
63 Zuchtrechts-Abtretung

65 **Kapitel 5: Unfruchtbarkeit**
65 Falsche Ernährung
66 Umwelteinflüsse
66 Alter
66 Überbeanspruchung
67 Falscher Zeitpunkt
67 Unnatürliche Bedingungen
67 Größenunterschiede
68 Unfruchtbarkeit als Folge von Krankheiten

68 Hormonale Störungen
68 *Ursachen der Unfruchtbarkeit beim Rüden*
68 Orchitis (Hodenentzündung)
69 Epididymitis (Entzündung der Nebenhoden)
69 Prostatitis (Vorsteherdrüsen-Entzündung)
69 Balanitis (Eicheltripper)
69 Phimose
69 Kastration
69 Deckschwierigkeiten
70 *Ursachen für Unfruchtbarkeit bei der Hündin*
70 Falsche Hitze
70 Abnorm verlängerte Brunstzeit
71 Frigidität
71 Scheidenverengung
71 Tumoren (Geschwülste und Wucherungen)
71 Vitamin-E-Mangel
72 Sterilisation (Kastration) der Hündin

72 **Kapitel 6: Vorbereitungen zur Paarung**
73 Zuchtrüdentypen
74 Ausbildung des Hundes zum Deckrüden
76 Paarungsort
76 Ausrüstung
77 Unterkunft und Pflege der Hündin

79 **Kapitel 7: Die Paarung**
82 Paarung mit drei Helfern
82 Paarung mit 2 Gehilfen
83 Paarung mit nur einem Helfer
85 Die Paarung
88 Nach der Paarung
88 Deckschwierigkeiten
92 Künstliche Befruchtung
92 Mésalliance und Überdeckung der Hündin

93 **Kapitel 8: Die Trächtigkeit**
93 Scheinträchtigkeit
94 Anzeichen der Trächtigkeit

96	Die Pflege und Haltung der trächtigen Hündin
98	Fütterung der trächtigen Hündin
99	**Kapitel 9: Die Wurfkiste**
104	**Kapitel 10: Die Geburt**
105	Geburts-Vorbereitungen
106	Instrumenten-Tablett für die Geburt
107	Die ersten Anzeichen
108	Der Wurf
115	Durchtrennung der Nabelschnur
117	Die Nachgeburten
119	Sollen die schon geworfenen Welpen während des Fortgangs der Geburt bei der Hündin belassen werden?
120	Größe des Wurfes
120	Welpen und Mutterhündin nach dem Wurf
124	Das Lager für die junge Familie
125	Fütterung der Welpen bis zur 3. Lebenswoche
125	Kurzfassung des Geburtsablaufes oder «Geburtsfahrplan»
127	**Kapitel 11: Geburtsschwierigkeiten**
129	Abnormitäten bei der Hündin
129	Wehenschwäche
130	Primäre Wehenschwäche
131	Resorption der Welpen
131	Hernien
132	*Geburtshilfe bei Komplikationen*
132	Kleine Extrahilfen
132	Schwierige Kopflagen
133	Steißlage
134	Bauch-nach-oben-Lage
135	Nacken- und Hinterhauptslage
135	Toter Welpe
135	Wenn kein Tierarzt erreichbar ist
136	Zurückbleiben eines Mutterkuchens
137	Zurückbleiben eines Welpen
138	Geburtsgeschwächte Welpen
138	Wiederbelebungsversuche am Welpen

142	Mund-zu-Mund-Beatmung
142	Kaiserschnitt
145	*Komplikationen nach der Geburt*
145	Eklampsie
146	Metritis (Gebärmutterentzündung)
146	Mastitis (Brustdrüsenentzündung)
147	Prolaps (Vorfall)
147	**Kapitel 12: Die ersten Wochen der Welpen**
147	Neugeborene Welpen
148	Erste Untersuchungen der Welpen
149	Unerwünschte Welpen
150	Hasenscharten
150	Gesunde Welpen
151	Säugen
152	Bewegung
153	Fortschritte der Welpen
153	Kümmernde Welpen und die Gefahren des Durchfalls
156	Entfernen der Afterkrallen und Zurückschneiden der Zehenkrallen
158	Das Kupieren der Schwänze
159	Die Gummiband-Methode
159	Augenpflege
160	Die Ohren
160	Nabelbruch
161	**Kapitel 13: Die Entwicklung des Welpen**
162	Schlechte Gewohnheit
163	Milchzähne
164	Zahnwechsel
165	Zahnstein, Zahnpflege
165	Entwöhnung der Welpen
168	Wurmprobleme
170	Die Entwurmung
173	**Kapitel 14: Mutterlose Welpen**
176	Die Amme
179	Hilfsartikel bei der künstlichen Ernährung

180	Anzahl Mahlzeiten
180	Fütterung mit Tropfpipette oder Säuglingsflasche
184	Schwierigkeiten bei der Fütterung
184	Ernährung mit der Magensonde
187	Der verwaiste Welpe wird entwöhnt
188	**Kapitel 15: Die Welpen wachsen heran**
188	Erste Schritte zur Stubenreinheit
189	Das Welpenhaus
189	Der Welpen-Auslauf
190	Sauberkeit im Auslauf
191	Schlafstelle der Welpen
192	Spielen
192	Bewegung und Ruhe
192	*Gesundheitsprobleme*
192	Durchfall
193	Ein Rezept aus Großmutters Zeiten
193	Probleme mit den Augen
194	Die Räude
195	Virus-Krankheiten
197	Impfungen
198	Körperpflege
200	Der Umgang mit Welpen und ihre Erziehung
202	Eintragung ins Hunde-Stammbuch, Verkauf, Abschied
210	**Register**

Einleitung

Hundezucht ist eine Verbindung von Wissenschaft und Kunst, dazu erfordert sie eine gute Portion Glück und dann natürlich das besondere «Flair» sowie unverwüstlichen Optimismus des Züchters. Die meisten Hundezüchter sind es durch Zufall geworden, Tierliebhaber, die sich ihren Hund nur als Haustier und Begleiter erstanden haben. Entwickelt sich nun der kleine Welpe zu einem stattlichen, schönen Hund, wird früher oder später jemand dazu raten, den Rüden doch einmal an einer Ausstellung zu zeigen. Nach erfolgter, womöglich gar erfolgreicher Ausstellung, wo man mit Züchtern ins Gespräch kam, dauert es nicht mehr lange, und man plant den Kauf einer passenden Hündin.

Noch öfter passiert es dem Besitzer einer Hündin, daß er diese, mehr zum Spaß und weil noch allgemein die Meinung vertreten wird, daß es gut sei für das Tier, vom nächstbesten Rüden decken läßt. Werden dann die Welpen gut, vielleicht sogar mit kleinem Profit verkauft, ist man schon voll drin, im Hundezüchten. Erfolg und Charakter des Züchters entscheiden dann, wie lange der neue Zwinger bestehen wird.

Obschon es recht schwierig ist, gute Hunde zu züchten — wenn man einmal angefangen hat, kommt man nur schwer wieder davon los. Mit Ausnahme einiger vom Glück besonders Begünstigter starten die meisten Züchter mit schlechtem Ausgangsmaterial. Züchter, die nach einigen Jahren zu einer anderen Rasse übergehen oder eine zweite Rasse dazu anschaffen, haben dann im allgemeinen mehr Erfolg, denn dank größerer Erfahrung und mehr Wissen wählen sie jetzt ihre Zuchttiere kritischer aus.

Kaum ein Anfänger weiß mehr vom Züchten, als daß man Rüde und Hündin sich paaren läßt, daß daraus Welpen entstehen und daß man diese nachher verkauft. Hundezucht kann aber dem intelligenten Züchter das Gefühl echter schöpferischer Leistung vermitteln, eine Befriedigung, die weit über das Erfolgsgefühl an Ausstellungen hinausgeht.

Die meisten Züchter betrachten das Züchten als Hobby,

vorzugsweise als eines, das sich mit der Zeit selber finanziert, denn man kann nach Abzug der großen Unkosten für Aufzucht, Ausstellungen und Tierarzt etc. kaum mehr von Profit sprechen. Für Menschen aus abgelegenen Orten bietet dieses schöne Steckenpferd die Möglichkeit, Freunde zu finden, den Kontakt zum Mitmenschen zu pflegen, obschon bei späterem Erfolg unweigerlich auch Neid und Eifersucht diesen Aspekt trüben werden. Trotzdem, gerade auch eine Ausstellung bringt Spannung und Leben in den Alltag und eine willkommene Abwechslung vom Küchenherd.

Kapitel 1: Was der Hundezüchter über Genetik wissen muß

Leider ist die moderne Vererbungswissenschaft recht kompliziert und differenziert, und es fehlt dem Durchschnittszüchter an Zeit und Neigung, sich damit herumzuschlagen. Doch wer mit Erfolg und seriös Hunde züchten will, muß sich gezwungenermaßen wenigstens mit den Grundbegriffen der Genetik vertraut machen, insbesondere mit der Mendelschen Theorie über «dominante» und «rezessive» Gene. Diese ist noch relativ einfach zu verstehen und praktisch in der Hundezucht anzuwenden. Natürlich kann ein Hundezüchter auch ohne genetische Kenntnisse rein durch Vernunft und Beobachtungsgabe gute Hunde züchten. Aber es wird viel länger dauern als beim Genetiker, der weiß, weshalb und woher Fehler entstehen und woher gute Eigenschaften stammen, wie Fehler durch gekonnt selektives Züchten kaum je zum Vorschein kommen müssen oder doch über Generationen verborgen bleiben.

Grundlagen
Die Basis für die heutige Vererbungslehre schuf Gregor Johann Mendel, der von 1822—1884 lebte. Anhand langjähriger Kreuzungs-Versuche mit Pflanzen zog Mendel den Schluß, daß jedes Individuum für jedes seiner Merkmale und für jede Eigenschaft eine doppelte Erbeinheit besitzen müsse und daß vor der Befruchtung eine Teilung dieser Erbeinheiten eintreten müsse. Mendel entdeckte auch, daß es «dominante» Merkmale gibt, die sich sichtbar weitervererben und «rezessive» Merkmale, die sich zwar vererben, aber durch die dominanten überdeckt werden.
Die Erkenntnisse dieser Wissenschaft können, auf die Hundezucht angewandt, für den Züchter eine große Hilfe bedeuten. Doch um die Fortpflanzung und das Schaffen neuen Lebens zu verstehen, muß man ganz am Anfang beginnen:
Ein Ei wird immer nur von einer Samenzelle befruchtet. Wenn also eine Spermie in die Eizelle eingedrungen ist, verdickt sich die Außenhülle des Eies sofort, um das Eindringen weiterer

Samenzellen zu verhindern. Im Zellkern von Eizelle und Samenzelle befinden sich die Träger der Gene (Erbeinheiten), die Chromosomen. In ihnen sind die Gene wie eine Kette geradlinig aufgereiht.

Im Gegensatz zu allen anderen Körperzellen hat die weibliche Eizelle nicht mehr ein Genpaar für jedes Merkmal, sondern nur noch ein einzelnes Gen; desgleichen die männliche Samenzelle. Bei der Befruchtung, d.h. Verschmelzung der männlichen und der weiblichen Keim-Zelle wird der ursprüngliche Chromosomensatz wieder hergestellt, und für jede Eigenschaft und jedes Merkmal ist jetzt wieder ein Paar von Erbeinheiten (Genpaar) vorhanden.

Das einzelne Lebewesen erbt nicht direkt psychische und physische Eigenschaften und Merkmale seiner Erzeuger, sondern nur die Gene, die Erbanlagen, aus welchen jene hervorgehen.

Jedes Individuum ist eine einmalige Ausgabe, obschon es seiner Art und Rasse ähnlich sehen wird.

Gene bleiben über Generationen unverändert (es sei denn, daß sich eine Mutation — eine spontane Änderung — ereignet). Beide Elterntiere sind gleichermaßen an der Erbmasse beteiligt mit Ausnahme der Bestimmung des Geschlechts. Das Geschlecht der Nachkommen wird durch die männliche Samenzelle bestimmt. Der Hund hat 78 Chromosomen, d.h. 39 Paare. Bei beiden Geschlechtern sind 38 Chromosomenpaare völlig gleich. Beim Rüden ist jedoch das 39. Gen-Paar verschieden. Die eine Hälfte, die man nach ihrer Form als X-Chromosomen bezeichnet, ist identisch mit dem Paar der Hündin. Das andere Chromosom des Rüden ist etwas kleiner und erhielt die Bezeichnung Y. Es ist eine Sache des Zufalls, ob nach der Befruchtung Zellen mit XX oder solche mit XY entstehen. XX ergibt einen weiblichen, XY einen männlichen Welpen.

Bei den Genen werden — vereinfacht — «dominante» und «rezessive» Erbeinheiten unterschieden. Wenn ein Individuum zwei gleiche Gene für eine Eigenschaft besitzt, also ein Gen vom Vater und ein gleiches von der Mutter, so ist es in bezug auf diese Eigenschaft reinerbig (homozygot).

Erhält es aber für ein Merkmal zwei verschiedene Erbeinheiten zugeteilt, so ist es in bezug auf dieses Merkmal mischerbig (heterozygot).
Es ist für den Züchter von größter Bedeutung, die Träger mischerbiger Genpaare, bei denen vielleicht unerwünschte Eigenschaften rezessiv weitervererbt werden, zu kennen.

Rezessive Gene
Rezessive Anlagen werden unter Umständen über Generationen unsichtbar weitervererbt und treten erst wieder in Erscheinung, wenn Vater und Mutter zufällig das gleiche rezessive Gen in der Erbmasse führen. Dann kann es vorkommen, daß Nachkommen ein Doppel-Gen für diese rezessive Anlage erhalten und das betreffende Merkmal sichtbar wird, daß sie für dieses Merkmal dann reinerbig sind. Bei Hunden mit nur einem Rezessiv-Gen bleibt die betreffende Eigenheit vom dominanten Gen überdeckt. Für die Zucht sind diese Tiere gefährlich, weil sie die Träger eines rezessiven Fehlers sein können, der über Generationen unsichtbar bleibt und erst wieder auftaucht, wenn das Rezessiv-Gen in doppelter Ausgabe auftritt.

Dominante Gene
Sie überspringen keine Generation. Sie sind weniger gefährlich für die Zucht, denn sie sind immer sichtbar und werden auch sichtbar weitervererbt. Nur die Nachkommen, die ein dominantes Merkmal zeigen, können es auch weitervererben. Denn Eigenschaften, die sich dominant verhalten, sind immer sichtbar, auch wenn der Träger für die betreffende Eigenschaft mischerbig ist. Sie vererben sich aber nur dann konstant, wenn der Träger dafür reinerbig ist, also ein identisches Genpaar besitzt. Denn es sind eben nicht alle Genpaare doppelt dominant oder doppelt rezessiv, also reinerbig. Die Tiere können demnach in bezug auf eine Eigenheit reinerbig oder mischerbig sein, und letztere unterscheiden sich äußerlich kaum oder überhaupt nicht von den reinerbigen. Die Dominanz eines Merkmals über das entgegengesetzte ist jedoch nur selten ganz vollständig. Bei manchen Kreuzungen kann man sogar feststellen, daß kein Teil eines Paares entgegengesetzter Erbmerk-

male über den anderen dominant ist. Dann zeigen die Nachkommen Merkmale, die in der Mitte zwischen den betreffenden Merkmalen der Eltern liegen. Ein Beispiel dafür sind Farbabänderungen des Haarkleides. Einige Faktoren können außerdem dominant sein bei der einen Rasse, aber müssen nicht dominant sein bei der anderen; dasselbe gilt für gewisse Rezessiv-Faktoren. Dann wieder müssen für ein Merkmal mehrere Gene zusammenwirken, was man Polygenie nennt. Ebenfalls kann es vorkommen, daß ein einziges Genpaar für mehrere Eigenheiten verantwortlich ist, was man Pleiotropie nennt...
Von da an wird allerdings die Genetik zu kompliziert für den durchschnittlichen Hundezüchter.

Mutationen

Meist sind Mutationen schädlich, besonders wenn das davon betroffene Gen dominant ist. Mutationen treten ohne Warnung plötzlich auf, aber sie schlummern vielleicht schon über Generationen in der Erbmasse, bis dann zwei Hunde gepaart werden, die beide Träger eines Rezessiv-Gens für die Mutation sind. Nur dann kann diese ja sichtbar werden. Viele Veränderungen des Körperbaus sind durch Mutationen entstanden. Klassische Beispiele sind die brachycephalen Rassen, wie die schon Jahrhunderte alte Rasse der Mastiffs und alle anderen Rassen mit stark verkürztem Gesichtsschädel, wie z.B. Pekingesen, Möpse und Bulldoggen. Hunderassen wie z.B. Basset Hounds, Pekingesen und Dachshunde leiden unter einer Deformation, die man Achondroplasie nennt, eine Fehlentwicklung der langen Gliedmaßenknochen vor der Geburt, welche Kurzbeinigkeit hervorruft.
In Ermangelung besserer Kenntnisse scheinen gewisse Züchter Mühe zu haben, bestimmte Rassen standardgerecht zu züchten. Dies zeigt sich besonders bei niederläufigen Rassen, wo die Gliedmaßen immer kürzer und kürzer werden, wahrscheinlich sehr zum Nachteil dieser Rassen. Dagegen werden zum Beispiel die Gliedmaßen des Dobermanns immer länger, und im Verlauf des letzten Vierteljahrhunderts ist diese Rasse langsam immer größer und hochbeiniger geworden. Mutationen können auch entstehen durch bestimmte Strahlen. Medikamente und Gifte

sind weitere Ursachen, die in schädliche Mutationen ausarten können.
Schäden durch Krankheit oder Unterernährung der Hündin werden natürlich nicht weitervererbt, und nur bei ganz schlimmen Fällen von Unterernährung werden die Welpen in Mitleidenschaft gezogen. Unter schlechter Ernährung leidet aber am meisten und zuerst die Hündin. Die Welpen zuletzt und nur insofern, daß sie schwach und weniger resistent gegen Krankheiten sind.

Letalfaktoren
Sie werden in der Regel rezessiv vererbt. Es sind Mißbildungen wie z.B. Wolfsrachen, Hasenscharte, Haemophilie (Bluterkrankheit), dann aber auch das Absorbieren der Föten, Neigung zum Verwerfen und zu Totgeburten.
Halb-Letal-Gene, wie etwa die Träger des bilateralen Kryptorchismus, können schließlich tödliche Folgen für eine Rasse haben, da sie dadurch aussterben kann.
Welpen mit Gaumenspalten können nicht saugen und sterben bald, wenn man sie nicht operieren kann.

Geschlechtsgebundene Merkmale
werden durch die Sex-Chromosomen weitervererbt. In den größeren X-Chromosomen befinden sich begreiflicherweise mehr geschlechtsgebundene Gene als auf den Y-Trägern. Ein typisches Beispiel ist die Bluterkrankheit, welche nicht bei den erbfaktortragenden Hündinnen selbst, wohl aber bei ihren Söhnen auftritt. Monorchismus ist natürlich auch geschlechtslimitiert, da er ja bei der Hündin nicht auftreten kann.

Inzucht und Inzestzucht
Das Rezept gescheiter Hundezucht ist immer noch geschicktes Kombinieren von Linienzucht und systematischer Inzucht und, wenn eine Blutauffrischung nötig erscheint, eine mit Umsicht und Sachkenntnis gewählte Fremdzuchtpaarung. Der Durchschnitt der Nachkommenschaft dieser drei Zuchtarten wird etwa gleich ausfallen. Doch wo Inzucht betrieben wird, kommen sowohl positive als auch negative Erbmerkmale ans Tageslicht,

und die Extreme werden also entweder viel besser oder viel schlechter ausfallen.

Inzucht ist die Paarung naher Verwandter, Inzestzucht die Paarung nächster Verwandter wie Vater/Tochter, Mutter/Sohn, Bruder/Schwester usw.

Erste Voraussetzung ist gezielte Auswahl der Zuchttiere. Nur Hunde, die körperlich und psychisch absolut gesund und gefestigt sind und im höchsten Maße dem Rassestandard entsprechen, dürfen eingesetzt werden. Minderwertige Nachkommen sind rigoros für die Weiterzucht zu sperren. Die besten Stämme bei Pferden, Rindern, Schweinen etc. sind durch Inzucht entstanden. Doch Inzucht, ohne Mindestkenntnisse in der Vererbungslehre betrieben, kann einen Stamm in wenigen Generationen ruinieren. Vielleicht schon in der ersten, mit Sicherheit aber in der zweiten Generation werden sämtliche fehlerhaften Erbmerkmale aufgedeckt. Deshalb ist die strenge Selektion der zur Weiterzucht verwendeten Tiere unerläßlich.

Der Anfänger sollte sich nicht an Inzucht wagen ohne sorgfältiges Studium der Ahnentafel bis auf vier Generationen zurück und nicht ohne möglichst genaue Kontrolle der erfaßbaren Nachkommenschaft beider Elterntiere in bezug auf Erbreinheit und fehlerhafte Erbmerkmale. Zufalls-Versuche kommen teuer zu stehen und können viel Kummer bringen. Es kann mehrere Generationen dauern, bis man die schlimmsten Auswirkungen sehen kann.

Inzuchtversuche können aber erstaunlich gute Resultate zeigen bei Pflanzen und Tieren. Dr. Leon F. Whitney entwickelte einen wunderschönen Stamm tropischer Fische (lebistes reticalatus, Guppies): Er paarte Bruder und Schwester über zehn Generationen. Das Resultat zeigte zuerst, daß jede Generation etwas kleiner und weniger lebenskräftig wurde als die vorgehende — bis zur fünften Generation, wo eine plötzliche Verbesserung eintrat. Von da an wurde jede folgende Generation besser, in Lebenskraft und auch in der Farbe. Wenn man zwei Inzuchtlinien von aufeinanderfolgenden Bruder/Schwester-Paarungen miteinander kreuzt, werden deren Nachkommen fast immer größer als der Original-Stamm und auch ihre Lebenskraft ist gesteigert.

Der Züchter muß sich darüber klar sein, daß durch Inzucht nichts Neues in seine Zucht hinein kommt. Was an guten Eigenschaften und Merkmalen noch mangelt, muß man gezielt einkreuzen und kann es nachher wiederum mit Inzucht festhalten.

Es entstehen keine neuen Fehler, aber die rezessiv in den beiden Elterntieren vorhandenen Mängel kommen zum Vorschein, und man kann in relativ kurzer Zeit seine Zuchtlinie «säubern».

Linienzucht
Sie besteht in Paarung zwischen engeren und weiteren Verwandten, wobei der nächste gemeinsame Ahne vielleicht erst in der vierten Generation erscheint. Je ferner der Verwandtschaftsgrad der Tiere, desto verschiedenere Welpentypen werden fallen. Es ist daher sicher besser, wenn Linienzucht in der engeren Verwandtschaft betrieben wird. So ist diese dann der Inzucht sehr nahe und ähnlich; nicht viel Neues kommt zur Erbmasse. Auch da ist das Ausmerzen der Tiere, die dem Rassenstandard nicht genügend entsprechen, von größter Wichtigkeit.

Fremdzucht (Outcross)
In der Hundezucht versteht man darunter die Paarung von Hunden der gleichen Rasse, die aber nicht verwandt sind. Da es sich bei den Tieren um ganz verschiedene Erbmassen handelt, ist eine solche Paarung stets als Versuch zu werten, bei welchem durch die Ungleichheit der Genpaare das Ergebnis sehr vielseitig ausfallen kann. So kann eine sorgfältig geplante Kreuzung einen ganz enttäuschenden Wurf hervorbringen. Es kann aber auch passieren, daß sich bei einer Fremdzuchtpaarung, die eher zufällig war, die beiden Partner bestens ergänzen; es «klickte» zwischen den beiden, und sie produzierten einen außergewöhnlich und überdurchschnittlich guten Wurf. Diese Welpen sind aber nur selten selbst später hervorragende Zuchttiere. Nur wenn sie mit einem Partner ihrer eigenen Blutlinie zusammenkommen, der die erwünschten Erbmerkmale rein weitervererbt, darf man auf weiteren Zuchterfolg hoffen.

Die Kreuzung ist der einzige Weg, um eine neue Eigenheit oder ein neues Merkmal in einen durch Inzucht gegründeten Stamm zu bringen, oder auch um einen Fehler los zu werden. Sehr oft sind es Rezessiv-Gene, die verantwortlich sind für Fehler und Mißbildungen. Eine Faustregel ist also: Wenn Nachkommen eines Zuchtpaares ein Merkmal oder einen Fehler aufweisen, den man bei keinem der Eltern feststellen kann, werden diese durch ein Rezessiv-Gen vererbt, und somit müssen beide Elterntiere Träger dieses Merkmals oder Fehlers sein.

Zum Beispiel: Wenn Zuchteltern, die beide dunkle Augen und schwarze Nasen haben, einen Welpen mit hellen Augen und roter (brauner) Nase bringen, muß bei jedem der Partner zumindest ein Ahne mit dem Rezessiv-Gen für diese Merkmale gewesen sein. Wird dieser Sprößling später mit einem helläugigen, rotnasigen Hund gepaart, werden alle ihre Nachkommen mit hellen Augen und roten Nasen «in die Welt gucken», denn sie sind nun in bezug auf diese «Schönheitsfehler» reinerbig.

Dasselbe gilt für Rassen, die beide Haararten führen, Langhaar und Kurzhaar. Ein typisches Beispiel ist der Chihuahua. Da Kurzhaar bei dieser Rasse dominant ist, können zwei reinerbige Kurzhaar-Chihuahuas nur kurzhaarigen Nachwuchs haben. Wenn aber beide Eltern in den Vorfahren Langhaar aufweisen, besteht die Chance 1:4, daß sie einen langhaarigen Welpen produzieren. Wird später dieser langhaarige Sprößling mit einem anderen langhaarigen gepaart, fällt, selbst wenn beide Elternpaare kurzhaarig gewesen sind, immer ein ganzer Wurf langhaariger Welpen, weil dessen Vater und Mutter durch die Rezessiv-Gene für Langhaar reinerbig sind.

Viele Züchter machen den Fehler, daß sie zuviel auf einmal erwarten und wollen. Wenn ein reinerbiger Kurzhaar-Chihuahua mit einem Langhaar gepaart wird, fällt in der ersten Generation nur Kurzhaar, weil Kurzhaar dominant ist. Bei der nächsten Generation aber, wenn die Nachkommen zu Langhaar gepaart wurden, ist es genetisch wahrscheinlich, daß die eine Hälfte des Wurfes kurzhaarig, die andere Hälfte langhaarig fallen wird. Wenn man nun in der nächsten Generation diese Langhaar nur mit Langhaar paart, wird nie mehr ein

kurzhaariger Welpe dabei sein. Möglicherweise einige mit halblangem Haar, aber nie mehr ein rein kurzhaariger.
Das gleiche Prinzip gilt natürlich auch für alle Fehler, die durch rezessive Gene vererbt werden, wie z.B. Gaumenspalte und Taubheit. Daraus kann man ermessen, wie schnell Fehler «verankert und verewigt» werden können und wie vielleicht durch einen bekannten Sieger- und Zuchtrüden über Jahre hinaus, durch möglicherweise Hunderte von Hündinnen, eine ganze Rasse verseucht werden kann. Wenn dieser Champion nur Träger eines Rezessiv-Gens für den betreffenden Fehler ist — den er natürlich selber nicht aufweist —, und dann seine Nachkommen vor allem für enge Linien- und Inzucht verwendet werden, kann der Fehler, wenn er, meist schon zu spät, endlich entdeckt wird, kaum mehr ausgemerzt werden.

Verantwortungsbewußt sein!
Wo immer in der Hundezucht Extreme gefordert werden, ist fast unvermeidlich die Verschlechterung der Rasse eine unmittelbare Folge. Rassen, die sich noch eng an das Urbild des Wildhundes anlehnen, leiden kaum an Behinderungen.
Wenn Züchter sich doch nur der Misere und der Leiden bewußt würden, die sie ihren Hunden zufügen; nicht zu vergessen die Tierarztkosten, die sie sich selbst aufbürden, wenn sie solch exotische Abarten von Hunden züchten. Dann würden sie hoffentlich klugerweise den Rassenstandard redigieren. Züchter lassen sich oft leicht «benebeln», und obschon sie ihre Hunde lieben und pflegen, werden sie «rassenblind» und schließen die Augen zu der Tragödie, die sie züchten. Zum Beispiel: Geburtsschwierigkeiten bei abnormen Schädelformen und Beckenknochen (Boston-Terrier und Bulldogge). — Bei sehr kurzbeinigen Rassen (Scottish Terrier) entstehen ebenfalls Geburtsschwierigkeiten, weil der Darmbeinknochen des Beckens zu sehr verändert ist. — Übertrieben lange Rücken (z.B. Dachshunde) können zu Bandscheibenschäden führen. — Zu kurze Gesichtsschädel verursachen Neigung zu Atembeschwerden und Gaumen-Spalten (z.B. Pekingese). — Ohrenbeschwerden sind oft eine Folge der Verkleinerung des Ohreneingangs mit noch dazu eingewachsenem Haar (z.B. Fox-Terrier).

Leider kann in der Hundezucht die Natur nicht selbst ihr gesundes, rigoroses Selektionssystem walten lassen. Der Züchter hat diese Aufgabe übernommen und es gilt leider nicht mehr das strenge Naturgesetz, nach welchem nur das Beste überlebt. Es werden Welpen gerettet und oft sogar mit ihnen weitergezüchtet, die in der Natur keine Überlebenschance hätten. Viele Hunde mit genetischen Schäden sind zum Glück beinahe oder ganz unfruchtbar und können so kaum mehr Schaden anrichten.

Bei fortgesetzter, enger Linien- und Inzucht wird die Fruchtbarkeit deutlich abnehmen, es sei denn, daß sehr bewußt Gewicht auf Vitalität und Fruchtbarkeit des Stammes gelegt wurde. Es ist interessant, daß, wenn man zwei ganz verschiedene Rassen miteinander paart, deren Sprößlinge der ersten Generation (F_1) erstklassige Mütter abgeben und sehr viel Milch haben. Dadurch erhalten deren Kinder (F_2) wiederum einen besseren Start ins Leben; die Sterblichkeitsquote sinkt ab und die Fruchtbarkeit wird gesteigert. Heutzutage, wo man praktisch nur noch reinrassig züchtet, vernachlässigen es die Züchter nur allzu oft, den Fruchtbarkeitsfaktor hineinzuzüchten, doch kann er mit Hilfe der modernen Wissenschaft ersetzt werden.

Einige Jahre lang hatte die Fruchtbarkeit in einem meiner Zuchtstämme so stark abgenommen, daß die Hündinnen stets nur noch ein bis zwei Welpen brachten, während mein Zuchtrüde mit auswärtigen Partnerinnen häufig große Würfe hatte. Die kleinen Würfe führten zu konstanten Witzeleien seitens meines Tierarztes. Schließlich kaufte ich mir in meiner Verzweiflung gleich sechs Hündinnen aus einer gut fruchtbaren Stammlinie und paarte sie mit meinem Deckrüden. Zu meiner größten Enttäuschung brachten alle diese Hündinnen auch sehr kleine Würfe. So entschloß ich mich, mit einer meiner zugekauften Hündinnen zum Decken zu ihrem berühmten Vater zu gehen, und sie warf zwei Rüden. Diese beiden paarte ich nun mit den zehn nächsten Hündinnen aus meinem Stamm, die hitzig wurden, und alle, bis auf eine, hatten sie große Würfe.

Mit Hunden, wie auch mit anderen Tieren, macht es sich immer bezahlt, das Beste mit dem Besten zu paaren, nur dann kann der Züchter das Beste erhoffen.

Es gibt viele Merkmale, welche durch mehrere verschiedene Gene (Polygenie), nicht durch nur ein Genpaar bestimmt werden. Bei einem Greyhound zum Beispiel ist es unmöglich, seine Rennfähigkeit im voraus zu wissen, weil sie das Resultat einer Kombination einer Vielzahl von Genen ist. So gibt es in bezug auf Rennfähigkeit weder rezessive noch dominante Gene. Es ist aber bekannt, daß Rennfähigkeit in bestimmten Familien und Stämmen vorherrschend ist. Also gilt auch hier die Parole, daß Bestes, mit Bestem gepaart, auf lange Sicht das Beste erzeugen wird!

Der Züchter wird durch Beobachtung bald lernen, welche Merkmale bei seiner Rasse und seinem Stamm dominant sind, obschon sie, wie schon früher erwähnt, auch maskiert sein können. Meiner Ansicht nach ist es aber für den Züchter weit wichtiger, daß er die Rezessiv-Gene kennt. Diese sind es ja, die für die Zucht schwerwiegende Bedeutung haben können. Leider sind nicht alle Eigenschaften in jeder Rasse gleich dominant oder rezessiv, besonders in bezug auf die Farbe und Beschaffenheit des Haarkleides. Es ist vielleicht der Wiederholung wert, daß wenn eine Welpe ein Merkmal aufweist, das die beiden Elterntiere nicht zeigen, dieses durch rezessive Gene vererbt wird und daß dann beide Eltern Träger der Anlage sein müssen. Viele Fehler, wie Taubheit, Nachtblindheit etc. sind verankert in rezessiven Erbeinheiten.

Es mag hier dienlich sein, einige der bekannteren

Merkmale, die sich beim Großteil aller Rassen rezessiv vererben
zu nennen:
Unterbiß
Vorbiß
Rote (braune) Nase
Helle Augen
Langbeinigkeit (bei den meisten Rassen)
Kurzer Schädel
Kurze Ohren
Stehohren (in vielen Rassen)
Langhaar (rezessiv zu Glatthaar)
Glatthaar (rezessiv zu Drahthaar)

Seidenhaar (rezessiv zu Rauhhaar)
Gerades Haar (rezessiv zu krausem Haar)
Zwergwuchs
Viele schwere Mißbildungen und Behinderungen werden ebenfalls durch Gene übertragen, die in den meisten Rassen rezessiv sind:
Hasenscharte
Gaumen-Spalte
Knick-Rute
Weiche Pfotenhaut
Nachtblindheit
Taubheit
Angeborener Bruch
Blasensteine
Polydaktylie (Extra Zehen)
Scheuheit
Schußfeigheit
Katarakt (Grauer Star)
Entropium (Einwärtsgekehrtes Augenlid)
Ektropium (Auswärtsgekehrtes Augenlid)
Albinismus (Fehlen von Pigment)
Haemophilie (Bluterkrankheit)
Haarwuchs im Gehörgang

Farben und Pigmentierung in der Genetik
In bezug auf Farben wird die Vererbungslehre recht kompliziert, denn die Genzusammenhänge der Farbfaktoren sind von Rasse zu Rasse verschieden. Bei vielen Rassen sind rehfarbig, rot, schwarz-rot und schwarz rezessiv zu gestromt.
Cremefarbe ist rezessiv zu rot, schokoladebraun zu schwarz; rot ist rezessiv zu schwarz-rot bei einigen Rassen, und schwarz-rot ist rezessiv zu rot bei den anderen. Einfarbig ist rezessiv zu weiß mit schwarzen Flecken (Tigerteckel) und zu gefleckt und weiß. Dreifarbig ist rezessiv zu zweifarbig. Albinismus ist rezessiv. Merle ist rezessiv zu Zobelfarbe (sable) und so weiter...
Auch alle Pigmentmängel vererben sich rezessiv, wie braune oder rote Nasen, helle Augen, teilweiser und ganzer Pigmentausfall. Wer auf eine spezielle Farbe hin züchten will, sollte sich eine

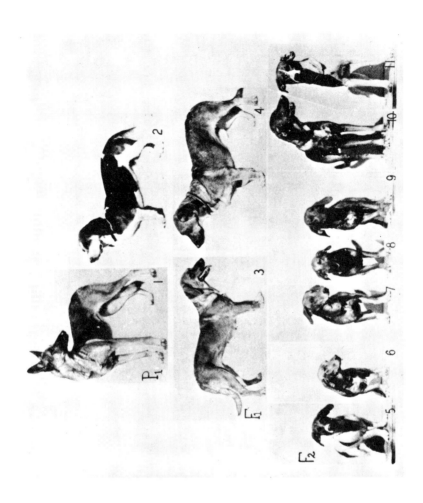

Abb. 1. Wissenschaftler haben in Versuchspaarungen praktische Vererbungskunde betrieben. Hier geht es um eine Kreuzung zwischen einem Deutschen Schäferhund und einer Bassethündin. Text dazu s.S. 26.

Liste mit allen für die betreffende Rasse rezessiven Farben besorgen, vielleicht durch den Rasse-Klub oder aus Fachzeitschriften und Büchern.

Entstehung neuer Rassen

Neue Rassen entstehen durch Paarung von Partnern verschiedener Rassen. Da in den ersten Generationen nur Bastarde erzeugt werden, sind solche Experimente recht selten.
In Experimentierzuchten, wo man ungleiche Rassen kreuzt, nennt man das Ausgangspaar «erste elterliche Generation»; es erhält die Bezeichnung P_1 und seine Eltern werden mit P_2 bezeichnet. Die Sprösslinge von P_1 werden F_1 genannt, sie sind die «erste kindliche Generation», ihre Welpen wiederum erhalten die Bezeichnung F_2.
Die Bildtafeln 1—4 zeigen ein gutes Beispiel dieser Art Kreuzung.
Die Symbol-Zeichen für männlich und weiblich sind übrigens interessant. Das männliche Geschlechts-Symbol besteht aus einem Kreis mit einem Pfeil, welcher Schild und Speer von Mars, dem Gott des Krieges darstellen soll. Das weibliche Geschlechts-Symbol besteht aus Kreis und Kreuz, was den Spiegel der Liebesgöttin Venus bedeuten soll.

Bildtafel 1:
Ein langbeiniger Deutscher Schäferhund wurde mit einem kurzbeinigen Basset gepaart. Der Schäferhund hat Stehohren, der Basset Hängeohren. F_1: Man sieht einen Rüden und eine Hündin aus dem erfolgten Wurf. Beide haben weder die langen Beine, noch die Stehohren des Schäfers. Diese beiden Hunde wurden gepaart und deren Sprößlinge sind die F_2-Bastarde-Generation: Von sieben Welpen hatten alle Hängeohren, zwei zeigen die krummbeinigen Gliedmaßen des Basset, drei hatten mittellange Gliedmaßen und nur zwei zeigten die Gliedmaßen wie der Schäferhund. Keiner hatte Stehohren. Aus der F_2-Generation glich keiner der Welpen mehr besonders einem Bassethund oder einem Deutschen Schäferhund.

Bildtafel 2:
Diese Kreuzung ist zwischen einem Kurzhaar-Dachshund und

Abb. 2. Ein Kurzhaar-Dachshund wurde als Experiment mit einer Rauhaar-Griffon-Hündin gepaart. Text s.S. 26.

einem Rauhhaar-Griffon. Die F_1-Generation brachte lauter rauhhaarige Welpen und keinen mit dem kurzen Gesichtsschädel der Griffons. Die F_2-Generation konnte wie erwartet keinen typischen Dackel oder Griffon erbringen. Wenn Nr. 6 in der F_1-Generation (welcher einem Rauhhardackel noch sehr ähnlich sieht) mit dem Rauhhaardackel gepaart würde (Rückzucht), wäre zu vermuten, daß die beiden wohl einen Wurf mit Welpen brächten, die ganz Dachshunden gleichen müßten.
Als man das Experiment durchführte, ergab ein Sechserwurf

vier Welpen mit rauhem und zwei Welpen mit kurzem Haar; keiner wies den kurzen Fang des Griffons auf.

Bildtafel 3:
Kreuzung zwischen einer Bulldogge und einer Deutschen Schäferhündin: Bei der Bulldogge sind extrem kurzer Fang, die kurzen Gliedmaßen und die faltige Haut besondere Merkmale. Bei der Schäferhündin sind es die langen Gliedmaßen, Stehohren, langer Fang und das dichte Haarkleid.
Die F_1-Generation zeigte ziemlich lange Gliedmaßen, Hängeohren, mittellangen Fang, aber keine Falten und ein etwas dichteres Haarkleid als die Bulldogge, aber es war nicht so dicht wie das der Schäferhündin.
Die F_1-Generation wurde wieder mit dem Deutschen Schäferhund gepaart (back-cross), und es ist interessant, daß wie erwartet die Sprößlinge alle stark wie Schäferhunde aussahen, mit langen Gliedmaßen, dem dichten Haarkleid, langem Fang; aber sämtliche hatten Hängeohren.

Bildtafel 4:
Kreuzung zwischen Saluki und Pekingese, was bedeutet: Paarung zwischen langen und kurzen Gliedmaßen, zwischen extrem kurzem und extrem langem Gesichtsschädel und verschiedener Haltung der Rute.
Die F_1-Generation zeigt die dominanten kurzen Läufe, den langen Gesichtsschädel und halblanges Haarkleid. Sie zeigt bei keinem Tier große Ähnlichkeit mit der P_1-Generation. In der hybriden F_2-Generation hatte, wie erwartet, keiner der Welpen lange Gliedmaßen, keiner war kurzbeinig und keiner hatte einen so extrem kurzen Fang wie der Original-Pekingese von P_1, obschon die meisten doch ziemlich kürzer ausfielen als der Fang des Original-Saluki. Keiner trug die Rute wie der Pekingese, obwohl Nr. 11 schon ziemlich in diese Richtung «zieht» und so einem Tibet-Spaniel ähnelt.
Diese Illustrationen sind, wenn man sie sorgfältig betrachtet, außergewöhnlich interessant und können dem Züchter zeigen, was passiert, wenn eine Fremdzuchtpaarung (outcross) vollzogen wird. Sie zeigen, daß wenn ein bestimmter Hundetyp angestrebt wird, ein Zurückkreuzen zu dem betreffenden Typ

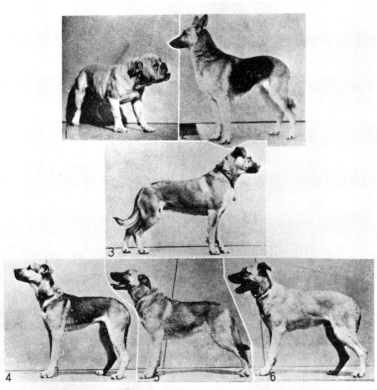

Cross between the English bulldog and German shepherd to determine the genetic relations between the bulldog skull and the normal long shepherd skull.
1 English bulldog 885 ♀. 3 F, 658 ♀. 5 Backcross shepherd 1231 ♀.
2 German shepherd 112 ♀. 4 Backcross shepherd 1228 ♂. 6 Backcross shepherd 1227 ♂.

Abb. 3. Kreuzung zwischen einer Bulldogge und einer Deutschen Schäferhündin mit Rückkreuzung zur Schäferhündin. Text s.S. 28.

Abb. 4. Ein Saluki wurde mit einer Pekingesin gepaart und die Nachkommen untereinander — interessanterweise erinnert Nr. 11 an einen Tibet-Spaniel. Text s.S. 28.

(back-cross) unerläßlich ist. Hybrid-Wirkung dauert nicht über Generationen, schon in der nächsten Generation erfolgt die Aufspaltung. Erst Linienzucht zurück zum erwünschten Typ wird schließlich die erwarteten Resultate bringen. Allerdings dauert es viel länger, als direktes Zurückzüchten auf dem Wege der Inzucht.

Die vier Beispiele zeigen ebenfalls sehr schön, wie wichtig es ist, für ein bestimmtes Merkmal selektiv zu züchten, und wie notwendig, die rezessiven und dominanten Eigenschaften seiner Rasse zu kennen.

Das Beispiel Bulldogge/Schäferhündin führt uns vor Augen, daß man in nur einer Generation schon Falten und Vorbiß hinauszüchten kann. Diesen Punkt sollten Züchter von Bulldoggen und Bluthunden besonders in Erwägung ziehen, da gerade bei diesen Rassen die Übertreibung dieser Merkmale zu weit gegangen ist.

Generelle Überlegungen und Folgerungen

Es ist tragisch, wenn ein Züchter unter «Zwinger-Blindheit» leidet. Er sieht niemals die Fehler im eigenen Bestand, aber um so schneller die Fehler bei anderer Leute Hunden. Ein noch weit schlimmeres Übel in der Hundezucht ist, was wir «Rassenblindheit» nennen. Wenn sich ein Fehler in eine Rasse eingeschlichen hat, der sogar von Richtern im Ring unerwähnt bleibt (wenige Hunde sind fehlerlos), so kann dieser Fehler mit der Zeit zum akzeptierten Merkmal dieser Rasse werden.

Auffallendes Beispiel ist die Patella-Luxation (Auskugeln/Ausrenken der Kniescheibe).

Ehrlichkeit beim Erkennen von Fehlern und Verzicht auf heimliches Vertuschen sind absolut unerläßlich.

Und schließlich tragen auch die Rassenrichter eine große Mitverantwortung an der Verbesserung der Hunderassen.

Praktisches Züchten

Wie züchtet man Hunde? Das ist eine 64'000-Dollar-Frage! Jede Art des Züchtens ist auch ein Glücksspiel — und vielleicht gerade deshalb so reizvoll. Stetes Streben nach Vollkommenheit erfordert passionierte Hingabe, und im Herzen jedes Hunde-

züchters ist Hoffnung ein Dauerzustand. Es ist immer der nächste Wurf, der der beste aller Zeiten werden soll!
Hundezucht kann kostspielig, zeitraubend und herzzerreißend sein, und gutes Züchten muß sorgfältig langfristig geplant werden. Je mehr man hineinsteckt, desto mehr kriegt man heraus. Der Hund war immer des Menschen bester Freund, und man fragt sich manchmal, warum der Mensch dieses Kompliment so oft nicht erwidert. Wie weit er sich an seinem besten Freund verfehlt hat, zeigen die Statistiken. Hüftgelenkdysplasie, Patella-Luxation und andere Fehler treten immer häufiger auf, dank der Unwissenheit und Leichtfertigkeit des Menschen.
Obschon die zahlreichen Erbfehler sicher tragisch sind, gibt es unter den betroffenen Rassen auch immer wieder vollkommen gesunde und kräftige Tiere. Die Verantwortung liegt nicht nur bei den Züchtern im Erkennen und Ausmerzen der Erbfehler, sondern auch bei den Richtern. Diese sollten keine Hunde, die die Rasse wenig würdig vertreten, hochspielen und zu hoch bewerten, und sie sollten streng sein ohne Rücksicht auf Eigentümer oder Züchter, mögen diese auch noch so bekannt sein!
Auch die Allgemeinheit sollte über solche Fehler Bescheid wissen, besonders wenn Zuchttiere gekauft werden. Tierärzte könnten ihren Teil beitragen, indem sie nicht bloß die Diagnose eines Fehlers stellen (zum Beispiel Hüftgelenkdysplasie) ohne weiteren Kommentar. Sie sollten den Züchter nach seinen Zuchttieren befragen, und aus ihrer Kenntnis der Genetik den Züchter beraten, wie man solchen Fehlern zu Leibe rücken könnte.
Ein zukünftiger Züchter sollte sich unbedingt über alle Erbfehler seiner Rasse erkundigen und dann wirklich nur mit gesunden und besten Hunden die Zucht beginnen.

Zusammenfassende Liste von Richtlinien
Es sind zwar viele interessante und lehrreiche Bücher über Hunde und ihre Zucht auf dem Markt, aber leider nur wenige, die auch die praktische Anwendung des Gelesenen weitervermitteln. Für den Anfänger mag die folgende Wegleitung daher eine Hilfe sein:

1. Die Zuchthündin muß sorgfältig ausgewählt werden.
2. Beschaffen Sie sich so viele Informationen wie nur irgend möglich über jeden in Frage kommenden Deckrüden.
3. Lassen Sie sich nicht blenden von Inseraten, die allzusehr mit Schlagwörtern wie «Champion» und «importiert» fechten. Der Wert einer Ahnentafel und eines Hundes liegt keineswegs bei der Vielzahl verschiedener Sieger, sondern vielmehr darin, inwieweit diese Vorfahren in beiden Linien in bezug auf die Erbmerkmale der betreffenden Rasse rein gezüchtet sind (ihre Rezessiv-Gen-Freiheit oder -Armut).
4. Sehen Sie sich so viele Hunde der erwählten Rasse an wie nur möglich und reden Sie mit Züchtern und Richtern. Halten Sie dabei die Ohren offen, um vom Wissen und der Erfahrung dieser Leute zu profitieren.
5. Sie sollten jedoch bei allem, was Sie zu hören bekommen, stets die Spreu vom Weizen zu trennen versuchen und nicht einfach alles glauben. Im «Hunde-Geschäft» geht es oft hart zu, vor allem an der Spitze, und dort zeigt sich leider manchmal die weniger schöne Seite der menschlichen Natur.
6. Lesen und lernen Sie alles über die von Ihnen gewählte Rasse. Studieren Sie ihren Standard und lernen Sie, einen Hund nach ihm zu beurteilen. Fehler kann jeder Dummkopf feststellen — um Pluspunkte zu erkennen, braucht man Wissen und Erfahrung.
7. Kritisieren Sie anderer Leute Hunde nie. Ausnahme: wenn Sie ausdrücklich um ein kritisches Urteil gebeten werden. Heben Sie auf jeden Fall die guten Seiten der fremden Hunde hervor und geizen Sie nicht mit Lob, wo es verdient ist. Wenn Sie abfällige Äußerungen über einen Hund hören, gehen Sie selbst hin, sehen Sie sich das Tier an und bilden Sie sich ein eigenes Urteil.
8. Beim Sammeln von Informationen über eine Rasse ist Vorsicht geboten in bezug auf deren Herkunft, auch auf die Objektivität der Befragten. Es empfiehlt sich taktvolles Nachprüfen der Information, denn die ganzen Nachforschungen können durch bösen Willen und Klatscherei Kleindenkender verfälscht werden. Leider trifft man solche Leute bei allen Hunderassen an. Alles, was Sie über Erbfehler und Miß-

bildungen erfahren, muß vertraulich behandelt und darf nicht als «Greuelgeschichte» weitergetragen werden. Aber Sie sollten sich danach richten.

9. Das Führen eines Zuchtkalenders und eines genauen Dossiers über jede Hündin und jeden möglichen Zuchtrüden ist von Anfang an unerläßlich.

10. Einen guten Zuchtstamm aufzubauen, dauert sehr lang, aber verglichen zum Beispiel mit der Pferdezucht doch recht kurze Zeit. Es braucht viel Geduld, und man darf nicht sofort aufgeben, wenn der Erfolg zuerst ausbleibt. Ist aber das Resultat Ihrer Zucht allzu weit vom Rassestandard entfernt, so hat es wenig Sinn, zu lange auf dem falschen Weg zu beharren und die Fehler möglicherweise noch zu verschlimmern.

11. Wenn die eigenen Hunde kritisiert werden oder das verdiente Lob eines bekannten Züchters ausbleibt, dürfen Sie das nicht tragisch nehmen. Es mag sogar ein verstecktes Kompliment sein.

12. Seien Sie großzügig im Austeilen von Komplimenten. Schöne Hunde können nie genug gelobt werden, egal, wer sie gezüchtet hat, oder wem sie gehören.

13. Hüten Sie sich vor «Zwinger»- und vor allem vor «Rasseblindheit»!

14. Halten Sie Ihre Hunde gut ernährt, fit, beschäftigt und so auch glücklich!

15. Halten Sie sich nie mehr Hunde als Sie zeitlich und finanziell noch verkraften können, ohne daß Sie zu sehr ans Haus gebunden sind. Auch darf man das «Hobby» nie so ernst nehmen, daß man nur noch davon reden kann und dabei die übrigen, viel wichtigeren Vorkommnisse in der Welt vergißt.

16. Es braucht viel Kraft, den besten Welpen selbst zu behalten und allen auch noch so attraktiven Kaufofferten zu widerstehen.

Trotzdem — behalten Sie ihn!

17. Das Aufstellen einer Liste der bekannten dominanten und rezessiven Anlagen Ihrer Rasse und ein danach geplantes Zuchtprogramm sind dringend zu empfehlen.

18. Halten Sie sich an gute Linienzucht unter rigorosem Zuchtausschluß aller fehlerhaften Tiere und entwickeln Sie mit der Zeit

eine zweite Stammlinie, damit sich die beiden ergänzen können. Dazu möglichst eine dritte Linie zum Einkreuzen.
19. Treten Fehler auf in der Zucht, oder überhaupt bei der «eigenen» Rasse, sollten Sie zu erfahren suchen, wie diese entstanden sind, und dann etwas dagegen tun! Schwere Fehler sollen nie verheimlicht oder gar vertuscht werden!
20. Nach Ihren Hunden sollte Ihr Tierarzt Ihr wichtigster Freund sein.

Kapitel 2: Aufbau einer Zucht

Um in relativ kurzer Zeit Zuchterfolge zu buchen, ist eine hohe Qualität des Zuchtmaterials erste Voraussetzung, wobei es keineswegs erforderlich ist, nur mit Siegerhunden zu züchten. (Die Formel «Sieger x Sieger» geht selten auf.) Es ist viel besser, ein durchschnittlich gutes Tier einer bekannt guten Stammlinie mit einem anderen gut durchschnittlichen Tier einer nicht verwandten Linie zu paaren. Daraus entsteht dem Züchter eine gute Auswahl weiterer Zuchtmöglichkeiten, und es ist wahrscheinlich besser, als eine teure Champion-Hündin zu kaufen und dann mit einem Champion-Rüden zu paaren. Manchmal entspringt ein besserer Stamm aus durchschnittlichen Hunden, und weniger gute Stämme kommen aus Siegerhunden. Natürlich wird ein Sieger-Rüde mehr zum Decken verlangt und hat daher mehr Gelegenheit, durch viele verschiedene Hündinnen ab und zu guten Nachwuchs zu bringen. Der wahre Wert eines Zuchttieres und einer Zuchtverbindung zeigt sich aber am durchschnittlichen bis überdurchschnittlichen Wert ganzer Würfe, nicht durch vereinzelt gute Nachkommen aus vielen verschiedenen Partnern.

Es geht verhältnismäßig rasch, eine eigene Zuchtlinie zu bilden. Unter einer Zuchtlinie versteht man eine ausgewählte Hundefamilie, welche sich nahe verwandt ist und in der die Tiere einander stark ähnlich sehen. Einen guten Stamm, in dem dominante Eigenschaften stark oder bestimmte Hunde für

wenige auffallende Merkmale reinerbig durchschlagend sind, wird man bald als Vertreter ihrer bestimmten Zucht erkennen, wo immer die Tiere gezeigt werden.
Es gibt manchmal Rüden oder Hündinnen, die besonders erbtüchtig sind und ihren Typ unabhängig von ihrem jeweiligen Partner dominant ihren Sprößlingen einprägen. Diese Hunde sind für eine Rasse von großem Nutzen; sie sind für alle die Gene reinerbig, die zur Weiterentwicklung der besonderen Merkmale ihrer Rasse wichtig sind.

Die besten Paarungen
Unter der Voraussetzung, daß der Stamm gut ist, daß niemals zwei Tiere mit gleichen Fehlern gepaart werden und daß die wichtigsten Rezessiv-Gene bekannt sind, haben sich in meiner Zucht folgende Paarungen am besten bewährt:
Großmutter/Enkel; Großvater/Enkelin; Onkel/Nichte; Tante/Neffe; Sohn oder Tochter/zu Halbbruder oder Halbschwester der Hündin; und Halbbruder/Halbschwester, wenn der gemeinsame Elternteil hervorragend ist.
Bruder/Schwesterpaarungen können gelingen, besonders wenn beide Eltern gut, ein Elternteil aber möglichst hervorragend ist, aber sie bringen gar nichts Neues, keine neuen körperlichen oder psychischen Merkmale — ihre Sprößlinge können vom Genotyp her nicht besser sein als ihre Eltern.
Bei Inzestzucht Vater/Tochter oder Mutter/Sohn werden alle rezessiv vorhandenen Fehler zum Vorschein kommen, sie sollte daher nur gewagt werden, wenn die guten Qualitäten überwiegen und die Rezessiv-Gene der Vorfahren und von eventuellen anderen Nachkommen mit Sicherheit bekannt sind. Dem Anfänger möchte ich davon abraten, weil die Ausfälle groß sein können und ein Fehler für die Rasse selbst kostspielig werden kann.
Folgendes Inzucht-System könnte Erfolg bringen, wenn bei den bisherigen Nachkommen des fraglichen Paares keine groben rezessiven Fehler aufgetreten sind:
Ein hervorragender Rüde wird mit einer nicht verwandten Spitzenhündin gepaart. Dann wird die beste Hündin des Wurfes von ihrem Vater gedeckt und aus deren Wurf wiederum die

beste mit dem Vater gepaart. Diese Vater/Tochter-Paarung kann fortgesetzt werden, solange der Rüde fruchtbar ist; natürlich nur dann, wenn keine schlimmen Fehler auftauchen. Sonst muß der Fehler eliminiert werden, und zwar durch eine sorgfältig selektionierte Fremdzuchtpaarung (outcross).
Dort, wo ein Zuchtrüde seine extraguten Qualitäten offenbar von der Mutter hat, kann die Inzuchtlinie von der Paarung Sohn/Mutter ausgehen, dann Paarung der besten Hündin aus dem Wurf mit ihrem Vater usw. Doch das Ausgangsmaterial für diese Zuchtweise muß frei von groben Fehlern sein. Einige der Nachkommen werden wahrscheinlich hervorragende Hunde werden, dafür aber die schlechten Welpen wirklich miserabel. Ich kann diese Zuchtform nicht empfehlen, weil ich finde, daß für die meisten Rassen der Standard der Hundegenetik heute noch nicht hoch genug ist.

Die wichtigsten schriftlichen Unterlagen
Sobald mit mehreren Hunden gezüchtet wird, kann man auf die Anlage eines lückenlosen Dossiers mit genauen Akten über jeden einzelnen Hund nicht mehr verzichten. Jeder Züchter hat da wohl seine eigene Methode. Jedenfalls sollte man Kopien der Ahnentafel, Qualifikationsvermerke, Richterberichte, eventuelle Fotos und die gesamten Informationen über Ahnen und eventuelle Nachkommen aller in fremden Händen stehenden Deckrüden in Dossiers festhalten. Ebenfalls unerläßlich und vielleicht noch wichtiger ist eine Zuchtbuchführung im eigenen Zwinger.
Ich persönlich führe eine kleine Kartothek. Jeder Hund hat unter seinem Namen eine eigene Karte, und diese sind alphabetisch geordnet; die verschiedenen Rassen sind in der Kartei durch verschiedenfarbige Zwischenkarten getrennt. Auf jeder Karte steht der volle Name des Hundes, dann Rasse, Eltern, Farbe, Geschlecht, Wurfdatum, Gewicht, Größe, Schulterhöhe, Eintragsnummer im Hundestammbuch, eventuelle Registrationsnummer, Prüfungs- und Ausstellungsergebnisse, Angaben über Impfungen, Krankheiten, Züchter, Kaufpreis und alle anderen Vorfälle im Leben eines Hundes bis und mit Ursache seines späteren Todes.

Bei Zuchthündinnen mache ich eine weitere Karte mit den Angaben über ihre Würfe; Anzahl der Welpen, Farbe, Geschlecht, Gewicht, ihre Entwicklung, Impfungen, Deckrüden, Trächtigkeits- und Geburtsverlauf und dann über Verkauf der Welpen, Preise und Angaben über die neuen Eigentümer meiner Zöglinge.

Bei den Zuchtrüden im eigenen Zwinger kommen noch die Eintragungen über Fremdpaarungen und Zuchterfolge auf eine Extra-Karte. Diese Karten sollen möglichst einfach gehalten und mit der Maschine geschrieben sein, man bedient sich der üblichen Abkürzungen und Symbolzeichen. Zu den Karten steckt man dann die Ahnentafel, Impfausweis, Fotos und eventuell andere Dokumente, und so hat alles seine Ordnung.

Ein so lückenloses Dossier kann nicht nur für die eigene Zucht, sondern möglicherweise später sogar für die Rasse auf Jahrzehnte hinaus wertvoll sein.

Wie man Fehler ausmerzen kann

Auf dem gleichen Weg, wie man ein erwünschtes Merkmal in eine Linie hineinzüchtet, kann man auch die Fehler ausmerzen. Man entscheidet sich vorerst, welchen Fehler man als den schlimmsten erachtet, und konzentriert sich dann auf seine Elimination. Wurde der Fehler durch dominante Gene verursacht, ist er viel einfacher hinauszuzüchten. Leider aber werden die meisten Fehler durch Rezessiv-Gene getragen, die man aber durch umsichtige Selektion relativ leicht eliminieren kann, vorausgesetzt, der Fehler ist nicht geradezu vorherrschend geworden. Sollte dies der Fall sein, wären einige Versuchspaarungen mit dem Rüden wie auch der Hündin erforderlich. Dabei ist Vorsicht geboten, damit keine wichtigen Rassenmerkmale verloren gehen. Wenn man eine Fremdzuchtpaarung (outcross) plant, ist dringend zu empfehlen, einen Rüden aus einer Inzuchtlinie einzusetzen, damit man sich nicht zu viele Fehler einhandelt, wie das mit einer Fremdzuchtpaarung an sich geschehen könnte.

Ist ein Fehler in eine Linie hineingezüchtet worden, ist es sehr wichtig, den besten Weg zu kennen, um ihn zu korrigieren. Das Resultat einer Fremdzuchtpaarung kann in der ersten

Generation noch nicht ersehen werden, es sei denn, der Fehler wäre durch dominante Gene verursacht worden. Doch wenn aus dieser ersten Generation die besten Sprößlinge ausgesucht und zurückgepaart werden mit dem Elternteil oder Großeltern, den man zur Korrektur des Fehlers eingesetzt hatte, sollte in der nächsten Generation die Hälfte der Nachkommen in bezug auf diese Merkmale in Ordnung sein. Von da an ist es lediglich noch eine Sache der Zuchtauslese und der Elimination im Original-Stamm. Wird Fremdzuchtpaarung eingesetzt, muß sich der Züchter bewußt sein, daß zwar die Korrektur eines Fehlers erfolgreich sein kann, sich dafür aber eine Anzahl anderer Mängel in die Linie einschleichen können, die nun selbst wieder Generationen brauchen werden, bis sie ausgemerzt sind.

Viele Züchter sind der Ansicht, daß trotz sorgfältiger Linienzucht nach einiger Zeit gewisse Rassekennzeichen verlorengehen. Ein Beispiel wären die Zwergspitze, deren Haarkleid hart sein sollte. Viele dieser Spitze haben dennoch sehr weiches Haar. Wenn es dem Züchter nun bewußt ist, daß weiches Haarkleid rezessiv zu hartem Haar ist, wird er niemals zwei Tiere paaren, die beide ein weiches Haarkleid aufweisen, denn die Nachkommen dieses Paares sind dann reinerbig in bezug auf weiches Haar und werden nur noch diese Haarart vererben. Wenn eine Hündin, die aus einer Linie weichhaariger Hunde stammt, mit einem Rüden gepaart wird, der reinerbig ist für hartes Haar, werden die Welpen zwar alle hartes Haar zeigen, aber alle sind Träger für weiches Haar. Werden diese Sprößlinge nun mit einem weichhaarigen Partner zusammengebracht, wird die eine Hälfte der Nachkommen hartes Haar zeigen und wiederum Träger für weiches Haar sein; die andere Hälfte hat ein weiches Haarkleid. Würde man letztere wieder mit weichhaarigen Partnern paaren, würden alle Nachkommen von da ab ein weiches Haarkleid zeigen. Folglich soll man niemals gleiche Fehler mit gleichen Fehlern «paaren».

Wenn nun aber die Welpen des ersten Wurfes (sie hatten hartes Haar, waren aber Träger für weiches Haar) mit Hunden gepaart werden, die reinerbig für hartes Haar sind, bringt das Resultat im Durchschnitt zur Hälfte reinerbig harthaarige Welpen und zur anderen Hälfte halb/harthaarige Welpen, die

aber noch immer Träger für weiches Haar sind. Aber die Paarung von zwei Zwergspitzen mit hartem Haarkleid, von denen beide einen Vorfahren haben mit weichem Haar, ist eine Illustration für eine der Schwierigkeiten in der Hundezucht:
Wenn beide Hunde das Gen für weiches Haar in der Erbmasse tragen, werden deren Nachkommen im Durchschnitt ein Viertel harthaarig und dafür reinerbig, eine Hälfte harthaarig, aber dafür mischerbig und Träger für weiches Haar sein und ein Viertel für weiches Haarkleid reinerbige Welpen.

Testpaarungen/Versuchspaarungen
Diese sind oft langwierig, schwierig und kostspielig und leider nicht immer 100% erfolgreich. Dennoch — wo sich eine ernsthafte Mißbildung in eine Rasse eingeschlichen hat, ist es von größter Bedeutung, Versuchspaarungen anzustellen, welche bei Hunden mit großen Würfen relativ einfach sind.
Da die meisten Fehler durch Rezessiv-Gene verursacht werden, ist es am besten, die Zuchtrüden als Träger zuerst auszuschalten, denn sie sind im allgemeinen für mehr Nachwuchs verantwortlich als Hündinnen. Der Deckrüde wird zuerst mit einer als Trägerin des betreffenden Fehlers bekannten Hündin gepaart. Wenn zehn Sprößlinge produziert werden und davon keiner den Fehler zeigt, ist die Chance, daß der Rüde Träger ist, rund 1:1000. Wenn aber nur *ein* Nachkomme den Fehler hat, ist der Rüde als Träger überführt und sollte von der Zucht ausgeschlossen werden. Der Fehler kann zur Hälfte reduziert werden mit jeder folgenden Generation, wenn nur Deckrüden gebraucht werden, die frei sind von dem betreffenden Erbfehler.
Man könnte ja Deckrüden auch prüfen, indem man sie mit fehlerhaften und sehr fruchtbaren Hündinnen anderer Rassen paart. Auch wenn mit der Hündin keine Versuchspaarung vorgenommen wurde, wird man feststellen, daß bei der zweiten Generation das Vorkommen des Fehlers schon stark reduziert wurde und daß einige der Hündinnen des Wurfs den Fehler schon nicht mehr aufweisen.
Testpaarungen könnte man auch auf dem Weg der Inzucht machen, allerdings geht dies nur halb so rasch. Man paart einen Zuchtrüden mit drei oder vier seiner Schwestern und später mit

je einer Tochter jeder Schwester. Der Zuchtrüde gilt als «sauber», wenn je fünf Welpen ohne den Fehler sind.

Wo Fehler durch Polygenie übertragen werden, sollte man Inzucht vermeiden, und Hunde, welche den Fehler nur leicht aufweisen, können zur Zucht verwendet werden.

Züchter dürfen nie vergessen, daß sie nur die zeitweiligen «Hüter» ihrer Rasse sind. Wie ihre Vorgänger verantwortlich waren für das Niveau des gegenwärtigen Standes ihrer Rasse, sind die heutigen Züchter verantwortlich für die Qualität des Bestandes ihrer Rasse in der Zukunft!

Kapitel 3: Der Zuchtrüde

Theoretisch ist jeder Rüde, der eine Hündin decken kann, ein Zuchtrüde, aber in der «Hundewelt» steht diese Bezeichnung einzig dem geübten und zur Zucht erwählten Rüden zu.

Erste Voraussetzung bei allen Rassen ist das einwandfreie Wesen eines Deckrüden. Auch der schönste, standardgerechteste Hund ist nutzlos, wenn er charakterlich ein Versager ist. Er muß sehr männlich und robust und in allen Teilen ein typischer Vertreter seines Geschlechts und seiner Rasse sein. Er soll aus einer guten Zucht, Linien- oder Inzucht, von einem kräftigen, fruchtbaren und langlebigen Stamm kommen. Gerade letzterem messe ich große Bedeutung zu, denn es dauert oft vier bis fünf Jahre, bis die guten Eigenschaften eines hervorragenden Zuchtrüden erkannt werden, und ein kurzlebiger Hund hat so nur wenig Zeit, um sich zu beweisen und seine wertvollen Qualitäten weiterzugeben.

Es ist wohl selbstverständlich, daß der Zuchtrüde gesund, gut ernährt, absolut fit und in bester Kondition sein muß.

Die Wahl des Zuchtrüden
Die richtige Wahl des Zuchtrüden ist ungeheuer wichtig, denn er kann großen Einfluß auf die Rasse haben, im guten und im

schlechten. Der wahllose Gebrauch eines Deckrüden kann großen Schaden anrichten, selbst wenn der betreffende Rüde ein Champion ist. Er mag unerwünschte Eigenschaften und selbst schwere Erbfehler rezessiv im Erbgut tragen, wie Hüftgelenkdysplasie, Netzhauterkrankungen und sogar letale und subletale Fehler wie Wolfsrachen, Hasenscharte etc. Durch seinen vermehrten Einsatz, weil er Sieger war, kann er solche Fehler in eine Rasse hineintragen und diese geradezu gefährden.

Ein seriöser Züchter wird keine Mühe scheuen, soviel wie möglich über die Vorfahren und eventuellen Nachkommen eines künftigen Deckrüden in Erfahrung zu bringen. Er wird sich der dominanten Qualität des Rüden versichern, vielleicht aber noch viel größeres Gewicht auf durch Rezessiv-Gene aufgetretene Fehler legen. Sichtbare und unsichtbare Erbfehler bei Vorfahren und Nachkommen des Rüden sind enorm wichtig. Allerdings darf man beim Auftreten sichtbarer Fehler den eventuellen Einfluß von Umweltfaktoren nicht ausschließen. So kann zum Beispiel schlechter Körperbau (etwa Rachitis — krumme Läufe) eine Folge schlechter Ernährung im Welpenalter sein, vorausgesetzt natürlich, daß die Abstammung in dieser Hinsicht in Ordnung ist. So erworbene Fehler werden natürlich nicht weiter vererbt.

Bei der Wahl des Zuchtrüden muß man sich auch nach der Erbmasse der mit ihm zu paarenden Hündin richten, soweit diese bekannt ist. Da ja jeder Elternteil genau die Hälfte zum Erbgut eines Welpen beiträgt, muß man natürlich vermeiden, Hunde zu paaren, die beide den gleichen Fehler aufweisen.

Gelegentlich gibt es Deckrüden, die sich als besonders erbtüchtig erweisen. Rüden, die sich in der Zucht erfolgreich und dominierend durchsetzen und ihre Eigenheiten unabhängig von den Hündinnen, mit denen sie gepaart wurden, an ihre Nachkommen weiter geben. Diese werden die Merkmale zeigen, für die ihre Väter reinerbig (doppelt dominant) sind, und eventuelle Fehler der Hündinnen werden überdeckt. Man darf aber nicht vergessen, daß die von einem erbtüchtigen Rüden gezeugten Sprößlinge nicht so reinerbig sind wie er, wenn nicht auch die Hündin für diese bestimmten Eigenschaften erbrein ist.

Die Fortpflanzungsorgane des Rüden

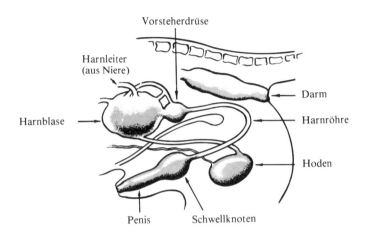

Samenfaden

Prostata (Vorsteherdrüse)
Sie liegt im Beckenraum unterhalb der Harnblase und ist die Neben-Geschlechtsdrüse, die beim Hund besonders entwickelt ist. Sie sondert die Samenflüssigkeit ab, ein milchiges, geruchloses Sekret, welches bei der Paarung die Spermien (Samenfäden) enthält und befördert.

Skrotum (Hodensack)
Es hängt von hinten sichtbar zwischen den Schenkeln. Im Skrotum liegen normalerweise die beiden Hoden (Testikel). Sie sind die männlichen Keimdrüsen, in denen die Samenzellen (Spermien) gebildet und in den Nebenhoden gespeichert werden. Durch den Samenleiter (Ductus deferens) reisen sie, bevor er in

die obere Harnröhre mündet, durch die Prostata, welche ja die Samenflüssigkeit produziert. Die Harnröhre dient sowohl dem Ablassen des Urins aus der Harnblase als auch der Ausstoßung des Samens. Bei der Paarung entleert sich der Inhalt nur eines Hoden; die Samenflüssigkeit mit dem Samen wird ruckweise ausgestoßen und so in die Scheide (Vagina) der Hündin hineingepumpt.

Penis
Die Harnröhre führt in den Penis, der beim Hund eine besonders lange Eichel aufweist, gestützt vom Penisknochen, verdickt mit einem mächtigen Schwellkörper an der Basis. Geschützt wird der Penis von der Vorhaut. Während der Paarung wird im Schwellkörper Blut gestaut, und dieser vergrößert sich um etwa das Fünffache und wird so fast dreimal so dick wie der Penis.

Spermien (Samenfäden)
Ein Samenfaden besteht aus drei Teilen: dem Kopf, der den Zellkern enthält, einem Mittelstück und einem langen dünnen Schwanzfaden, der der Fortbewegung dient. Er ist daher sehr beweglich und kann sein Ziel, das Ei der Hündin, schon in 25 Sekunden erreichen.
Samenzellen werden dauernd neu gebildet, aber wenn der Rüde zu oft gebraucht wird, vermindert sich ihre Zahl. Doch schon nach kurzer Ruhepause ist die Spermienzahl wieder normal. Bei einer Paarung werden mehrere Millionen Samenfäden ausgestoßen.
Der Rüde bestimmt nicht die Anzahl der Welpen, er ist aber verantwortlich für deren Geschlecht. Kranke oder alte Hunde können ganz oder teilweise unfruchtbar sein. Wenn ein Rüde längere Zeit nicht mehr zum Decken gebraucht wurde, wird er eine enorme Menge normaler, aber teilweise auch alte und degenerierte oder unreife Samenzellen ausstoßen.

Die Hoden (Testikel)
Der Abstieg des Hoden in den Hodensack des Rüden erfolgt nicht bei allen Rassen gleich früh (s. nächster Abschnitt). Im

Hodensack, außerhalb der Bauchhöhle, herrscht die richtige, niedrigere Temperatur, in der die Samenzellen gedeihen können. Wenn durch eine, meist ererbte Entwicklungsstörung der Hodenabstieg nicht erfolgt, werden keine lebensfähigen Samenfäden erzeugt, und beim nur teilweisen Abstieg werden nur ganz wenige Samenzellen gedeihen. Diese Fehlentwicklung nennt man

Kryptorchismus
Ein totaler oder beidseitiger, bilateraler Kryptorchide ist unfruchtbar. Wenn bei einem Rüden nur ein Hode in das Skrotum abgestiegen ist, nennt man ihn «monorchid» oder «Einhoder». Manche Rassen zeigen bereits bei der Geburt abgestiegene Hoden, bei anderen erfolgt der Abstieg später. Besonders bei Zwergrassen kann es bis zum elften oder sogar dreizehnten Altersmonat dauern, bis der Abstieg des Hoden vollzogen und somit der Rüde «vollständig» ist. Nach dieser Zeit aber besteht kaum mehr Hoffnung, daß die Sache von selbst in Ordnung kommt. Es kann in seltenen Fällen auch passieren, daß nach erfolgtem Abstieg ein Hode später wieder zurückgezogen wird und dann nach einiger Zeit doch wieder an seinem Platz ist. Im Entwicklungsalter sollten beide Hoden im Hodensack sein und dort bleiben, sonst wird der Rüde bei allen Rassen zur Zucht und Ausstellung gesperrt. Die Hodenkontrolle ist daher beim Junghund eine besonders wichtige Untersuchung.

Eintritt der Geschlechtsreife bei den verschiedenen Rassen
Die geschlechtliche und psychische Reife erreichen Rüde und Hündin bei den einzelnen Rassen und auch individuell zu stark verschiedenen Zeitpunkten. In der Regel sind Zwergrassen etwas früher reif. In tropisch warmen Gebieten reifen Hunde früher als in kälteren Gegenden. Hündinnen der kleineren Rassen werden das erste Mal im Alter von sechs bis elf Monaten brünstig, und bei uns in England werden sie mit etwa zehn Monaten auch oft schon gedeckt. Große Hunde, wie zum Beispiel Bluthunde und Mastiffs, werden erst mit gut zwei Jahren «erwachsen» sein, und die Hündinnen sollten keinesfalls vor dem erreichten zweiten Altersjahr gedeckt werden. Zu

frühes Züchten kann der Hündin körperlichen Schaden zufügen und sie am Wachstum hindern. Ich kannte eine Bluthund-Hündin, die bei ihrer ersten Hitze im jungen Alter von fünf Monaten gedeckt wurde und einen guten Wurf erbrachte und aufzog. Aber sie wuchs von da an nicht mehr.
Ebenso ist mir ein Fall bekannt, wo eine Bruder/Schwester-Paarung von Chihuahuas im Alter von erst sechs Monaten sehr zum Schrecken ihrer Eigentümer einen Dreier-Wurf zur Folge hatte. Bei der nächsten Hitze wurde die Hündin erneut gedeckt und brachte sechs Welpen zur Welt.
Man muß sich aber als Züchter bewußt sein, daß man normalerweise nur von Hunden in voller Reife und in bester Kondition besten Nachwuchs erwarten kann.

Wie oft darf der Zuchtrüde decken?
Diese Frage wird oft von Anfängern gestellt. Das hängt sehr vom einzelnen Hund ab, und es gibt keine festen Regeln. Ich finde, daß ein künftiger Zuchtrüde nicht vor dem zehnten Monat gebraucht werden sollte. Die erste Paarung ist sehr wichtig, denn jetzt kann man dem Rüden beibringen, was von ihm verlangt und erwartet wird; dabei muß ihm, falls nötig, geholfen werden. Dann sollte er nicht mehr decken bis zum vollendeten ersten Altersjahr, dann wieder mit zirka 14 Monaten, und ab da nicht öfters als einmal monatlich, bis er zwei Jahre alt ist. Zu frühes und zu häufiges Einsetzen eines jungen Rüden wäre kurzsichtiges Denken, denn er würde zweifellos ausgebraucht und schließlich sogar unbrauchbar. Es empfiehlt sich, zum ersten Decken den jungen Hund zu einer gutartigen Hündin zu führen, die schon Erfahrung hat. Sie wird ihn ermutigen und belehren. 1. Es ist immer unklug, zwei Anfänger zu paaren. 2. Man sollte auch eine Hündin aus der eigenen Zuchtstätte wählen, die der Rüde schon kennt. Dazu soll man sich auch versichern, daß die Hündin wirklich deckreif ist. Sonst wird sie sich recht böse gegen jeden Annäherungsversuch zur Wehr setzen und junge, unerfahrene Rüden lassen sich davon oft so stark beeindrucken, daß sie der Hündin lieber aus dem Weg gehen. Eine deckbereite, interessierte Hündin ist die richtige Lehrerin.

Sogar erfahrene Zuchtrüden zeigen ihre Sympathien und Antipathien und paaren sich oft sehr schnell und mit großem Interesse mit der einen Hündin, während sie einer nach unseren Begriffen weit schöneren Hündin kaum einen Blick gönnen.
Ältere Rüden bleiben oft fruchtbare und eifrige Liebhaber bis zu ihrem Todestag, aber wenn sie noch zur Zucht verwendet werden, ist es besser, sie einer jungen Hündin zuzuführen als einer ebenfalls älteren Hündin, die wahrscheinlich weniger fruchtbar ist. Die meisten Rüden zeigen sich bis zum zehnten Altersjahr sexuell interessiert und potent und viele sind auch später noch dazu bereit. Der berühmte Cocker-Spaniel «Red Brucie» paarte sich noch in der Woche vor seinem Tod im Alter von dreizehn Jahren mit sieben Hündinnen. Offensichtlich war dieses letzte «Austoben» zuviel des Guten!
Vom achtzehnten Monat an kann ein kräftiger, gut gepflegter Rüde wohl einmal wöchentlich decken. Zeigt er aber Anzeichen der Erschöpfung, braucht er natürlich mehr Ruhe. Meist trifft es sich leider, daß mehrere Hündinnen gleichzeitig in Hitze kommen, und der gute Deckrüde wird sie alle relativ leicht und erfolgreich bedienen. Anschließend ist es aber sehr wichtig, daß man dem Rüden eine Ruhezeit von mehreren Wochen einräumt. Die ganze «Deckerei» ist saisonbedingt. Der Rüde muß oft einige Wochen lang stark beansprucht werden, nachher herrscht wieder viele Monate Ruhe um ihn.

Pflege des Zuchtrüden

Um den Deckrüden bis ins hohe Alter funktionstüchtig zu erhalten, braucht er beste Pflege und Haltung. Nur so bleibt er in Top-Kondition, fruchtbar, vital und gesund. Wie auch immer seine Größe, er braucht eiweißhaltiges Futter, wie rohes Muskelfleisch, Fisch ohne Gräte, Milch und Eigelb, dazu Gemüse und Beigaben, eine bis zwei gut ausgewogene Mahlzeiten täglich. Ich empfehle noch die Zugabe von Vitaminen, speziell der B-Gruppe, und Vitamin E. Auch frisches Wasser soll immer bereit stehen.
Nebst einer ausgewogenen Ernährung braucht er auch täglich regelmäßige Bewegung, frei und an der Leine. Sein Haarkleid muß täglich gepflegt werden, besonders bei den langhaarigen

Rassen. Seine Krallen, falls er sie nicht abläuft, müssen kurz geschnitten sein. Er muß frei sein von allen äußeren wie inneren Parasiten. Sein Wohnquartier muß peinlich sauber gehalten und desinfiziert sein. Er sollte alle nötigen Impfungen erhalten und jedes Jahr nachgeimpft werden, besonders der Ansteckungsgefahr durch besuchende Hündinnen wegen. Seine äußeren Organe müssen sauber sein, und seine Vorhaut muß mit Spülungen behandelt werden, falls sich unter ihr grün-gelblicher Ausfluß zeigt.

Natürlich ist es auch unerläßlich und sollte selbstverständlich sein, daß die besuchenden Hündinnen gesund und frei von Parasiten sind, damit der Hund nicht angesteckt wird.

Man sollte einen Zuchtrüden von nicht für ihn bestimmten hitzigen Hündinnen fernhalten, denn er wird sich sonst als guter Liebhaber erregen, sich unglücklich fühlen und schließlich vielleicht sogar das Essen verweigern. Sein «Liebeskummer» wird ihn abmagern lassen und sich überhaupt negativ auf seine Kondition auswirken.

Die Rolle des Deckrüden bei der Paarung
Nach einleitender Werbung und Paarungsvorspiel ist der Rüde bereit, die Hündin zu besteigen (aufreiten). Meist hilft die Hündin mit, indem sie ihre Rute auf die Seite dreht und dem Rüde die etwas aufgerichtete Scham entgegenhält. Der Rüde nähert sein Glied mit ein paar drängenden Bewegungen dem Scheideneingang der Hündin, und der Penis dringt mit ein paar kräftigen Stößen ein, wobei die Vorhaut automatisch zurückgeschoben wird. Die volle Erektion des Gliedes wird erst jetzt erreicht, indem die Schwellkörper blutdurchdrungen anschwellen, sie werden fest umklammert von den Schwellkissen der sich zusammenziehenden Scheide. So erfolgt das bekannte «Hängen». Die Samenabgabe des Rüden geschieht in drei Phasen. Während der Penis in die Hündin eindringt, erfolgt die Abgabe eines klaren, wäßrigen Sekretes, und gleich anschließend folgt dann das Ejakulat, d.h. die Samenflüssigkeit mit den Samenzellen, die ruckartig in die Hündin gepumpt wird. Zur Beförderung der Spermien tragen auch Kontraktionen der Gebärmutter bei.

Im dritten Stadium erfolgt noch die Abgabe eines wiederum klaren Sekretes aus der Vorsteherdrüse. Es ist stark alkalisch und enthält keine Samenfäden mehr. Nun kommt der Zeitpunkt, wo der Rüde absteigt und sich von der Hündin abdreht — die beiden stehen dann Hinterteil an Hinterteil. Man vermutet den Grund dafür, daß die meisten Hunde diese Stellung während des «Hängens» vorziehen, in einem Urinstinkt des Wildhundes. Wenn jedes Tier in eine andere Richtung blickte, waren sie in dieser exponierten und fast hilflosen Pose fähig, mögliche Feinde und nahende Gefahren zu erspähen. Dieses Abdrehen kann aber nur erfolgen, wenn die Vorhaut sich ganz hinter dem Schwellkörper befindet, sonst hat der Rüde beim Abdrehen große Schmerzen. Andere Hunde ziehen es vor, Seite an Seite zu stehen. Logischerweise ist es bequemer für beide Partner, wenn der Rüde während des oft recht langen Hängens sein eigenes Gewicht tragen kann. Mit Ausnahme einiger Zwergrassen sind die Rüden doch meist ziemlich größer und schwerer als die Hündinnen. Das Hängen kann von 5 Sekunden bis zu einer Stunde und mehr dauern, normalerweise zwischen fünf und dreißig Minuten. Es kann aber durchaus ohne das Hängen zu einer Befruchtung kommen. Sind die Tiere zur Zeit der Samenabgabe miteinander auch nur wenige Sekunden verbunden, genügt dies für eine erfolgreiche Deckung. Einige Rassen, besonders die Chow-Chows und recht viele einzelne Hündinnen hängen überhaupt nie und erbringen trotzdem teilweise große Würfe.

Im Zeitpunkt, wo das Erschlaffen eintritt und das Hängen beendet ist, können einige der Samenfäden bereits durch die Gebärmutter in die Eileiter gewandert sein, und dort findet schon die Befruchtung statt.

Haltung eines eigenen Deckrüden/Zuchtrechtsvertrag
Für die kleine Zuchtstätte ist die Haltung eines eigenen Deckrüden nicht zu empfehlen. Der Rüde muß ja durchs ganze Jahr gut ernährt und gepflegt werden, nicht bloß, wenn er decken soll. So wird seine Pension und Haltung teurer als die auswärts bezahlte Decktaxe. Dazu kommt die Nervenbelastung für Mensch und Tier in jenen Tagen, wo eine brünstige Hündin im

Haus ist, die vielleicht sogar nicht einmal gedeckt werden darf. Nicht zu vergessen die Mehrarbeit. In kleinen Zwingern wird man den Zuchtrüden auch zu wenig einsetzen können, vor allem auch nicht für andere Züchter, es sei denn, daß er große Ausstellungserfolge buchen konnte.

Dazu kommt die Versuchung des Züchters, den eigenen Deckrüden aus Bequemlichkeit oder um Decktaxen zu sparen immer wieder zu gebrauchen, ohne Rücksicht darauf, ob er auch wirklich ein guter Vererber ist und genetisch zu den Hündinnen paßt. Damit tut der Züchter sich selbst und seiner Rasse keinen Dienst, denn — für die Zucht ist nur das Beste gut genug! Deshalb rate ich dem kleinen Züchter von der Haltung eines Deckrüden ab.

Fällt einmal ein besonders guter Rüde, muß man durch seinen Verkauf sicher nicht auch seine Deckfähigkeit verlieren. Der neue Besitzer wird ihn bestimmt zur Verfügung halten, besonders nach Ausstellungserfolgen. Es ist aber zu raten, bei einem vielversprechenden Welpen möglichst eine schriftliche Vereinbarung mit dem Käufer zu treffen, womit man sich das Recht sichert, ohne oder gegen eine abgemachte Decktaxe eine bestimmte Anzahl Hündinnen von diesem Rüden decken zu lassen, falls er später den Erwartungen gerecht wird.

Decktaxen

Die Höhe der Decktaxe variiert von Rasse zu Rasse und auch von Land zu Land. Im allgemeinen wird sie am Tage der Paarung bezahlt, und der Eigentümer der Hündin erhält eine Quittung, in der Regel in Form eines Deckvertrages, mit Angaben über Abstammung und Eigentümer der betreffenden Hunde. Auf der Rückseite dieses vorgedruckten Formulars kann dann auch gleich eine eventuelle Wurfmeldung eingetragen werden. Falls die gedeckte Hündin nicht aufnimmt, behält der Eigentümer des Deckrüden sein Recht auf die vereinbarte Summe. Der Besitzer der Hündin kann jedoch die Wiederholung des Deckaktes durch den gleichen Deckrüden bei einer nachfolgenden Hitze seiner Wahl verlangen, ohne den Preis nochmals bezahlen zu müssen. Diesen Anspruch hat er nur einmal, und nur, wenn Hündin und Rüde in derselben Hand sind.

Oft wird eine Abmachung getroffen, daß der Deckrüdenbesitzer statt der Decktaxe unter den etwa sechs Wochen alten Welpen einen für sich auswählen kann. Bei kleinen Rassen, wo die Würfe meist recht klein ausfallen, ist es sicher besser, die Decktaxe zu bezahlen. Wie immer die Abmachung, es ist unbedingt zu empfehlen, solche Verträge schriftlich festzuhalten, möglichst mit einer Kopie ans betreffende Stammbuchsekretariat oder den Spezialclub.

Genauere Angaben findet man im Internationalen Zuchtrecht, beschlossen von der FCI (Fédération Cynologique Internationale). Die Höhe der Decktaxe richtet sich im allgemeinen nach Rasse, Angebot und Nachfrage. Gelegentlich werden bei uns in England junge unerfahrene Deckrüden gratis angeboten, damit sie mit erfahrenen Hündinnen ihre Deckfähigkeit üben und unter Beweis stellen können.

Natürlich wird die Decktaxe ansteigen, falls sich ein Rüde als Champion oder mit besonderen Leistungen ausweisen kann.

Der Zuchtrüden-Besitzer sollte genau Buch führen, mit Angaben über die Hündin, Deckdatum, Deckzeit, Hängen?, wie lang?, Wurfdatum und Anzahl sowie Qualität der gefallenen Welpen etc.

Er muß auch die Gewähr bieten, einen fruchtbaren und gesunden Zuchtrüden zu stellen. Dieser darf nicht überfordert sein und keinesfalls zwei Hündinnen am gleichen Tag decken.

Kapitel 4: Die Zuchthündin

Wie schon beim Rüden, ist auch bei der Zuchthündin das gute, instinktsichere Wesen (Pflegetrieb, Mutterinstinkte) des Tieres erste Vorbedingung. Die Hündin soll gesund, kräftig im Körperbau, mit gut entwickeltem Brustkorb und starker, nicht zu enger Beckengegend sein; eine feminine und würdige Vertreterin ihrer Rasse. Sie soll möglichst vital (nicht mit nervös zu verwechseln) sein und aus fruchtbarer, langlebiger Linie stam-

men. Die Hündin soll selbstverständlich gut ernährt, fit und in bester Kondition sein.
Die züchterische Zukunft jedes Zwingers liegt in der Wahl seiner Zuchthündinnen. Eine jede sollte ein Paradestück ihrer Rasse sein, mit möglichst wenig kleinen Fehlern und Mängeln. Es ist unter Umständen besser, eine besonders hervorragende Hündin mit einem Fehler zu haben, als ein mittelmäßiges Exemplar ohne besonders gute oder besonders schlechte Eigenschaften. Es ist nämlich viel einfacher, einen einzelnen Fehler hinauszuzüchten, als mehrere Eigenschaften hineinzuzüchten. So wie beim Rüden, soll auch bei der Zuchthündin, abgesehen von Wesen und äußerem Erscheinungsbild, die Ahnentafel über drei bis vier Generationen genau geprüft werden, um eine genauere Vorstellung über ihren wahren Wert für die Zucht zu erhalten.

Die Fortpflanzungsorgane der Hündin

Die beiden Eierstöcke
sind die wichtigsten Organe. Sie liegen in der Bauchhöhle, hoch oben hinter der letzten Rippe und etwas unterhalb der Nieren. Wie zwei große, gelbe Bohnen, eingebettet in einer fettgepolsterten Tasche, liegen sie am vorderen Ende der Gebärmutterhörner. In den Ovarien (Eierstöcken) werde die Eizellen produziert, die in den Eibläschen (Follikeln) heranreifen.

Die Gebärmutter (Uterus)
Die unträchtige Gebärmutter ist ein eher kleines, unscheinbares Organ in der Form eines Y. Der Gebärmutterkörper, also der untere Teil des Y, ist etwa fünfmal kleiner als die beiden fast gerade gestreckten Hörner. Bei einer Trächtigkeit jedoch wachsen hauptsächlich die beiden Hörner, in denen die Embryonen (Welpen) liegen, zu einem mächtigen, darmähnlichen Schlauch, der sich oft bis zum Zwerchfell ausdehnt

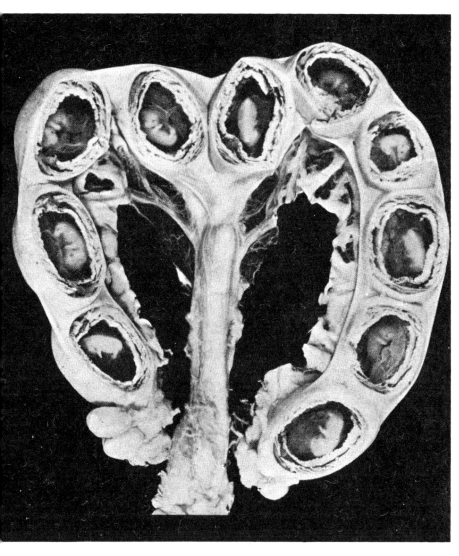

Abb. 5. Präparat, das den Uterus einer Hündin mit 30 Tage alten Embryonen zeigt. Die Gebärmutterhörner, die in der lebenden Hündin wie ein Y geformt sind, wurden im Präparat nach unten verbogen.

und die anderen Bauchorgane fast verdrängt, vor allem bei großen Würfen.
Das untere Ende der Gebärmutter nennt man Cervix (Gebärmutterhals und -mund), ein Eingang, der ganz geschlossen ist. Die Cervix mündet in die Scheide.

Die Eileiter (Tuben)
Es sind zwei kurze «Schläuche», die an ihren unteren Enden mit den Uterushörnern verbunden sind und deren andere Enden zu den Eierstockkapseln führen, wo sie trichterförmig enden.
Dort ist ihre Öffnung recht weit, aber in Gebärmutternähe werden sie fast haardünn. Durch die Eileiter steigen die Eier in die Gebärmutterhörner ab, wo sich die von männlichen Samenzellen befruchteten einnisten.

Die Scheide (Vagina)
Die sehr dehnbare Scheide ist recht lang und endet in der Vulva, dem äußeren Geschlechtsteil der Hündin. Gelegentlich trifft man eine Verengung der Scheide, und wenn diese sehr eng ist, muß man das Hindernis durch sorgfältiges Dehnen und Ausweiten beheben, um eine Paarung zu ermöglichen. Auch die eher seltenen Mißbildungen wie Scheidenknickung oder Scheidenvorfall könnten beim Decken Schwierigkeiten machen.

Die Scham (Vulva)
Dies ist der äußere Geschlechtsteil der Hündin und wird Wurf oder auch Scham genannt. Sie enthält schwellfähiges Gewebe, die sogenannten Schwellkissen. In der Brunstzeit schwillt die Wurf stark an und vergrößert sich. Die Hündin ist auch fähig, in Deckbereitschaft die Wurf etwas aufzurichten, um das Eindringen des Penis zu erleichtern. Die Vulva wird natürlich auch vergrößert und erweitert beim Austreten eines Welpen während der Geburt.

Brustdrüsen (Mammae)
Im allgemeinen hat die Hündin fünf Paar Zitzen in symmetrischer Anordnung; ihre Anzahl und ihre Lage können sehr variieren, doch ist dies kaum wesentlich. Bei der Mutterhündin

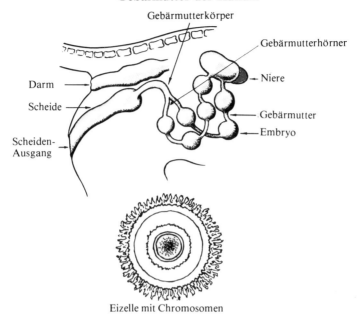

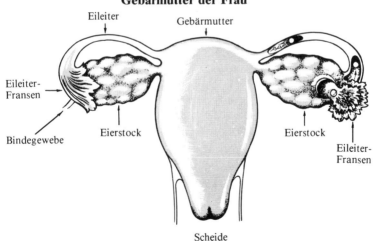

schwillt das Gesäuge an. Die hinteren Zitzen sind meist am größten und milchreichsten.

Der Sexualzyklus

Er spielt sich in der Regel in einem zirka halbjährlichen Turnus ab, wobei dieser Rhythmus aber individuell und von Rasse zu Rasse verschieden sein kann. Seine Regelmäßigkeit wird auch durch Umwelteinflüsse, wie Tageslicht, Klima, Ernährung und Gesundheit der Hündin beeinflußt.

Die Vorbrunst
Sie ist die erste Phase (Dauer ca. 7 Tage) im Sexualzyklus und macht sich äußerlich durch leichte Schwellung und Rötung des Wurfes bemerkbar. Die Hündin zeigt sich weniger abweisend gegen Rüden, ohne daß sie sich jedoch decken lassen würde. Es zeigt sich noch kein Ausfluß, und diese Phase kann daher vom Züchter leicht übersehen werden. In dieser Zeit reifen im Eierstock die Eizellen in den sie umschließenden Follikeln (Eibläschen) heran, und diese beginnen sich an der Oberfläche der Eierstöcke zu wölben. Gleichzeitig wird von den Eibläschen das Follikelhormon hergestellt, welches die Gebärmutterschleimhaut als Schwangerschaftsvorbereitung zur Schleimabsonderung und zur Drüsenbildung anregt, und auch das Brunstverhalten der Hündin wird geweckt.

Die Hochbrunst
Aus der Gebärmutter wird in dieser zweiten Phase (Dauer ca. 2 Wochen) zunächst Blut und Schleim abgesondert, die Scham wird noch stärker geschwollen und gerötet. In der zweiten Woche aber schwillt der Wurf etwas ab und wird weich und schlaff, der Ausfluß wird klar und nur noch leicht rosa. Die Hündin zeigt Paarungsbereitschaft.
Auch die Reifung der Follikel geht unterdessen weiter, und in der zweiten Woche der Hochbrunst beginnen die jetzt reifen Eibläschen zu platzen (Ovulation) und die Eizellen wandern in die Eileiter, Richtung Gebärmutter. Es ist Zeit für die Paarung.

Die Gelbkörperphase
Auch wenn keine erfolgreiche Paarung stattgefunden hat, spielen sich nun (Dauer ca. 4 Wochen) gewisse Veränderungen im Uterus und in den Eierstöcken ab. In den Eierstöcken bilden sich aus den Resten der Eibläschen die «gelben Körper». Diese wachsen zur maximalen Größe und produzieren das Gelbkörperhormon, welches verhindert, daß neue Eibläschen heranreifen, und das dafür sorgt, daß die Gebärmutterschleimhaut weiter im Status der Schwangerschaftsvorbereitung verbleibt.

Hat keine erfolgreiche Deckung stattgefunden, so sterben die nicht befruchteten Eizellen ab und werden resorbiert, und nach ungefähr sieben Wochen beginnen sich dann die Gelbkörper und die Uterusschleimhaut zurückzubilden. Es folgt nun die 4. Phase, die *Ruhe- und Rückbildungszeit*. Sie dauert ca. 19 Wochen.

Die dritte und die vierte Phase zeigen sich äußerlich kaum, außer daß sich natürlich auch die Scham verkleinert und das Verhalten der Hündin wieder normalisiert wird. Bis der Zyklus wieder neu beginnt, nach total rund sechsundzwanzig Wochen.

Ist aber Trächtigkeit erwünscht und eingetreten, behalten die Gelbkörper ihre maximale Größe unter Einwirkung der Embryonen während der ganzen Schwangerschaft und sorgen mit der Produktion und Sekretion ihres Hormons für die Erhaltung der zur Trächtigkeit nötigen Bedingungen im Uterus. Nach den neun Wochen der Schwangerschaft und der Geburt kommt ebenfalls die Rückbildungs- und Ruhephase im Sexualzyklus.

Die Befruchtung
Nach der Ovulation befinden sich zehn bis zwanzig reife Eizellen in den Eileitern und wandern der Gebärmutter zu. Wenn die Paarung in der günstigen Zeit (9. bis 13. Tag) der Hochbrunst stattfindet, treibt nun auch ein Heer von Spermien (männlichen Samenzellen) durch Eigenbewegung mit ihrem Geißelschwanz durch die Gebärmutter den Eileitern zu. Sie schwärmen um die reifen Eier und versuchen mit Hilfe eines Enzyms die Eihülle zu durchbohren. Mehrere Samenzellen bemühen sich um ein Ei, aber nur einer einzigen Spermie wird

es schließlich gelingen, den Zellkern zu erreichen und zu befruchten. Der Geißelschwanz der erfolgreichen Samenzelle wird außerhalb der Eihülle abgeworfen. Sofort nachher wird durch eine Befruchtungsmembran eine Schutzwand um das Ovum errichtet, um weiteres Eindringen von Spermien zu verhindern. Langsam gleiten dann befruchtete und unbefruchtete Eier durch die Eileiter hinunter in den Uterus. Einige Eier werden wohl auch dort noch befruchtet.

Die ausgestoßenen Eizellen leben nicht viel länger als zwölf bis zwanzig Stunden, und nicht alle werden gleichzeitig frei. Nachher sterben die unbefruchteten ab. Auch die Samenzellen leben nur kurze Zeit, höchstens drei bis vier Tage, aber sie sind schon nach zwei Tagen kaum mehr befruchtungsfähig.

Dem Zeitpunkt der Paarung kommt demnach größte Bedeutung zu. Sie muß möglichst zur Zeit des Eisprungs stattfinden (9. bis 13. Tag der Hochbrunst.)

Ich finde, daß das Aussehen der Vulva über den besten Zeitpunkt am meisten aussagt und vertraue diesen Anzeichen mehr, als der hellen Färbung des Ausflusses. Der Wurf ist in den ersten Tagen der Brunst hart und sehr stark geschwollen. Zum Zeitpunkt der Ovulation aber erschlafft die Scham und wird weich, dann sollte die Hündin innerhalb der nächsten zwei Tage gedeckt werden.

Nach etwa achtzehn Tagen ist der Keimling fest in der Uterusschleimhaut verankert. Er wird durch Zellteilung weiter wachsen. Später bildet sich der Plazenta-Gürtel, durch welchen der Nahrungsaustausch und der Wechsel von Sauerstoff und Kohlensäure gewährleistet ist.

Fortpflanzungsbereitschaft der Hündin
Bei den Wildhunden wird die Hündin nur einmal jährlich hitzig, während unsere domestizierten Hündinnen in der Regel alle sechs Monate in Hitze kommen. Die erste Brunst tritt normalerweise zwischen dem sechsten und neunten Altersmonat ein. Bei verschiedenen Rassen dauert es aber bis zur vollen Reife ungleich lang. Obschon die Brunstperioden das ganze Jahr eintreten können, sind sie doch am häufigsten im Herbst und im Frühjahr. Jedenfalls zeigt zum Beispiel unser Kennel-

Club-Register im Frühling ungleich mehr Eintragungen ins Zuchtbuch als im Herbst. Doch dies könnte auch so sein, weil viele Züchter Sommerwürfe vorziehen. Junge unerfahrene Rüden sind oft die ersten, an denen der Züchter merkt, daß die Hündinnen bald brünstig werden, weil sie schon früh auf die vermehrten Geruchsstoffe der Hündin reagieren. Erfahrene Zuchtrüden zeigen ihr Interesse im allgemeinen erst, wenn der richtige Zeitpunkt zum Decken gekommen ist.
Schon während der Vorbrunst zeigt sich die Hündin unruhig. Sie wird öfters Harn in kleinen Mengen absetzen. Viele zeigen gesteigerten Appetit, und natürlich sollen sie eine ausgewogene Diät bekommen; aber sie dürfen keineswegs Fett ansetzen. Nach einigen Tagen fängt die Hündin mit anderen Hündinnen im Zwinger zu flirten an, sie dreht den Schwanz zur Seite und schwenkt ihr Hinterteil. Sie reitet anderen Hündinnen auf und läßt auch diese aufsteigen. Trotzdem wird sie vor dem richtigen Zeitpunkt keinen Rüden an sich heranlassen. Die Hündin wird sich dann auch ins Liebesspiel mit dem Rüden einlassen, und nachdem die Vulva abgeschwollen ist, wird sie sich im Normalfall auch willig decken lassen.
Züchter können die Bereitschaft der Hündin folgendermaßen feststellen: Man legt eine Hand auf die Kruppe der Hündin, gleich beim Rutenansatz, oder berührt leicht ihre Schamgegend. Bei Bereitschaft wird sie nun den Schwarz ganz auf die Seite ausdrehen, was ein ziemlich sicheres Zeichen dafür ist, daß man nun innerhalb achtundvierzig Stunden zum Deckrüden fahren muß.

Glukose-Test zur Feststellung der Ovulation
Manche Züchter sind von dieser Methode, die Tage der Ovulation festzustellen, überzeugt. Bei den Zwergrassen ist sie aber technisch nicht gut durchführbar.
Zur Zeit des Eisprungs wird Glukose (Traubenzucker) in die Scheide abgesondert. Diese Glukose nun kann mit Hilfe eines Teststreifens, wie er von Diabetikern zur Zuckerprobe im Urin verwendet wird, nachgewiesen werden. Teststreifen sind in allen Apotheken erhältlich. Wenn man die Hündin in Bereitschaft glaubt, wird einer der kleinen gelben Papierstreifen in die

Scham eingeführt, und wenn er Zucker anzeigt, muß die Hündin noch vor Ablauf der nächsten vierundzwanzig Stunden gepaart werden. Bei kleineren Tieren mit weniger Ausfluß wird möglicherweise nur der Rand des Streifens die Farbe wechseln. Für mich persönlich ist das plötzliche Abschwellen und Erschlaffen der Scham immer noch das einfachste und sicherste Mittel, um zu wissen, wann die Hündin gepaart werden muß.

Das Alter der Zuchthündin
Im allgemeinen tritt die Geschlechtsreife bei kleinen Rassen früher ein als bei den großen, obschon es auch bei den großen Hündinnen gibt, die schon mit sechs Monaten hitzig werden. Natürlich sind diese jungen Tiere weder körperlich noch psychisch reif dafür, Welpen zur Welt zu bringen und gut aufzuziehen. Wird eine noch nicht voll entwickelte Hündin trotzdem gepaart, wird der Wurf ziemlich sicher sehr klein ausfallen, und die Erschöpfung beim Werfen könnte sie für die weitere Zucht verderben. Auch das Wachstum kommt höchst wahrscheinlich zum Stillstand — und damit wird ihre Entwicklung zum eventuell prächtigen Zuchttier gestört.
Kleine Rassen werden auch manchmal recht spät hitzig, ungefähr mit zwölf bis dreizehn Monaten, und es gibt viele Züchter, die die Ansicht vertreten, daß man diese Hündinnen dann auch schon decken dürfe, vorausgesetzt, diese erste Hitze trete nicht vor dem zwölften Monat ein. Der Grund zu dieser Ansicht ist, daß die Beckenknochen zu diesem Zeitpunkt noch weich und nachgiebig sind und dadurch die erste Geburt erleichtert wird.
Bei mittelgroßen Rassen werden die Hündinnen in der Regel mit sechs Monaten hitzig, und das wiederholt sich von da an in ziemlich regelmäßigen Intervallen. Hündinnen dieser Rassen darf man etwa mit achtzehn Monaten decken lassen.
Bei den großen Rassen gibt es beträchtliche Unterschiede innerhalb der Norm. Zum Beispiel sind unsere Bluthunde selten schon mit sechs Monaten geschlechtsreif. Viele sind «Spätzünder» und haben ihre erste Hitze nicht vor dem neunten bis vierzehnten Monat. Wenn eine Hündin bis zum Alter von zweiundzwanzig Monaten nicht brünstig wird, sollten Sie den Tierarzt konsultieren.

Bei großen Rassen empfiehlt es sich, mindestens bis zur dritten Hitze zu warten, oder noch besser bis sie im Alter von zwei bis drei Jahren sicher ganz ausgewachsen sind.
Es ist aber sicher bei allen Rassen besser, mit dem ersten Wurf nicht bis nach dem vierten Altersjahr zu warten, denn nach dieser Zeit treten gerne Geburtsschwierigkeiten auf.
In Fällen, wo der Zyklus der Hündin unregelmäßig und verspätet eintritt, kann der Tierarzt mit einer Hormonbehandlung helfen. Diese wird die Brunst und die Ovulation auslösen, und es kann auch vorkommen, daß dann die Hündin einen größeren Wurf bringt, als man es von ihr gewohnt ist. Ihre Nachkommen aber werden deshalb natürlich keine größeren Würfe bringen.
Ich habe immer wieder festgestellt, daß die eine brünstige Hündin andere «anstecken» kann und dann bald auch andere Hündinnen im Zwinger in Hitze kommen.

Zyklus-Unregelmäßigkeiten und künstliche Einflüsse
Es gibt noch allerlei Unregelmäßigkeiten im Zyklus der Hündin, wobei die meisten hormonell bedingt sind. Eine stark verlängerte oder verkürzte Hitzezeit, zu häufige oder zu seltene Brunstzeit, die sogenannte «stille Hitze», wo die Hündin keinen Ausfluß zeigt, wohl aber gedeckt werden kann.
Auch Krankheiten und Infektionen können den Zyklus beeinflussen. Es gibt auch künstliche Einflüsse, zum Beispiel der Wechsel der Länge des Tageslichtes. Bei Zwingerhaltung der Hunde könnte diese Theorie praktische Anwendung finden durch künstliche Verlängerung des Tageslichtes. (Natürlich ist dies für Kleinzüchter ohne Zwinger kaum durchführbar und lohnend.)
Dr. Leon F. Whitney hat anhand von ausgedehnten Versuchen festgestellt, daß, wenn das Tageslicht in der ersten Woche um eine Stunde, in der zweiten Woche um zwei Stunden, in der dritten Woche um drei Stunden und in der vierten Woche um vier Stunden verlängert wird, die Hündinnen fast unfehlbar hitzig werden. Bei Zwingerhaltung wird der Februar meist als der günstigste Monat zur Paarung erachtet, damit die Welpen

später vom warmen, sonnigen Frühlingswetter profitieren dürfen.

Im allgemeinen läßt sich die Hündin an mehreren Tagen willig decken, meist sind es vier bis fünf Tage. Doch gibt es auch da keine allgemein gültige Regel. Sicher spielen auch Sympathien und Antipathien zwischen den beiden Partnern oft eine große Rolle. So mag eine Hündin beharrlich den ihr zugedachten Zuchtrüden ablehnen, um sich wenig später gern und willig von einem andern Rüden decken zu lassen. Es sind mir auch Hündinnen bekannt, die nach mehreren Deckversuchen mit dem rassegleichen Deckrüden leer blieben, aber mit einem selbsterwählten kleinen Bastard einen großen Wurf erbrachten.

Pflege der Hündin während der Brunstzeit

Es kann nicht genug betont werden, daß die Hündin über die ganze Zeit gut unter Verschluß und Aufsicht gehalten werden muß. Es genügt nicht, sie in ein Zimmer einzusperren, jemand könnte vergessen, die Türe zu schließen. Ein offenes Fenster ist kaum hoch genug für den «liebestollen» Rüden einer großen Rasse. Ich habe selbst erlebt, wie eine meiner Hündinnen gedeckt wurde von einem fast drei Kilometer entfernt wohnenden Rüden, der einfach durchs offene Fenster sprang.

Auch das Trennen von Rüde und Hündin mit einem Drahtgitter im Zwinger kann nicht genügen, denn es sind mir Fälle bekannt, wo sich die beiden erfolgreich zwischen den Gitterstäben paarten. Wenn man die Hündin nicht im eigenen, abgeschlossenen Garten «Gassi-führen» kann, muß man sehr vorsichtig sein, denn außerhalb werden scharenweise «Verehrer» auf ihr Glück und ihre Chance passen. Kleine Hunde trägt man am besten vom Hause fort. Es gibt ja auch Desodorierungsmittel auf dem Markt, über deren Nutzen man sich streiten mag. Jedenfalls finde ich, daß Zwingerhunde diesen Geruch recht schnell erkennen und wohl wissen, was er zu bedeuten hat. So erreicht man unter Umständen damit das Gegenteil und eine noch größere Rüdenversammlung vor der Haustüre.

Für Hündinnen, die im Hause leben, und die verwöhnten Zwergrassen, die auf Stühlen und vielleicht sogar im Bett schlafen

dürfen, gibt es praktische Schutz-Gürtel mit Zellstoffeinlagen. Sie sind in allen Größen und Farben erhältlich und schützen Teppiche und Möbel vor den Blutflecken.
Es ist in dieser Zeit besonders wichtig, daß die Hündin warm gehalten wird und nicht der Zugluft ausgesetzt ist. Sie sollte sich nicht in nasses Gras setzen oder gar darin liegen. Hündinnen sind in diesen Tagen besonders empfindlich für Erkältungen, was Gebärmutterentzündung zur Folge habe kann, eine für die Zuchthündin besonders gefährliche Erkrankung. Gerade ältere Hündinnen sind anfällig, am meisten die, welche sich sonst immer im warmen Haus aufhalten dürfen.

Allgemeine Pflege der Zuchthündin
Die generelle Pflege einer Zuchthündin muß nicht viel anders sein, als für jeden andern gepflegten und gut gehaltenen Hund. Sie soll in leistungsfähigem Zustand gehalten werden, gut ernährt mit einer gut ausgewogenen Diät. Sie darf weder zu fett noch zu mager sein. Sie muß regelmäßig bewegt werden, mit und ohne Leine zur Stärkung von Muskeln und Bändern. Sie braucht aber auch Ruhe, ein komfortables, warmes Bett, einen Platz, der ihr gehört. Ihr Haarkleid soll regelmäßig gepflegt, langes Haar täglich gebürstet werden. Die Krallen, falls sie nicht abgelaufen werden, müssen kurz geschnitten werden. Sie soll auch frei von jeder Art Parasiten gehalten sein. Ist sie zu fett, wird sie weniger Kohlehydrate bekommen und vielleicht auch weniger Wasser. Ist sie aber zu dünn, erhält sie mehrere Mahlzeiten täglich.
Auch die nötigen Impfungen müssen regelmäßig aufgefrischt werden.

Zuchtrechts-Abtretung
Um zu vermeiden, daß man nach wenigen Jahren mehrere ausgediente Hündinnen im Hause hat und damit eher ein Seniorenheim statt einer blühenden Zuchtstätte, kann man sich zur Lösung des Problems der Zuchtrechts-Abtretung bedienen. Damit sichert man sich gleichzeitig auch eine gewisse Reserve an Zuchthündinnen aus seiner Linie, die zum Einsatz kommen,

wenn unvorhergesehene Ausfälle durch Krankheit, Unfall etc. eine Lücke in den Bestand reißen.
Gerade der Kleinzüchter wird es kaum übers Herz bringen, ausgediente Zuchthündinnen, mit denen er in engem Kontakt lebt, einfach einschläfern zu lassen oder weiterzugeben. Auch kann er ja unmöglich alle vielversprechenden Welpen selbst behalten. Da finde ich die Zuchtrechtsabtretung eine weise Lösung, für den Hund wie die Züchter. Junge Hündinnen, bei denen man im Alter von vier bis fünf Monaten sehen kann, daß sie wahrscheinlich für die Zucht von Nutzen sein könnten, werden nicht einfach verkauft, sondern nur mit dem Vorbehalt weitergegeben, daß sie später für einen oder mehrere Würfe zum Züchter zurückkommen werden. Die Hündin wird sich in diesem Alter immer gerne an den guten Züchter erinnern und keine Schwierigkeiten machen, wenn sie im deckfähigen Alter zu ihm zurückkommt zum Paaren und dann wieder, um ihren Wurf groß zu ziehen.
Sie wird nach dem Absäugen gut gepflegt und gesund zu ihrem Eigentümer zurückkehren und dort auch wieder glücklich und zufrieden sein.
Damit ist der Aufbau der Zucht auch für die kleine Zuchtstätte gewährleistet; es kann größtenteils auf einen Zwingerbetrieb verzichtet werden. Die Hündin hat nach einem, höchstens drei Würfen ihre Pflicht getan und darf bei ihrer Familie glücklich alt werden.
Wenn der Vertrag erfüllt ist, gehört die Hündin dann auch rechtlich ihrem Eigentümer. Natürlich muß ein solcher Vertrag vor der Abgabe der Hündin auf jeden Fall schriftlich festgehalten werden, möglichst mit einer Kopie an das Hundestammbuch oder den Spezial-Klub. Man soll darin jegliche Abmachung über Bezahlung, Schadenersatz, Rechte und Pflichten etc. festhalten, um sich späteren Ärger und Umtriebe zu ersparen.

Kapitel 5: Unfruchtbarkeit

Es gibt mehrere Ursachen für Sterilität bei den Tieren; viele sind uns bekannt und können behandelt werden, aber es gibt auch unbekannte Faktoren, die noch zu erforschen sind.
Unfruchtbarkeit tritt ebenso häufig bei Rüden wie bei Hündinnen auf, obwohl von Hundezüchtern fast immer der Hündin die Schuld zugeschoben wird, wenn sie «leer» geblieben ist.
Sterilität kann dauernd oder auch zeitlich begrenzt auftreten, und ihre Ursachen kann man in verschiedene Gruppen aufteilen: solche mit physiologischen Ursachen und solche, die durch Tumore, Wucherungen und Infektionen entstanden sind. Dann eine weitere Gruppe, die man weder zu der einen noch zu der anderen der genannten Gruppen zählen kann.
Es ist erwiesen, daß eine über Generationen fortgesetzte Inzucht die Fruchtbarkeit deutlich herabsetzt. Da sich Fruchtbarkeit oder Unfruchtbarkeit sehr stark vererben, ist es daher besonders wichtig, daß da nur mit den wirklich virilsten Rüden und den fruchtbarsten Hündinnen weiter gezüchtet wird.

Falsche Ernährung
Falsche Fütterung mit proteinarmer Kost, ohne genügend Vitamin A und C und wichtige Spurenelemente, mag Ursache der Sterilität sein. Meist sind die Tiere aber übergewichtig. Ein fetter Rüde wird langsam und deckfaul, und die zu dicke Hündin wird oft keine Jungen bekommen. Auch das Gegenteil mag zum Problem werden. Eine unterernährte, konditionell geschwächte Hündin kann wohl «leer» bleiben. Bei während ihrer stärksten Wachstumsperiode schlecht ernährten Welpen tritt die Geschlechtsreife meist verspätet ein, ja solche Hunde haben manchmal kaum Interesse am Sex. Auch mangelnde Bewegung in frischer Luft und Sonnenlicht ist ein negativer Einfluss, der von Züchtern oft übersehen wird. Hunde, die nicht in guter, starker Kondition gehalten werden, können unmöglich gute Zuchtleistungen erbringen.

Umwelteinflüsse
Plötzlicher Ortswechsel kann zeitweise auch Sterilität bewirken, vor allem, wenn Hunde aus einer kalten Gegend plötzlich in wärmere Regionen, oder auch umgekehrt, exportiert werden. Die Unfruchtbarkeit wird behoben sein, sobald sich das Tier dem klimatischen Wechsel angepaßt hat.
Auch Hunde, die in dunklen, kleinen und unnatürlichen Quartieren gehalten werden, sind im Nachteil zu jenen, die viel Sonnenschein und frische Luft genießen. Temperaturwechsel, Länge des Tageslichtes und der Wechsel der Jahreszeiten können ebenfalls die Fruchtbarkeit der Tiere beeinflussen.

Alter
Hund und Hündin können im Alter, meist aus hormonalen Gründen, weniger fruchtbar werden (Ausnahmen bestätigen die Regel). Es wäre sicher unklug, zwei Tiere im fortgeschrittenen Alter zu paaren, während eine Verbindung zwischen einem älteren Rüden und einer jungen Partnerin wohl einen recht großen Wurf erbringen kann. Eine Paarung aber zwischen einem sehr jungen Rüden und einer älteren Hündin wird kaum einen grossen Wurf, wenn überhaupt Erfolg erbringen. Beim alten Rüden ist die Spermienzahl oft reduziert, und die Samenzellen zeigen auch weniger Beweglichkeit. Bei der alten Hündin reifen in den Eierstöcken weniger Eier.
Beste Zuchtresultate erzielt man also, wenn beide Partner «in der Blüte ihrer Jahre» stehen und konditionell auf dem Höhepunkt sind.
Meiner Ansicht nach bringt die Hündin bei ihrem zweiten Wurf die besten Welpen, natürlich auch nur dann, wenn sie von dem bestmöglichen Partner gedeckt wurde. Bei großen Rassen bringt der Deckrüde vom dritten bis zum vierten Altersjahr die schönsten Resultate. Bei Zwerghunden etwas früher.

Überbeanspruchung
Diese trifft man wohl am meisten bei Deckrüden. Wird ein Zuchtrüde zu oft zum Decken eingesetzt, ohne die nötigen Ruhepausen dazwischen, kann er für kurze Zeit steril werden; ein überforderter junger Rüde kann sogar permanent

unfruchtbar werden. Wenn die Hündin zu oft zur Zucht verwendet wird, besonders wenn sie immer große Würfe bringt, muß sich die körperliche Belastung in schwacher Kondition, mangelnder Substanz und Schwäche äußern, was wiederum ebenfalls Unfruchtbarkeit zur Folge haben kann.

Falscher Zeitpunkt
Dies ist bestimmt die häufigste Ursache, weshalb Hündinnen «leer» bleiben. Wenn die Paarung zu spät oder zu früh, d.h. zu lang nach oder vor der Ovulation stattfindet, kann keine Befruchtung eintreten. Die Hunde sind dann also nicht wirklich unfruchtbar, aber durch die falsche Zeitwahl gibt es halt keinen Nachwuchs.

Unnatürliche Bedingungen
Leider wird die Paarung nur zu oft unter völlig unnatürlichen Bedingungen erzwungen, und Züchter wundern sich nachher noch, wenn es nicht «geklappt» hat. Man reist mit der Hündin per Bahn oder Auto weite Strecken zum Zuchtrüden. Man läßt ihr, dort angekommen, kaum Zeit, um zu ruhen und sich mit der fremden Umgebung etwas vertraut zu machen. Sie werden vom meist routinierten Deckrüden in seinem Revier gedeckt. Dieser weiß genau was zu tun ist, und mit Hilfe der Menschen kommt er dann auch sofort zum Ziel. Der Züchter hat es eilig, wieder nach Hause zu kommen, lacht und schwatzt, und man läßt den beiden Tieren weder Zeit, sich etwas kennenzulernen, noch für das auch wichtige Werbungs- und Liebesspiel, das Paarungsritual. Das ist grausam, und so kann sich trotz Hochbrunst die Hündin derart aufregen, daß sie den Rüden abweist und zum Deckakt gezwungen werden muß. Dann folgt gleich anschließend der lange Heimweg — wen wundert es da, daß viele dieser Paarungen enttäuschend ausgehen?

Größenunterschiede
Erhebliche Größenunterschiede zwischen Rüde und Hündin mögen ein weiterer Grund zur Unfruchtbarkeit sein, besonders wenn der Penis des Rüden zu kurz ist. Doch auch da sind Aus-

nahmen bekannt. So kenne ich einen Dachshund, der eine Boxerhündin ohne Hilfe erfolgreich deckte. Ein Wurf «lustiger» Welpen war das Resultat.

Unfruchtbarkeit als Folge von Krankheiten
Speziell Erkrankungen mit hohem Fieber können einen Dauerschaden zur Folge haben, z.B. Staupe und Hepatitis. Es sind mir aber auch Fälle bekannt, wo Deckrüden über mehrere Jahre erfolgreich waren und dann, obschon sie bestens gehalten und nie krank gewesen waren, aus unbekannter Ursache plötzlich unfruchtbar geworden sind. Vielleicht ließen sich die Gründe erforschen, doch leider schweigen sich die meisten Züchter über solche Tatsachen aus. Es blieben ein paar Hündinnen «leer», und man zieht es vor, einen anderen Deckrüden oder einen guten Sohn des betreffenden Hundes anzubieten...
Solche Fälle plötzlicher Unfruchtbarkeit sind nicht etwa selten, aber leider kann darüber auch nur schwer nachgeforscht werden, weil die Rüden nicht mehr zur Zucht verwendet werden und ihr Zustand so rasch wie möglich vergessen wird. Es ist so nicht überraschend, daß diese Schwierigkeiten nicht zur Kenntnis von Tierärzten oder Wissenschaftlern gelangen, die möglicherweise ein Interesse hätten, solche Probleme zu erforschen.

Hormonale Störungen
Wenn das Hormon-Gleichgewicht aus irgendeinem Grunde gestört ist, kann das beim Rüden oder der Hündin zu Unfruchtbarkeit führen.

Ursachen für Unfruchtbarkeit beim Rüden

Orchitis (Hodenentzündung)
Hodenentzündung kann die Folge eines Unfalls oder einer Infektion sein und beeinflußt die Produktion der Spermien im negativen Sinn.

Epididymitis (Entzündung der Nebenhoden)
entsteht aus denselben Infektionen wie die Orchitis. Sie kann Verwachsungen zwischen der Harnröhre und den Hoden verursachen und damit ein Hindernis für die Samenzellen.

Prostatitis (Vorsteherdrüsen-Entzündung)
ist eine Entzündung der Vorsteherdrüse, welche die Fruchtbarkeit beeinträchtigen kann, ebenso wie eine Vergrößerung dieser Drüse.

Balanitis (Eicheltripper)
Eine recht häufig auftretende Entzündung der Eichel am Penis mit einem eitrigen Ausfluß. Auf Behandlung spricht das Leiden schnell und gut an. Während des akuten Zustandes wird der Rüde aber kaum decken wollen, weil dies sehr schmerzhaft wäre. Es ist ohnehin nicht angebracht, ihn zu gebrauchen, denn die Hündin könnte dabei angesteckt werden.

Phimose
Die Verengung der Vorhaut des Penis. Beim Hund recht selten; wird durch Operation (Circumcision) behoben.

Kastration
Operative Entfernung der Hoden — logische Folge ist die Sterilität.

Deckschwierigkeiten
Sie gehören nicht mehr unter den Begriff Unfruchtbarkeit, aber können natürlich Ursache des Mißerfolges einer Paarung sein. Es gibt in bezug auf ihre sexuellen Aktivitäten besonders scheue Rüden, die nicht vom Menschen bei der Paarung beobachtet werden wollen. Mit richtiger Behandlung beim ersten Deckversuch hätte man dies verhindern können. Einen wirklich scheuen Rüden läßt man am besten allein mit der Hündin in einem kleineren Raum, wo man die beiden aber heimlich beobachten kann.
Wie die Menschen, haben auch Deckrüden ihren eigenen Willen und Geschmack in bezug auf ihre Partnerinnen. Gelegentlich

wird sich ein sonst zuverlässiger Zuchtrüde weigern, eine auswärtige Hündin zu decken, weil im Zwinger eine hitzige Hündin ist, in die er sich «verliebt» hat. Dieses Problem kann man eventuell lösen, indem man gleichzeitig einen zweiten Rüden zu der zu deckenden Hündin gesellt. Damit wird der Deckrüde vielleicht eifersüchtig und seine Rechte behaupten wollen. Allerdings ist dies auch etwas hart für den anderen Rüden, den man im kritischen Moment ja dann entfernen muß.

Ursachen für Unfruchtbarkeit bei der Hündin

Die häufigste Ursache der Sterilität bei der Hündin ist ein Hormonmangel. Diese Hündinnen haben keinen regelmäßigen Sexualzyklus, einige kommen erst sehr spät, im Alter von 18—24 Monaten, das erste Mal in Hitze. Sie können durch Hormonbehandlung meist erfolgreich kuriert werden. Der Tierarzt kann da am besten beraten und helfen.
Heute kann man Hündinnen ja auch mit Hormonen behandeln, damit sie später oder gar nicht läufig werden. Bei einer zukünftigen Zuchthündin muß man aber ganz davon abraten, denn der Hormonhaushalt kann ganz aus dem Gleichgewicht geraten, und es kann sogar Jahre dauern, bis sich ihr Zyklus wieder normalisiert hat. Inzwischen ist sie vielleicht zu alt geworden, um ohne Schwierigkeiten zu werfen.

Falsche Hitze
Sie tritt ein bei Störungen der hormonalen Regulation. Die Hündin kommt in Hitze ohne richtige Blutung und läßt sich ohne weiteres decken, ohne daß man die «richtige Zeit» ersehen kann. Nach einigen Wochen wird aber erneut eine Brunst eintreten, und erst jetzt kann bei Wiederholung des Deckaktes eine Befruchtung zustande kommen, weil bei der falschen («stillen») Hitze kein Eisprung stattgefunden hat.

Abnorm verlängerte Brunstzeit
Durch einen Hormonmangel kann keine Ovulation erfolgen. Auch dies kann durch den Tierarzt behandelt werden.

Frigidität
Auch sie ist ziemlich sicher hormonal bedingt. Diese sexuelle Passivität findet man aber doch mehr bei sehr verwöhnten Tieren, deren natürliche Sexinstinkte schlecht entwickelt sind. Die Hündin mag zwar mit allen Zeichen darauf hinweisen, daß die gute Zeit zum Decken gekommen ist, wird aber dem Rüden niemals stehen. Manchmal, wenn das Paar alleine gelassen wird, kann der Rüde schließlich sein Ziel erreichen. Allerdings ziehen es die meisten Züchter vor, eine Kontrolle zu haben, und führen eine erzwungene Paarung herbei, indem man die Hündin eben festhält. Bei einer nächsten Paarung akzeptiert die Hündin den Rüden fast immer.

Scheidenverengung
Eine Verengung der Scheide kommt relativ oft vor. Durch sorgfältiges Ausdehnen kann das Hindernis behoben werden und doch eine erfolgreiche Paarung stattfinden. Je nach Größe der Hündin verwendet der geübte Züchter einen stumpfen, kantenlosen Gegenstand, wie zum Beispiel einen Thermometer, oder das stumpfe Ende eines Füllfederhalters, auch einen Finger mit kurz und rund geschnittenen Nägeln, vorzugsweise mit einem Gummihandschuh und gut mit Vaseline eingesalbt. Man muß sehr vorsichtig vorgehen und darauf achten, so wenig Kraft wie möglich anzuwenden. Die Prozedur kann für die Hündin arg schmerzhaft sein. Fühlt sich die ganze Passage klein und eng an, besteht aber auch die Möglichkeit, daß es noch zu früh zum Decken ist. Der Tierarzt ist schließlich doch für solche Schwierigkeiten zuständig, und er kann notfalls sogar mit einem kleinen Eingriff Abhilfe schaffen.

Tumoren (Geschwülste und Wucherungen)
in den weiblichen Geschlechtsorganen und Infektionen aller Art können Ursachen der Unfruchtbarkeit sein.

Vitamin-E-Mangel
Das nicht seltene Absterben der Föten in der 4.—5. Trächtigkeitswoche kann möglicherweise durch Zufütterung von Vitamin E vermieden werden.

Sterilisation (Kastration) der Hündin
Das bedeutet die operative Entfernung von Eierstöcken und Gebärmutter. In England wird der Eingriff oft schon vor der ersten Hitze der Hündin, im Alter von 4—5 Monaten, ausgeführt. Andere Tierärzte empfehlen, bis nach der Geschlechtsreife zu warten, weil die Hündinnen dann weniger zu Fettsucht neigen sollen. Manchmal wird die Operation auch gleich bei einem Kaiserschnitt durchgeführt.

Kapitel 6: Vorbereitungen zur Paarung

Viele Leute werden die Notwendigkeit, zwei Kapitel dieses Buches der Paarung der Hunde zu widmen, bezweifeln. Die Mehrheit ist überzeugt, daß man die beiden Hunde einfach zusammen alleine lassen solle, und dann tue die Natur den Rest. Daß es leider selten so geht, mußten sicher schon viele Züchter zu ihrem Leidwesen erfahren.
Meine beste Freundin, die mein Buch und auch das Kapitel über Deckschwierigkeiten gelesen hatte, versicherte mir, daß es bestimmt ganz überflüssig gewesen sei, all dies aufzuschreiben! Ihre Terrier-Hündin wurde läufig, und der Zuchtrüde wurde zu der Hündin gebracht. Meine Freundin ließ die beiden Tiere alleine in der Garage und war von einer sicher erfolgreichen Paarung überzeugt. Ein paar Monate später gestand mir meine Freundin, daß die Hündin «leer» geblieben sei, daß sie inzwischen überzeugt sei von allem, was ich geschrieben habe, und dass sie beim nächsten Decken bestimmt dabei sein werde. Normalerweise paaren sich die Hunde ja auch natürlich und ohne Hilfe. Trotzdem sollte die Paarung zumindest auf Distanz beobachtet werden, um notfalls eingreifen zu können, falls die Hündin den Rüden abbeißen sollte; dazu auch um sicher zu sein, daß der Deckakt vollzogen wurde. Hunde im eigenen Zwinger machen selten Schwierigkeiten.

Zuchtrüdentypen
Deckrüden kann man in vier Typen aufteilen. Zuerst der «feurige», erfahrene Zuchtrüde, der keine großen Vorbereitungen braucht und sich rasch und zielstrebig an «die Arbeit» macht. Diesen gar eifrigen Hund wird man bei nervösen Hündinnen und bei Erstlingen etwas zurückhalten müssen. Er ist nicht schwierig zu lenken.
Dann der Durchschnitts-Rüde, der seiner «Arbeit» mehr mit Gefühl nachgeht. Er will die Hündin zuerst kennenlernen und legt Wert auf ein Paarungsspiel. Doch wenn er dann bereit ist, wird er die Hündin besteigen und seine Pflicht erfüllen und es der Hündin nachher sogar danken. Bei einer schwierigen Hündin weiß er, wie er den menschlichen Helfer um Hilfe ersuchen muß, vorausgesetzt, daß ihm dies bei den ersten Paarungen beigebracht wurde. Er wird jede Hündin decken, ohne Rücksicht auf ihre Größe.
Weiter gibt es den Rüden, der sich bestimmt zum normalen Deckrüden entwickelt hätte, wenn er in natürlicher, normaler Umgebung aufgewachsen wäre. Nun ist er aber der verhätschelte Familienliebling ohne jegliche Deckerfahrung und wird etwas Ermunterung brauchen. Es ist sehr wichtig, daß man diesen Rüden zuerst mit einer unkomplizierten Hündin zusammenbringt. Für die ersten Paarungen halte man ihn fern von abweisenden, nervösen Hündinnen.
Zum Schluß jetzt noch den sexuell passiven Rüden, der sich kaum interessiert zeigt und nicht zu wissen scheint, was man von ihm erwartet. Er landet vielleicht ein paar «Besteigungsversuche», ohne oft zu wissen, wo hinten und vorne ist. Solche Hunde sind recht schwierig und brauchen in dieser Hinsicht enorme Geduld. Wenn er nicht sonst ein besonders hervorragender Vertreter seiner Rasse ist, wäre es sicher besser, auf seine Deckrüden-Karriere zu verzichten. — Bei einer guten, bereitwilligen Hündin könnte ein erfahrener Züchter durch Stimulierung des Penis eventuell eine Paarung erzwingen. Bei einem für die Zucht wertvollen Tier könnte es die extra Mühe und Zeit wohl wert sein, ihn zu trainieren. Nach der dritten oder vierten gelungenen Deckung wird er hoffentlich von selbst dahinterkommen.

Es gibt Rüden, denen man das Decken nie beibringen kann, dafür sind sie aber oft sehr verträgliche und liebenswürdige Vertreter ihres Geschlechts.
Ich hatte selbst schon einen solchen Rüden, auf dessen Nachkommen ich nach ein oder zwei mühsam erzwungenen Paarungen lieber verzichtet hätte. Bis ich dann das Resultat dieser Paarung, einen Klasse-Wurf, zu sehen kriegte! Da entschloß ich mich, nicht aufzugeben und mit dem Rüden noch weitere Würfe zu planen. Ich hatte eben vorher schon erfahren, daß es mit der Deckfreudigkeit auch bei seinen Vorfahren nicht weit her gewesen sei. Möglich, daß ich selbst darum zuerst die falsche Einstellung hatte, jedenfalls entschloß ich mich, das Bürschlein ganz anders zu lehren, und als er seine dritte und vierte Hündin gedeckt hatte, erwachte er plötzlich und wurde ein gewandter, schneller Zuchtrüde, den ich heute eher bei den «feurigen» Typen einteilen möchte.
So besteht auch die Möglichkeit, daß viele Rüden besonders bei Zwergrassen, denen man sexuelle Passivität vorwirft, zu Unrecht beschuldigt werden, weil es dem Züchter ganz einfach am nötigen Verständnis und an der Geduld fehlt, den Rüden zu ermutigen, um ihn auf den rechten Weg zu führen.

Ausbildung des Hundes zum Deckrüden
Es ist von größter Wichtigkeit, daß man schon den recht jungen Rüden zum Decken trainiert, indem man ihn mit einer willigen, erfahrenen Hündin zusammenbringt. Diese erste Lektion kann ihn zum Deckrüden machen oder als solchen verderben.
Die Hündin muß wirklich in Hochbrunst sein und stehen, stehen mit abgedrehtem Schwanz. Eine besonders gute Zeit ist stets nach dem Füttern, irgendwie sind die Hunde dann immer rascher zur Paarung bereit. (Anmerkung der Übersetzerin: Leider müssen aber die Hunde meistens erbrechen, wenn sie sich gleich nach dem Füttern paaren.)
Man wähle eine dem Rüden schon bekannte Partnerin, vielleicht aus dem gleichen Zwinger. Der Hund soll davor nicht mit anderen hitzigen Hündinnen in Kontakt gekommen sein, denn dadurch vermindert sich sein Interesse. Man bringt das Pärchen in einem kleineren Raum oder Auslauf zusammen und überläßt

es dem notwendigen Werbungs- und Liebesspiel. Bei scheuen, reservierten Rüden ist es wichtig, daß die Hündin ins Revier des Rüden gebracht wird. Alles muß ruhig sein, ohne heftige, nervöse Bewegungen und plötzlichen Lärm, wodurch die Tiere abgelenkt werden. Nach mehreren Besteigungsversuchen des Rüden (Hunde großer Rassen hält man an der Leine) legt man beim nächsten Versuch eine Hand von hinten an die Geschlechtsteile des Rüden. Er wird dies nicht mögen, sich umdrehen und absteigen. Doch in seiner Erregung wird er bald wieder aufsteigen, und dann muß man ihn erneut berühren und ihm helfen, ob er es braucht oder nicht, damit er dies alles als Teil der Paarung betrachtet, also den Helfer mit in den Akt einbezieht. Der Zweck dieses Vorgehens, obschon der Rüde jetzt die Paarung ohne Hilfe vollziehen könnte, ist, daß er in seiner eventuellen Karriere als Zuchtrüde bestimmt öfters mit schwierigen Hündinnen (zu große, zu kleine, zu schlecht gelaunte etc.) zusammentreffen wird. Hat er dann gelernt, Hilfe als Teil des Paarungsrituals zu akzeptieren, wird er, falls nötig, die Mitwirkung und Hilfe des Züchters gerne annehmen. Es ist amüsant, wie auch erprobte Rüden, besonders bei Zwergrassen, den Züchter praktisch um Hilfe ansuchen, weil sie es so gewohnt sind oder sich nicht zuviel anstrengen wollen.
Man darf vor allem kleine Hunde nicht zu lange herumprobieren lassen, ohne daß die Paarung erfolgt, sonst wird der Rüde schon vor dem Decken verausgabt. Wenn der Rüde nach gutem Beginn plötzlich gelangweilt scheint, muß man ihn ermuntern; aber nie, gar nie darf er gescholten werden. Wenn er etwas langsam ist, kann man ihm vorspielen, daß man die Hündin von ihm trennen will. Man läßt ihn fünf bis zehn Minuten alleine und bringt ihm dann die Hündin mit viel «Trara» zurück. Machen Sie dies so aufregend wie nur möglich und sprechen Sie zu ihm in heller Begeisterung. Kleine Hündinnen trägt man über dem Rüden, und er wird sich auf die Hinterbeine stellen, um sie zu erreichen. Wird er nun ungeduldig und unbändig, bringt man die beiden Tiere zum Platze, wo die Paarung stattfinden soll, und der Rüde wird die Hündin nun sicher schnell und problemlos decken. Anschließend bringt man ihm noch das Abdrehen bei.

Paarungsort
Es ist allgemein üblich, daß die Hündin zum Rüden geführt wird. Es empfiehlt sich für alle Rassen, daß die Paarung stets am gleichen Platze vollzogen wird. Der Rüde begreift nämlich sehr rasch, was an diesem Orte zu geschehen hat. Für große Rassen sind Ställe, Garagen und große Zwinger angebracht. Da der Rüde dort vermehrt seine Duftmarke setzen muß, sollte der Raum möglichst leergeräumt sein; er sollte ausbruchsicher und mit gutem Licht versehen sein. Dazu sollte die Räumlichkeit durch ein Fenster gut übersehbar sein, damit der Züchter die Hunde möglichst ungesehen beobachten kann. Mit einem Warnschild an der Türe verhindert man, daß Unbefugte den Raum betreten und dabei die wertvolle Hündin entwischen lassen könnten. Dies könnte unheilvolle Folgen haben, besonders wenn der Bastard-Casanova des Nachbars hoffnungsvoll um die nächste Hausecke wartet; eine gräßliche Situation, um so mehr, wenn der Eigentümer der Hündin nicht mit von der Partie ist. Es ist erschreckend, wie rasch so eine «Mésalliance» passieren kann. Die Hunde hängen innert Sekunden, während man für das geplante Decken oft einen halben Tag und mehr investieren muß.

Der Boden des Raumes muß waschbar und darf nicht zu glatt sein. Züchter verwenden Kokosmatten, Stroh, Holzbretter oder Jute, die am Boden festgenagelt wird, um das Ausgleiten der Hunde zu verhüten. Bei großen Rassen, welche häufig Deckprobleme haben, wäre es gut, wenn man eine Halterung, zum Beispiel einen Eisenring, in der Wand befestigen würde, damit man die Hündin daran festbinden kann. Dies ist besonders praktisch, wenn der Züchter alleine mit den Hunden sein muß.

Ausrüstung
Die Helfer brauchen für ihre Bequemlichkeit zwei bis drei Stühle oder Schemel. Lederhandschuhe sollten bereit sein, um das Gebissenwerden zu vermeiden. Ein dickes Brett oder ein mit Sand oder Sägemehl gefüllter Sack werden als Unterlage bei zu krassen Größenunterschieden der Tiere gebraucht. Für die Hündin ein Lederhalsband und eine Lederleine. Nie verwende man ein sogenanntes Würgehalsband oder eine Kettenleine. Für

nervöse, bissige Hündinnen braucht man einen Maulkorb oder macht sich einen aus elastischen Binden. Sind aber zwei Helfer zur Stelle, ist es am einfachsten, die Leine um ihren Fang zu winden und sie dann fest unter ihrem Kinn zu halten, den Kopf der Hündin nach unten fixiert. So hat der Helfer gut Kontrolle über sie, und sie so zu halten ist sicher für das Tier meist weniger aufregend und beängstigend als der ungewohnte Maulkorb.

Bei Erstlingen sollte die Hündin vor der Paarung untersucht werden, um sicherzugehen, daß keine Scheidenverengung vorliegt. Vaseline ist ein harmloses, gutes Schmiermittel für die Scheide. Wir brauchen auch ein gutes Frottiertuch, um die Hündin nach der Paarung abreiben zu können.

Natürlich sollten auch die nötigen Putzmittel und Geräte bereit stehen, damit man hinterher sofort den Boden und alles reinigen kann.

Bei kleinen Rassen ist es viel bequemer und übersichtlicher für die Helfer, wenn man die Hunde auf einem Tisch oder etwas Ähnlichem zusammenbringt. Dieser sollte möglichst in einer Ecke stehen, damit die Tiere an zwei Seiten geschützt sind. So kann der eine Helfer die Hündin festhalten und der andere kann sich mit dem Rüden beschäftigen. Natürlich ist es auch bequemer, wenn die Helfer sitzen können und sich dann im Falle, daß das «Hängen» lange dauert, mit den Ellbogen auf dem Tisch aufstützen können. Handschuhe und Maulkorb werden bei Zwergrassen selten benötigt. Es sollte aber immer ein Desinfektionsmittel zur Hand sein für den Fall, daß ein Hund oder ein Helfer gebissen würde.

Unterkunft und Pflege der Hündin
Gelegentlich kann der Eigentümer die Hündin nicht selber bringen, und die Hündin muß somit per Bahn oder Flugzeug gesandt werden. Der Besitzer des Zuchtrüden ist verantwortlich für die Zuchthündin, während sie bei ihm ist, im allgemeinen drei bis vier Tage. Er muß das Tier abholen am Bahnhof oder Flugplatz. Die Transportkiste läßt man ihr dann auch am besten gleich als Schlafstelle, damit sie noch etwas von «zu Hause» mit sich hat. Es ist wohl immer am sichersten, wenn man die fremde

Hündin nach Möglichkeit von den andern Hunden des Zwingers fernhält, damit weder Infektionen, noch Parasiten eingeschleppt werden. Natürlich muß man das Tier füttern und bewegen und alles daransetzen, daß es sich bald heimisch fühlt. Mit einer ängstlichen und nervösen Hündin wird eine Paarung kaum erfolgreich sein. Wenn sie ausgeruht ist, am besten über Nacht, kann sie sofort gedeckt werden, natürlich nur dann, wenn die Zeit dafür auch richtig ist. Viele Züchter decken die Hündin noch ein zweites Mal nach vierundzwanzig Stunden, um sicherzugehen, daß man den richtigen Zeitpunkt erwischt hat.

Es ist äußerst wichtig, daß die Hündin gut unter Verschluß gehalten und nur an der Leine ausgeführt wird. Für besonders nervöse Tiere kann man sich beim Tierarzt ein mildes Beruhigungsmittel beschaffen. Oft wird das Tier einige Tage zu früh verschickt, was sicher besser ist als zu spät. Die Hündin braucht auch genügend Wasser zum Trinken, vielleicht ist sie auf der Reise da etwas zu kurz gekommen. Daß ihr Bett sauber gehalten wird, ist doch wohl eine Selbstverständlichkeit.

In einem Begleitschreiben sollten die näheren Angaben über die Hündin enthalten sein, vor allem auch ihr Rufname, sowie Daten und Zeitangaben, um eine gesicherte Rückreise zu garantieren.

Der Rüdenbesitzer informiert den Eigentümer der Hündin in der Regel per Telefon über die Paarung und genauen Angaben über die Rückreise. Auch Klebeadressen mit der genauen Anschrift und Telefonnummer des Hündinnen-Besitzers sollten dem Begleitbrief beiliegen oder in der Reisekiste sicher angebracht werden. Die Hündin sollte immer das eigene Halsband tragen und wenn möglich auch die eigene Leine (in der Kiste oder außerhalb fixiert) mit dabei haben.

Es gibt Zwinger, die nebst der Decktaxe in diesen Fällen noch ein Kostgeld verlangen, doch dies hängt wohl sehr von der Höhe der abgemachten Decktaxe ab und auch von der Größe der Rasse. Gerade bei Hündinnen, die verschickt wurden, kann es vorkommen, daß der erwählte Zuchtrüde einfach nicht decken will. Deshalb ist es eine gute Idee, diese Möglichkeit schon vorher mit dem Besitzer der Hündin abzusprechen und einen

Deckrüden zweiter Wahl zu bestimmen, der dann notfalls, ohne komplizierte Rückfragereien, eingesetzt werden darf.

Die meisten Eigentümer von Zuchtrüden ziehen es aber vor, daß die Hündin nach Möglichkeit persönlich gebracht wird, was bestimmt für alle Beteiligten, vorab für die Hündin, am besten sein wird. So kann der Besitzer der Hündin sich selbst vergewissern, daß die Paarung mit dem gewünschten Rüden stattgefunden hat. Dazu fällt für den Rüden-Besitzer eine nicht unwesentliche Extrabelastung mit der Hündin dahin.

Wenn die Hündin persönlich gebracht wird, muß dem Tier zuerst Gelegenheit zur Versäuberung geboten werden. Frisches Trinkwasser soll für sie bereit stehen, und es wäre sicher auch richtig, daß sie sich vor der Paarung etwas von der Reise erholen kann, so eine halbe bis eine ganze Stunde, vor allem wenn die Reise lange gedauert hat.

Kapitel 7: Die Paarung

Paare das Beste mit dem Besten und hoffe auf das Beste!
Dr. Leon F. Withney, einer der bekanntesten Züchter Englands, empfiehlt dringend, daß man ab 13. Brunsttag die Hündin jeden zweiten Tag decken solle, solange sie dem Rüden «steht», oder zumindest zwei Tage nach den ersten deutlichen Zeichen, daß sie den Rüden akzeptieren wolle. Dies ist normalerweise dann, wenn der Wurf weicher und wieder kleiner wird. Viele Züchter decken am 10. und 12. Tag oder am 11. und 13. Tag. Aber es gibt keine allgemeingültige Regel. Jede Hündin ist ein Individuum, und es kann sogar bei jeder Hitze wieder anders sein.

Scheint der richtige Zeitpunkt gekommen, führt man die beiden Partner zusammen. Der idealste Platz und die beste Methode, die beiden miteinander bekannt zu machen, wäre, sie in zwei aneinandergrenzende Ausläufe, durch Gitter getrennt, einzusperren. (Für Zwerghunde zwei aneinander gestellte Laufgitter.)

Abb. 6. Das künftige Paar soll sich am besten durch ein Gitter getrennt kennenlernen. Fortsetzung s. Abb. 7.

So können sie sich in Sicherheit beschnuppern und kennenlernen, und man kann die beiden beobachten. Dem Deckrüden, der sich in gewohnter Umgebung befindet, wird diese Routine schon bekannt sein, und er wird sofort wissen, daß eine hitzige Hündin im anderen Abteil ist. Er wird seine Duftmarke setzen und sein Interesse zeigen. Die Hündin, in neuer Umgebung, mag zuerst etwas befremdet scheinen, wenn sie aber wirklich deckbereit ist, wird sie sich bald an der Trennwand postieren und mit den bekannten Gebärden ihre Deckbereitschaft bezeugen.

Sobald man also sieht, daß die beiden interessiert sind, soll man sie an die Leine nehmen, sie zum Urinieren ermuntern und

Abb. 7. Der Rüde zeigt sich an seiner «Braut» schon recht interessiert, doch hält man die beiden noch vorsichtshalber an der Leine. Fortsetzung s. Abb. 8.

dann in den zur Paarung vorgesehenen Raum führen. Falls nötig, sollte man der Hündin jetzt den Maulkorb anziehen.
Bei großen Rassen, wie zum Beispiel Doggen, sollten sich Rüde und Hündin zuerst Gesicht zu Gesicht treffen, immer fest an der Leine gehalten. Der Helfer, welcher die Hündin hält, sollte vorsichtshalber Handschuhe tragen, für den Fall, daß die Hündin nervös wird und nach dem Rüden schnappen will. So können die Hunde an straffer Leine sofort getrennt werden, und man kann verhindern, daß sie sich Schaden zufügen. Ist die Hündin wirklich in Deckbereitschaft, werden kaum solche Probleme auftauchen — doch Vorsicht ist die Mutter der Porzellankiste!

Es gibt Hündinnen, die am fremden Ort sehr scheu und ängstlich sind, die sich verstecken und dann vom Versteck aus knurren und zähnefletschen. Doch mit etwas Geduld und Zeit erliegen auch sie schließlich den Werbungen des Rüden und ihren natürlichen Instinkten. Behalten sie aber ihr abweisendes Verhalten bei, sind sie noch nicht deckreif, oder die «guten Tage» sind schon vorbei.

Die normale Hündin in Deckbereitschaft wird sich dem Rüden richtig aufdrängen. Liebesspiel und Werbung spielen eine große Rolle, und bald wird sie den Schwanz zur Seite abdrehen und sich vom erregten Rüden besteigen und decken lassen.

Paarung mit drei Helfern

Bei den großen Rassen, wie Bluthunde, Doggen etc. ist es von Vorteil, wenn drei Helfer zugegen sind. Einer, der die Hündin unter Kontrolle hat, der andere für den Rüden und ein dritter, der das ganze auf Distanz beobachtet und notfalls Anweisungen gibt. Bei Tieren aus dem gleichen Zwinger, welche schon Deckerfahrungen haben, werden sich diese ziemlich sicher ohne Hilfe paaren. Wenn eine fremde Hündin nicht besonders ruhig und friedlich ist, sollte der Assistent besser die Leine um den Fang der Hündin winden und unter dem Kinn festhalten und so den Kopf fixieren. So hat der Helfer gute Kontrolle über die Hündin, besonders wenn er mit der noch freien Hand auch das Halsband des Tieres im Nacken festhält. Der dritte Mann, der Beobachter, kann vielleicht helfend eingreifen, wenn die Hündin einknickt und nicht stehen bleibt, was vor allem bei krassen Größeunterschieden oft vorkommt. Deshalb plaziert also der dritte Helfer sein Knie unter die Bauch- und Lendengegend der Hündin und kann sie so stützen. Nur zwei Helfer sind dafür oft zu weit auseinander, während es zu dritt schneller und besser klappen wird.

Paarung mit zwei Gehilfen

Wenn auf den dritten Helfer verzichtet werden muß, klappt eine schwierige Paarung auch mit zwei Gehilfen. Die Hündin wird an einem festen Haken mittels ihrer Leine festgebunden; die beiden Helfer können sich auf ihren Stühlen links und

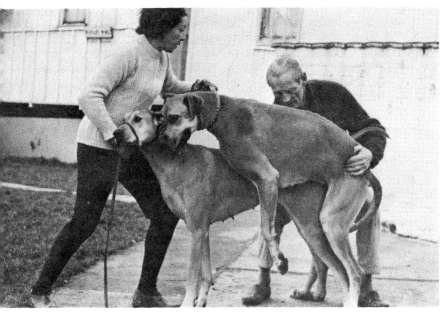

Abb. 8. Die Paarung ist im Gang. Die Besitzerin der Hündin hat sicherheitshalber die Leine um den Fang ihres Tieres geschlungen. Fortsetzung s. Abb. 9.

rechts neben die Hündin setzen. Damit sie das Tier am Niederkauern hindern können, geben sie sich die linke Hand unter dem Bauch der Hündin durch. Damit hat jeder die rechte Hand frei, der eine um dem Rüden zu helfen, der andere um den Kopf der Hündin ruhig zu halten.
Bei mittelgroßen Rassen kann die Hündin mit einem gebogenen Knie unter ihrem Bauch gestützt werden, und so bleiben beide Hände frei zum Helfen.

Paarung mit nur einem Helfer
Es kommt öfters vor, daß der Züchter ganz alleine mit dem Pärchen ist, und dies kann recht problematisch werden, wenn

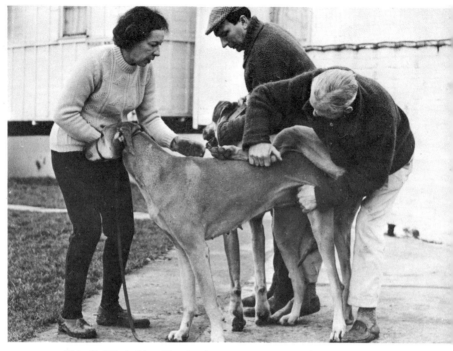

Abb. 9. Die beiden Hunde «hängen» — nun werden sie vorsichtig abgedreht — ein Helfer hebt ein Bein des Rüden über die Hündin. Fortsetzung s. Abb. 10.

die Hündin erstmals gedeckt wird oder der Rüde noch ein Anfänger ist.

Bei großen Rassen wird die Hündin so kurz wie nur möglich an einen festen Wandhaken oder an eine Türklinke angeleint, den Körper möglichst gegen eine Wand gestellt. Wenn der Züchter sich nun auf einen Stuhl setzt, kann er die Hündin am Kauern hindern, indem er ein Knie oder beide unter ihren Bauch stellt und sie so unterstützt. So hat er beide Hände frei, wenn der Rüde steigt, um ihm, wenn nötig, die Vulva entgegenzuführen und die beiden nach erfolgtem «Hängen» zusammenhalten. Die meisten Rüden sind selbst scharf genug und besorgen den Rest alleine, und es geht dann bloß noch darum, die Hündin stillzuhalten.

Bei Zwergrassen ist es am einfachsten, wenn die Paarung auf einem Armsessel vollzogen wird, der natürlich vorher mit Plastik und Tüchern geschützt worden ist. Die Tiere können dort leicht geführt werden, weil sie in ihren Bewegungen zwischen den beiden Armen und der Rückenlehne des Sessels etwas eingeschränkt sind.
Eine noch bequemere Art, bei Zwergrassen mit dem Decken zu helfen, ist sich selbst in den Sessel zu setzen, und dann findet die Paarung auf den Knien des Züchters statt.

Die Paarung
Bei der Paarung besteigt der Rüde die Hündin oft mehrmals und sucht dann mit drängenden Bewegungen mit dem Penis den Scheideneingang. Wenn er genügend erregt ist, wird er mit den Bewegungen fortfahren, um dann plötzlich in die Hündin einzudringen. Es erfolgen noch einige kräftige Stöße. Die Vorhaut ist hinter dem Schwellkörper, und wenn alles gut geht, nimmt die Paarung ihren normalen Verlauf, wozu auch das «Hängen» gehört. Die Hündin verhält sich jetzt manchmal sehr unruhig, und der Züchter muß unbedingt mit ihr reden, sie beruhigen und stillhalten. Es heißt auch aufpassen, daß die beiden nicht auseinander ziehen. Der Rüde macht heftige, tänzelnde Bewegungen mit seiner Hinterhand, abwechselnd mit beiden Füßen den Boden tretend. Während dieser Zeit wird die Samenflüssigkeit mit den Spermien ausgestoßen. Der Hund ruht auf der Hündin, die Vorderpfoten um sie geklammert. Er wird durch die Anstrengung keuchen und seinen Kopf auf dem Nacken der Hündin ausruhen. Er mag sogar ihre Ohren und Augen lecken, aus Dankbarkeit und Zuneigung. Jeder Zuchtrüde hat seine persönlichen Eigenheiten beim Deckakt. Manche knirschen mit den Zähnen, andere haben Brechreiz, und junge Rüden müssen oft sogar erbrechen. Man muß beide Tiere beruhigen und besonders den Rüden am vorzeitigen Absteigen hindern, bis man ganz sicher ist, daß die beiden «hängen». Dann ist es allerdings besser, wenn die beiden, wie schon früher beschrieben, voneinander abgedreht werden, wie es auch Hunde ohne Aufsicht normalerweise machen. Bei den kleinen Rassen geht das ganz einfach; bei den großen Rassen kann es Probleme

Abb. 10. Hinterteil an Hinterteil stehen die nun abgedrehten Hunde, «hängend» noch aneinander gefesselt, und warten, bis die Verbindung sich von selbst löst.

geben. Der Helfer hebt den einen Hinterlauf des Rüden vorsichtig über den Rücken der Hündin, dann dreht man den Rüden langsam um oder ab, bis das Bein auf der anderen Seite am Boden steht. Nun stehen die beiden Hunde Hinterteil und Rute an Hinterteil mit Rute, in entgegengesetzte Richtungen schauend.
Andere Hunde ziehen es vor, nebeneinander zu stehen; sie haben ihre eigenen Vorlieben. — Egal, welche Stellung sie auch einnehmen, man muß vermeiden, daß sie auseinander ziehen, und muß brüske, heftige Bewegungen verhüten, denn vor allem dem Rüden könnte sonst schwerer Schaden zugefügt werden. Das «Hängen» dauert von 5 bis 25 Minuten, manchmal nur wenige Sekunden und dann wieder bis zu 1 bis 2 Stunden. Das

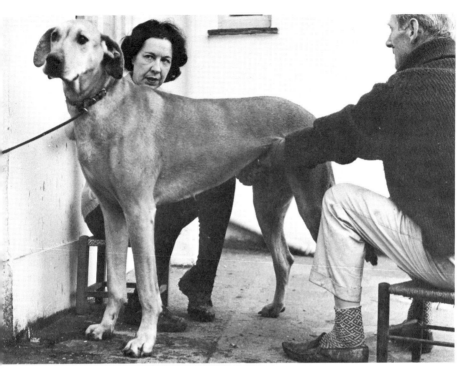

Abb. 11. Zwei Helfer reichen sich unter der Hündin die Hand, um sie am Hinsetzen zu hindern, wenn der Rüde sie besteigt.

«Hängen» ist für die Befruchtung nicht unbedingt erforderlich; es ist lediglich eine Sicherheitsmaßnahme, die die Chance einer Befruchtung erhöht. Falls die Hunde nicht hängen, sollte man die beiden während mindestens fünf Minuten zusammenhalten.
— Während des «Hängens» können es sich die Helfer etwas bequemer machen und sich setzen. Die Hunde werden sich jetzt beruhigt haben und ergeben ihre «Befreiung» abwarten. Wenn die Hunde hängen, kann man ab und zu die peristaltik-artigen Bewegungen des Unterleibes der Hündin beobachten. Diese stöhnt vielleicht etwas, und viele geben kleine Schreie der Freude von sich und erregen sich. Andere schließen die Augen, lecken sich die Lefzen und schauen höchst zufrieden in die Welt.

Nach der Paarung
Sobald die Hündin den Rüden freigegeben hat, versichert man sich, daß der Penis wieder von der Vorhaut geschützt wird und dann hält man den Rüden noch einige Zeit für sich alleine in einem Abteil oder Zimmer. Würde man ihn sofort zurück zu den anderen Rüden bringen, merken diese sofort, daß er von einer brünstigen Hündin wegkommt; Eifersucht kann dann zu bösen Raufereien führen.
Der Hündin sollte man das Hinterteil trocken reiben, ihr etwas Wasser zum Trinken reichen und sie dann ruhen lassen. Es wäre von Vorteil, wenn sie nicht sofort reisen müßte, erst nach ein paar Stunden, oder noch besser erst am folgenden Tag.
Anschließend muß der beschmutzte Deckraum aufgeräumt und der Boden aufgewaschen werden.

Deckschwierigkeiten
Gelegentlich ist ein übererregter Deckrüde so in Eile, daß er ganz «daneben feuert», bevor er noch in die Hündin eingedrungen ist, oder die Hündin bewegt sich, gerade wenn er eindringen will und sein Organ frei wird. Der Penis liegt dann bloß, mit den noch vergrößerten Schwellkörpern, und die Samenflüssigkeit wird ausgestoßen. Da sollte man den Rüden sofort wieder aufsteigen lassen — indem er die Pumpbewegungen wieder aufnimmt, wird der Penis schneller zurückgebildet und erschlafft, dann kann er zurück in die Vorhaut schlüpfen.
Es scheint für den Rüden sehr unangenehm und unbequem zu sein, mit bloßgelegtem Penis dazustehen. Die Membranen trocknen sehr rasch, noch bevor der Penis auf seine normale Größe zurückschrumpft. Ein feuchtes Tuch, das man sanft um das Glied wickelt, verhindert das Austrocknen der Membrane und beschleunigt das Abschwellen der Schwellkörper.
Ich habe eine noch schnellere und wirkungsvollere Methode gefunden, die auch für den Hund angenehmer zu sein scheint. Ich habe bei der Paarung immer eine kleine Dose mit kaltem Wasser bereitstellen. Sollte der Penis vor oder nach der Paarung exponiert werden, wird der ganze freie Teil ein paar Sekunden ins kalte Wasser gesteckt. Das Glied zieht sich dann sofort zusammen und verschwindet bald wieder, und es bleibt dem

Rüden erspart, in einer jämmerlich entwürdigenden Entblößung dazustehen. Wenn die Paarung noch nicht vollzogen war und der Penis zurückgegangen ist, wird der scharfe Rüde die Hündin rasch wieder besteigen und dann für gewöhnlich schnell und ohne Schwierigkeiten decken. In seltenen Fällen muß man dem Rüden eine ein- bis zweistündige Pause einräumen.
Gelegentlich bleibt auch nur die Spitze des Penis exponiert, und wenn so belassen, schwillt sie an, was sehr schmerzhaft für den Hund ist. Deshalb muß man immer genau kontrollieren, ob alles wieder normal und in Ordnung ist. Man salbt die freie Stelle mit Vaseline oder Paraffinöl und versucht dann die Vorhaut sanft und vorsichtig wieder nach vorne zu ziehen. Bleibt dies aber ohne Erfolg, muß man schleunigst den Tierarzt um Hilfe bitten, denn die Spitze des Gliedes wird immer mehr anschwellen und dem Hund immer größere Schmerzen bereiten.
Es gibt Hündinnen, die während der Paarung sehr gereizt und aufgeregt werden. Sie kauern sich nieder, winden sich am Boden, manche schreien und winseln dabei. Beim «Hängen» versuchen manche fortzurennen und schleppen den Rüden hinter sich her. Um zu vermeiden, daß dem Rüden Schaden zugefügt wird, muß die Hündin richtig festgehalten und beruhigt werden.
Bei Zwergrassen, wo der Rüde vorzugsweise oft viel kleiner ist als seine Partnerin, muß man ihm mit einer kleinen Erhöhung helfen. Es könnte ein umgestülptes Servierbrett sein, oder ein Stoß Magazine oder Zeitungen. Was auch immer, es muß rutschfest sein. Auch ist es dann bestimmt besser, wenn man den Rüden zum «Hängen» nicht abdreht, denn so könnte sich die Verbindung frühzeitig lösen, denn die Schließmuskeln der größeren Hündin sind nicht eng genug, um den Rüden zu halten. Deshalb lasse ich dann den Rüden auf dem Rücken der Hündin ruhen und halte die beiden zusammen. Allerdings darf man dabei nicht vergessen, die Hündin etwas zu stützen, damit sie das Gewicht des Rüden nicht zu sehr belastet.
Natürlich gibt es auch viele kleine Hunde, die sich ohne Probleme und ohne Hilfe am Boden paaren, nur während des «Hängens» muss man sie halten. Trotzdem ist es von Vorteil, wenn der Rüde daran gewöhnt wurde, sich auf einem Tisch zu

paaren, damit man ihm leichter helfen kann, wenn Probleme mit schwierigen Partnerinnen auftauchen.
Bei der normalen Paarung von Zwerghunden kann der Helfer seine Hand von der Bauchseite her unter die Hinterläufe der Hündin halten, um sie am Hinsetzen zu hindern. Gleichzeitig kann er mit zwei Fingern die Vulva dem Rüden entgegenführen, wenn dieser aufsteigt. Da der Züchter ja am Tische sitzt, ist er in guter Position um zu sehen, ob des Rüden drängende Stöße in Richtung Vulva gehen. Da kann man ihm schon etwas helfen, besonders wenn eine widerspenstige Hündin den Wurf eher einschlägt, anstatt ihn hoch und dem Rüden entgegen zu halten. Bei langhaarigen Zwergen, wie zum Beispiel beim Yorkshire Terrier, ist es besser, wenn man die Haare hinten irgendwie aufrollt und befestigt, damit man bessere Übersicht erhält.
Der geübte Rüde wird bald in die Hündin eindringen und dann bei der Samenabgabe seine wilden, tänzelnden Bewegungen und Schritte mit der Hinterhand ausführen. Wenn er dabei die Hündin mit den Vorderpfoten umklammert, kann es passieren, daß er sein Gleichgewicht verliert, oder sich so hoch arbeitet, daß er nach hinten wieder abfällt. Ist nun die Hündin dazu noch unruhig, muß man ihm in dieser Phase unbedingt helfen. Es geht am besten, wenn man die Ellenbogen der Hündin zwischen die Handgelenke klammert und gleichzeitig die Ellenbogen des Rüden und soviel wie möglich seinen Körper mit der Handfläche und den Fingern abstützt.
Für die Dauer der Hängeperiode sollte man den Hund mit der rechten Handfläche unterhalb der Rute an die Hündin drücken, und mit der linken Hand den Rüden oben im Gleichgewicht halten, um den vorzeitigen Abbruch zu verhindern. Es dauert bei den Kleinen durchschnittlich 5 bis 40 Minuten, wie bei allen anderen Rassen; es kann aber auch weniger als 5 Minuten und sogar bis 1 1/2 Stunden anhalten.
Wenn die Paarung auf dem Tische geschieht, ist es bei kurzhaarigen Rassen gut zu sehen, ob auch die Schwellkörper innerhalb der Vulva sind; bei den langhaarigen kann man es noch mit der Hand nachkontrollieren. Das Hängen kann nicht erfolgen, wenn die Schwellkörper außerhalb bleiben, doch sollte

dies die erfolgreiche Befruchtung nicht beeinträchtigen. Allerdings ist es dann ratsam, den Penis wenigstens fünf Minuten in der Scheide zu halten, indem man mit der rechten Hand den Hund eng an die Hündin drückt und mit den Finger der linken Hand die Scham um den Penis fest zusammen hält. Nach der Trennung erhält auch der kleine Rüde die schon beschriebene Pflege und Kontrolle geboten.

Die kleine Hündin wird dann meist noch für einige Zeit an der Hinterhand hoch gehalten (in kleinem Handstand). Man will damit die Samenfäden auf ihrem Weg in die Gebärmutter unterstützen. Es besteht zwar keine Notwendigkeit dies zu tun, doch kann es auch nicht schaden. Wieder andere Züchter erstreben das gleiche Ziel, indem sie die Hündin für einige Zeit in Rückenlage im Arm halten.

Bei Deckschwierigkeiten mit Zwergrassen sollte man den Rüden nie zu lange probieren lassen. Er sollte nach fünf Minuten entfernt werden und 5—10 Minuten oder länger ruhen können. Fast immer geht es nachher schneller und viel besser, wenn der Hund etwas weniger erregt ist; nach einem kurzen «Liebesspiel» wird die Paarung gelingen. Nie darf der Züchter Unwillen oder Ungeduld zeigen; man soll den Rüden mit lobendem und aufmunterndem Zureden anspornen. Alles soll ruhig und ohne Hast geschehen.

Es kann besonders bei ungeübten Familienhunden vorkommen, daß der Rüde nicht vor fremden Zuschauern, ja nicht einmal vor seinem Besitzer decken will. Da muß man eben die Tiere alleine lassen, aber in Bereitschaft stehen, um nach dem Eindringen in die Hündin eingreifen zu können und diese im kritischen Augenblick ruhigzuhalten.

Einst wurde ich gebeten, einem sehr schönen Zwerghund zu helfen. Er war der verwöhnte kleine Liebling seiner Meisterin, die ihn stets in der Handtasche bei sich trug. Er war drei Jahre alt und hatte noch nie gedeckt. Ich brachte den Kleinen mit einer meiner älteren, sehr erfahrenen Hündinnen zusammen, die ich schon oft eingesetzt hatte, um junge Rüden «anzulernen». Doch der Kleine zeigte trotz verführerischem Verhalten des hitzigen Weibchens überhaupt kein Interesse. Ich bat seine Herrin, uns eine Weile allein zu lassen. Der Rüde stand in so enger Bindung

mit seinem «Frauchen», daß trotz der intensiven Annäherungsversuche meiner Hündin alle seine natürlichen Instinkte unterdrückt wurden. Doch nun, endlich alleingelassen, und mit Hilfe der Hündin, die ihm zeigte, wie dumm er doch sei und wo's lang gehe, gelang mir (uns) eine erfolgreiche Paarung. Von da an wurde das kleine Kerlchen sogar ein bekannter Zuchtrüde.
Bei sexuell passiven Rüden kann man heute die Virilität mit einer Hormonbehandlung steigern. Dazu wendet man sich aber am besten an den erfahrenen Tierarzt.

Künstliche Befruchtung
Samen kann vom Rüden jederzeit nach der Pubertät abgenommen werden. Er muß aber natürlich zur Zeit der Ovulation in die Hündin injiziert werden. Fast alle Hündinnen verhalten sich ruhig, wenn dies geschieht, aber nervöse Tiere muß man manchmal narkotisieren. Heute läßt man meistens den Samen langsam und ohne Druck in den Uterus fließen, weil die Ansicht vertreten wird, daß bei der früheren Art, wo man den Samen mittels einer Injektionsspritze in die Gebärmutter spritzte, die Spermien durch den Druck beschädigt wurden. Dr. Leon F. Whitney aber gibt der Einspritzung den Vorzug, vorausgesetzt, daß die Kanüle bis in die Gebärmutter reicht.
Für gewöhnlich wird die künstliche Befruchtung nach 24 bis 48 Stunden wiederholt. Die größte Schwierigkeit ist die Notwendigkeit, den Samen bei konstanter, korrekter Temperatur zu halten, damit er mehrere Tage voll aktiv bleiben kann.

Mesalliance und Überdeckung der Hündin
Eine Hündin, welche durch einen Bastard oder einen andersrassigen Rüden gedeckt wurde, ist für die weitere Zucht keineswegs verdorben. Dieser Fehltritt kann keinen Einfluß auf ihre späteren Würfe haben. Mit einer Hormonbehandlung durch den Tierarzt kann der Abgang der unerwünschten Früchte hervorgerufen werden. Sollte die planmäßig gedeckte Hündin trotz aller Vorsichtsmaßnahmen noch von einem zweiten Rüden «überdeckt» werden, ist es durchaus möglich, daß sie von beiden Vätern Welpen bringt. Wenn sich die fremde Paarung viel

später zugetragen hat, werden die Welpen dieser Verbindung vorzeitig geboren, zur selben Zeit, wie die erwünschten Welpen. Wenn eine Hündin von zwei Rüden gedeckt wurde, müssen in den meisten Ländern beide Namen der Väter angegeben und im Stammbuch registriert werden.

Kapitel 8: Die Trächtigkeit

Die Tragzeit dauert beim Hund in der Regel 63 Tage, bei kleinen Rassen durchschnittlich 60 Tage. Welpen sind lebensfähig, wenn sie zwischen dem 53. und 70. Tag geboren werden. Ihre Überlebenschance sinkt mit jedem Tag, den sie zu früh geworfen werden. Ich konnte aber schon Welpen aufziehen, die 10 Tage zu früh zur Welt kamen. Wird die erwartete Tragzeit überschritten, hat man sich im Datum geirrt oder die Befruchtung erfolgte bei mehreren Paarungen erst beim letzten Mal. Die Natur ist aber ziemlich genau, ein Irrtum des Züchters ist schon eher möglich. Deshalb sollte besonders im großen Zwinger exakt Buch geführt werden, vor allem dann, wenn mehrere Hündinnen fast gleichzeitig hitzig waren. Da könnte man sonst den genauen Decktag schon vergessen, vielleicht sogar, welchen Zuchtrüden man verwendet hat.
Eine einfache Methode, das Wurfdatum zu errechnen ist, zwei Monate und zwei Tage zum Deckdatum dazuzuzählen. Eine am 1. März gedeckte Hündin wird wahrscheinlich zwei Monate und zwei Tage später, also am 3. Mai, ihre Welpen werfen. Mit Ausnahme von Februar (28/29 Tage) oder Juli/August und Dezember/Januar, wo sich zwei Monate mit 31 Tagen folgen. Wurde eine Hündin an einem Sonntag gedeckt, wird sie ziemlich sicher neun Wochen später an einem Sonntag werfen, es sei denn, daß sie aus einer Rasse oder Linie stamme, die regelmäßig drei Tage früher wirft. Es gibt Hunde und Rassen, wie zum Beispiel die Bluthunde, die fast auf die Uhr genau am 63. Tag werfen, sogar zur selben Tageszeit, wie sie gedeckt wurden.

Da tut man gut daran, die Paarungszeit geschickt zu wählen, damit man sich eine lange Nachtwache ersparen kann. Es gibt aber auch große Abweichungen von der Norm, und es ist schwierig, eine allgemeingültige Regel aufzustellen.

Scheinträchtigkeit
Von diesem eigenartigen Zustand werden erfolglos gedeckte und noch häufiger ungedeckte Hündinnen befallen. Eine ihrer Begleiterscheinungen ist öfters eine Pyometra, eine eitrige Entzündung in der Gebärmutter. Die scheinschwangere Hündin kann alle Zeichen einer Trächtigkeit aufweisen; es kann so weit gehen, daß sie sich ein Wurflager vorbereitet, nestet und sich Hilfe holen will bei der «Geburt». Sie kann sogar Wehen haben, und die Milchproduktion setzt voll ein. Der Tierarzt kann dem Tier ein mildes Beruhigungsmittel verschreiben und in sehr schlimmen Fällen dann eine Hormonbehandlung. Obschon die genauen Ursachen noch nicht bekannt sind, nimmt man einerseits an, daß der Zustand durch eine Über- oder Fehlfunktion des Gelbkörperhormons (Corpus luteum) ausgelöst wird. Bei einer gedeckten Hündin kann man es möglicherweise auf das frühzeitige Absterben der Embryonen zurückführen, welche resorbiert werden, so daß ein Verwerfen nicht ersichtlich ist.

Anzeichen der Trächtigkeit
Besonders in der Anfangsphase wird man kaum Veränderungen feststellen, weder beim Betasten noch im Aussehen der Hündin. Am ehesten wird sich das Wesen des Tieres verändern, indem es ruhiger, anhänglicher und liebebedürftiger wird und ein vermehrtes Schlafbedürfnis zeigt. Es hängt von der Rasse, dem Format, der Zahl der gehabten Würfe und der Größe des jetzigen Wurfes ab, wie früh, wenn überhaupt, der Züchter die Schwangerschaft mit Sicherheit feststellen kann. Es gibt Hundemütter, die ihr «Geheimnis» bis zum Schluß behalten können.
So um den 21.—22. Tag herum kann man gelegentlich, wenn man die Finger und den Daumen tief unten auf die Seite des Bauches legt, kleine runde Klümpchen ertasten. Allerdings braucht es dazu feinfühlige, geübte Finger, die genau wissen, wo man suchen muß. Diese Klümpchen fühlen sich ähnlich an

wie kleine Murmeln. Nach dem 24. Tag werden die Knoten größer, und man kann sie nur noch bis zirka am 35. Tag ertasten. Nach dieser Zeit werden sie weicher und diffuser und damit nicht mehr konkret ertastbar. Zu diesem Zeitpunkt wird aber der Gesamtumfang der Hündin ihren Zustand bestätigen, besonders bei großen Würfen.
Bei nur einem oder zwei Welpen ist es im ersten Monat praktisch unmöglich, eine Trächtigkeit festzustellen, vor allem nicht bei einem ersten Wurf der Hündin. Die Muskeln und Bänder sind bei einem Erstling noch viel straffer als bei der mehrmaligen Hundemutter. Es ist übrigens nicht ratsam, die Hündin so früh schon intensiv abzutasten, die Anzeichen werden ohnehin bald offensichtlich. Zwischen der vierten und fünften Woche wird das Tier hinter den Rippen plötzlich breiter. Bei einigen Hündinnen zeigt sich dies auch erst in der siebenten Woche.
Sogar sehr erfahrene Züchter können irren, wenn sie die Stärke des kommenden Wurfes schätzen. — Die eine Hündin sieht sehr dick aus und bringt dann nur einen oder zwei Welpen. Dann wiederum sieht vielleicht eine junge Hündin aus wie für einen oder zwei Sprößlinge und bringt dann einen enormen Wurf von 12 und gar mehr Welpen zur Welt.
So um die fünfte Woche kann man meist eine Vergrößerung der Zitzen feststellen und unpigmentierte Haut wird rosig. In der sechsten Woche kann man wohl auch die Föten in den Uterushörnern spüren, wenn die Hündin auf der Seite liegt. Von jetzt an wachsen die Welpen sehr rasch, und auch die Zitzen werden größer und weicher.
In der siebenten Woche sind auch die Brustdrüsen vergrößert. In der letzten Woche füllt der Uterus die ganze Bauchhöhle aus, und die übrigen Organe werden fast verdrängt.
Das eine sichere Zeichen der Trächtigkeit ist, wenn man die Bewegungen der Welpen sieht und mit der Hand fühlen kann. Gegen Ende der Schwangerschaft zeigt die Hündin manchmal einen leichten Ausfluß aus der Scheide. Er ist farb- und geruchlos. Wenn er dann dicker und schleimiger, gelb bis grünlich wird, ist dies oft ein Zeichen der beginnenden Geburt.

Die Pflege und Haltung der trächtigen Hündin
Die Hündin sollte vor der Paarung entwurmt werden. Wurde dies unterlassen, muß es unbedingt drei Wochen nach dem Decken erfolgen. Im Interesse der Gesundheit von Hundemutter und Kindern muß die Hündin frei von jeglichen Parasiten sein. Wurde das Entwurmen auch in der dritten Trächtigkeitswoche unterlassen, darf man es erst nach dem Werfen nachholen. Der Tierarzt wird über den günstigen Zeitpunkt informieren, denn die Wirkung des Mittels könnte via Muttermilch die Gesundheit der Welpen beeinträchtigen. Das Entwurmen nach der dritten Trächtigkeitswoche könnte eine Fehlgeburt auslösen.
Wenn die Hündin arg schmutzig ist, sollte man sie baden unter gleichzeitiger Bekämpfung externer Parasiten wie Flöhe, Zecken etc. Nach der vierten Woche ist das Baden nicht mehr gestattet; die Erkältungsgefahr ist zu groß, und die Gesundheit der tragenden Hündin ist enorm wichtig. Muß sie aus einem zwingenden Grunde doch noch gebadet werden, muß man sie sehr sorgfältig abtrocknen. Sie darf sich (auch sonst) nicht in Zugluft aufhalten oder auf kalten Böden liegen. Man sollte die Zeit des Bades so wählen, daß sie nachher in der Wärme bleiben kann und sich erst am nächsten Morgen draußen in der Kälte versäubern muß. Man könnte sie aber auch mit einem guten Trockenshampoo und mit einem Flohpuder behandeln. Ihre Schamgegend wird mit einem Schwamm und warmem Wasser abgewaschen und hernach gut getrocknet. Auch ihre Zähne müssen von eventuellem Zahnstein gereinigt, die Ohren gesäubert und gegen mögliche Ohrenmilben behandelt werden.
Bei langhaarigen Rassen hängt es wohl davon ab, ob die Hündin kurz nach dem Belegen noch ausgestellt werden soll, ob ihre Haare getrimmt oder geschnitten werden. Da die meisten langhaarigen Hündinnen ihr Haarkleid sowieso sechs bis sieben Wochen nach dem Welpen größtenteils verlieren, sehe ich nicht ein, warum man es nicht schon vorher aus praktischen Gründen kürzen soll. Das sehr lange Haar birgt sogar eine Gefahr für die Hundekinder. Es ist bekannt, daß sich schon Welpen in den langen Federhaaren der Rute und sogar der «Hosen» verwickelt haben und sich dann darin erwürgten. Bei Rassen, wo diese Gefahr besteht, muß das Fell täglich gebürstet und gekämmt und

dann teilweise zusammengebunden werden, wie es bei den Yorkshire Terriers und Maltesern oft gemacht wird. Um die Zitzen sollte man das Haar auch wegschneiden, denn dort verfilzt es besonders gerne. Eine Zitze kann vom Haar ganz überwachsen und eingeschlossen werden, was Komplikationen zur Folge haben kann.

Bewegung ist für die trächtige Hündin äußerst notwendig. Sie darf nicht als Invalide behandelt werden. Es ist wichtig, daß ihre Muskeln fit und in Form bleiben, damit sie viel Kraft haben, wenn es dann gilt, die Welpen auszutreiben. So sollte sie ihre gewohnten Spaziergänge trotzdem weiter erhalten. Beim Zeitpunkt, wo ihr Umfang Herz und Lunge zu stark belastet, wird sie uns selbst zeigen, daß sie nicht mehr so weit und so lange gehen kann. Man sollte ihr mehrmals täglich kleinere Spaziergänge an Luft und Sonne anbieten anstelle eines ausgedehnten Ausgangs. Sie darf nicht überanstrengt und übermüdet werden. Zu häufiges Treppensteigen und das Hinunterspringen von Stühlen und sonstigen erhöhten Plätzen könnte ihr schaden; ebenso lange und schnelle Autofahrten und das Sitzen oder Liegen auf kalten Fluren oder im nassen Gras.

Das Bett der tragenden Hündin soll weich sein. Ein mit Heu oder Holzwolle gefüllter Sack oder eine Matratze mit einer dicken, warmen Wolldecke für die großen Rassen; für kleinere und Zwergrassen mollig weiche Kissen in passenden Körbchen. Wo immer das Lager steht, es muß ein Ort sein, der frei von Zugluft und warm ist. Der Bettinhalt darf niemals feucht sein!

Wie man eine tragende Hündin hochhebt, hängt ganz wesentlich von ihrer Größe und von ihrem Gewicht ab, es gibt aber einige Punkte, die dabei stets beachtet werden müssen: sie muß langsam und behutsam aufgehoben werden, und man muß aufpassen, daß man ihr dabei keinen Finger in den Bauch drückt. Ich brauche wohl kaum noch zu erwähnen, daß man sie nicht fallen lassen darf und auch verhüten muß, daß sie zum Beispiel aus dem Arm herunterspringt. Sie muß nachher auch wieder fest auf ihre vier Beine gestellt werden und darf erst losgelassen werden, wenn sie sicher steht. Bei kleinen Rassen hält man den Brustkorb und die Ellenbogen des Tieres in einem Arm, während man den Hinterteil mit der anderen Hand unterstützt. Bei großen Rassen nimmt man die Hündin hoch, indem man sie mit beiden Armen an sich hält, dabei mit einem Arm ihren Körper unterhalb des Gesäßes abstützt, so daß sie praktisch auf diesen Arm zu sitzen kommt. Mit dem anderen Arm hält man sie um den Brustkorb und legt ihre Vorderläufe über den Arm.

Fütterung der trächtigen Hündin
Nur eine gesunde, kräftige und wohlernährte Hündin kann auch vitale und gesunde Welpen werfen. In den ersten Wochen muß man die Hündin nicht anders füttern als bisher, es sei denn, daß sie nicht normalerweise rohes Muskelfleisch und rohes Eigelb erhält. Dann sollte man dies ihrer Hauptmahlzeit beifügen, die Menge je nach Größe des Tieres bemessen. Einer sehr kleinen Hündin gibt man zwei Eigelb die Woche, einer großen darf man zwei Eigelb täglich verfüttern. In dieser Zeit lassen sich in bezug auf den Appetit bei den Hündinnen große Unterschiede feststellen. So wird die eine dauernd Verlangen nach Futter haben und betteln, während die andere keinen Unterschied in ihren Freßgewohnheiten zeigt. Wenn die Hündin nicht übergewichtig ist, soll sie in vernünftigem Rahmen soviel Futter erhalten, wie sie von selbst frißt. Es ist aber nicht so sehr die Quantität, als vielmehr die Qualität des Futters, die zählt! Die Hündin braucht nun die nötigen Bau- und Wirkstoffe, eine Eiweiß- sowie Vitamin- und Mineralstoffreiche Kost, die vor allem aus rohem Frischfleisch, Fisch, Milch und Eiern bestehen soll. Der Futteranteil an Kohlehydraten, wie z.B. Hundekuchen, Flocken und anderen Beigaben sollte nicht erhöht werden. Nach der vierten Woche wird die Zahl der täglichen Mahlzeiten vermehrt und ihr Proteingehalt noch gesteigert. Als Zugabe kann man ihr eventuell noch Lebertran, ein Calciumpräparat und die Vitamine A, B_1, D und E die ganze Zeit über verabreichen. Am besten läßt man sich dazu vom Tierarzt beraten — das richtige Maß ist sehr wichtig! Nach der sechsten Woche sollte man mehr Futter geben, um dem Bedarf der jetzt schnell wachsenden Welpen Rechnung zu tragen. Die Hündin wird sich wohler fühlen, wenn man die Futtermenge auf drei Mahlzeiten täglich verteilt. Milch gibt man am besten morgens, damit sich die Hündin tagsüber noch entleeren kann. Fast alle Hündinnen

trinken mehr, wenn sie trächtig sind, und so muß immer frisches Trinkwasser für sie erreichbar sein. Neigt das Tier zu Fettsucht, muß die Zufuhr von Kohlehydraten sehr eingeschränkt werden. Übergewichtige Hündinnen haben oft Geburtsschwierigkeiten. Man kann die Kohlehydrate durch Gemüse und Früchte ersetzen, die dann den nötigen Ballast für eine gesunde Verdauung liefern, nebst einem sättigenden Gefühl für die ewig hungrige Hundemutter. Ein hartgekochtes Ei hat den gleichen Proteingehalt wie 50 g hochwertiges Muskelfleisch; ein halber Liter Milch entspricht dem Proteingehalt von 90 g rohem Fleisch. Das ganze Ei sollte dem Hund nur gekocht gefüttert werden, roh gibt man bloß den Eidotter. Das rohe Eiweiß enthält Avidin, das den Körper an der Verwertung des wichtigen B-Vitamins Biotin hindert.

Auch Fisch ist reich an Protein und kann ohne Gräten auch roh gefüttert werden. Als Beigaben sollte man nur Vollweizenprodukte verwenden, denn nur sie sind reich an Vitamin B. Diese Vitamine werden bei obigem Futterplan am ehesten fehlen. Durch Zugabe von Hefeprodukten, wie Nährhefepulver, Cenovis-Tropfen oder -Paste, Animastrath, oder die auch in der Schweiz und Deutschland durch den Tierarzt erhältlichen Vetzyme-Tabletten kann man den Bedarf der Hündin an B-Vitaminen aber leicht decken.

Kapitel 9: Die Wurfkiste

Wenn in einem Zwinger mehrere Zuchthündinnen gehalten werden, lohnt es sich gewiß, eine gute Wurfkiste anzuschaffen. Sie sollte dann auch bloß zu diesem Zwecke verwendet werden und natürlich der Größe der gezüchteten Rasse angepaßt sein. Eine gute käufliche Kiste weist folgende Merkmale auf: Es ist eine solid gebaute Holzkiste, die innen ca. 7—8 cm über dem Boden an drei Wänden schmale Holzleisten hat. Diese sind angebracht, um die Welpen zu schützen, wenn sich die Hündin niederlegt. Bei schwerfälligen Hündinnen besteht die Gefahr, daß die Welpen dabei erdrückt oder verletzt werden. In der Schweinezucht wird dieses Prinzip schon lange angewendet. Die Kiste hat einen Deckel, der sich öffnen läßt und eine Türe, deren oberer Teil sich seitwärts öffnen läßt und deren niedrigerer Unterteil nach außen aufklappbar ist. Ein Drahtgeflecht kann am oberen Türchenteil angebracht werden. Der Kasten steht 5 cm über dem Boden, damit die Hundefamilie nicht der Zugluft ausgesetzt ist. Bei kaltem Wetter kann der Deckel geöffnet werden und eine Infrarot-Lampe darüber gehängt werden. Wenn der Deckel nach hinten zurückgeklappt und unterstützt wird, kann er der Hündin als Sitzplatz dienen. Von dort aus hat sie etwas Ruhe vor den heranwachsenden Welpen und kann sie trotzdem gut beobachten. Anderseits kann man bei einer nervösen Hündin, die bei jedem fremden Geräusch gleich aus der Kiste rennt, diese auch rundum zumachen, damit die Hündin bei den Welpen bleibt.

Um die Holzkiste gleichzeitig zu imprägnieren und zu desinfizieren, wird sie mit Kreosol (Kreosot) ausgestrichen. Obschon dies Mittel sehr stark und schlecht riecht, ist es doch mit seiner Doppelwirkung kaum durch ein anderes zu ersetzen. Man muß aber die Kiste nach der Anwendung gut austrocknen und auslüften lassen.

Der Boden wird am besten mit Plastik-Kontaktpapier oder noch besser mit einem stabilen Stück Kunststoffbelag (z.B. Textolite) ausgelegt. Sie kann so gut ausgewaschen und der Belag leicht erneuert werden, wenn die Kiste desinfiziert wird. Nach Gebrauch muß die Kiste immer gut gereinigt, desinfiziert und dann eine Zeitlang an die Sonne gestellt werden, bis man sie in Erwartung des nächsten Wurfes wegräumen kann.

Nicht jeder Züchter kann es sich leisten, eine Wurfkiste einfach zu kaufen, und für Gelegenheitszüchter lohnt sich die Anschaffung kaum. Doch jeder halbwegs handwerklich begabte Mensch kann sich eine Wurfkiste selbst billig herstellen. Sie braucht ja kein ausgefeiltes Modell zu sein. Es gibt drei wesentliche Dinge, die zu einer Wurfkiste einfach gehören: Sie soll so groß sein, daß die Hündin bequem Platz findet, auch wenn sie sich ausgestreckt niederlegen will, dazu muß der Raum noch groß genug sein für die schützende Holzleiste. Die Seitenwände müssen

Abb. 12. Eine zweckmäßige Wurfkiste. Man könnte sie vorn mit einem Drahtgitter verschließen, aber die amerikanische Cocker-Spaniel-Hündin bleibt gern bei ihren Welpen. Beachten Sie die Schutzleisten.

hoch genug sein, damit die Hunde vor Durchzug geschützt sind, aus dem gleichen Grunde soll sie auch 5—8 cm über dem Boden stehen. Der untere Teil der Vorderwand sollte mit Scharnieren am Kistenboden festgemacht werden, damit man ihn nach außen aufklappen kann. Zwei Haken, an den Seitenwänden angebracht, ermöglichen, daß man dies Klappbrett dort festmachen kann, wenn man die Kiste schließen muß. Dies ist besonders praktisch, wenn die Kleinen älter sind. Man kann dann die Rampe herunterlassen, und die Welpen lernen rasch aus ihrem Bett zu kriechen und sich außerhalb ihres Nestes zu versäubern. Dieses Brett sollte zugeklappt hoch genug sein, daß die ganz jungen Welpen nicht aus dem Nest fallen und später nicht darüber klettern werden, aber doch nicht so hoch, daß die Hündin nicht mühelos hinein oder heraus gelangen könnte. Man könnte ihr auch eine kleine «Treppe» bauen aus einem umgestülpten Holzkistchen oder mit einem kleinen Schemel und ihr damit den Ein- und Ausstieg erleichtern.
Eine gute Idee wäre auch, wenn man den Deckel in der Mitte teilen und dort Scharniere befestigen könnte, damit man die eine Hälfte auf die andere zurückschlagen könnte. So würde eine solide Sitzfläche für die Hündin geschaffen.
Irgendeine solide Kiste kann prima und billig in eine Wurfkiste umfunktioniert werden. Natürlich müssen die rauhen Wände und Ecken etwas abgeschliffen werden. Man bohrt dann Löcher in die Seitenwände, groß genug, um einen Besenstiel hineinzupassen und durchzustoßen. Daraus entsteht die Schutzleiste für die Welpen. Besenstiele kann man günstig in jedem Haushaltartikelgeschäft erstehen. Die Enden des Besenstiels werden zurückgesägt bis auf zirka 10 cm. Dann wird ein Nagel an der Außenseite durch den Stiel geschlagen, damit er nicht mehr hinaus gleiten kann, und die beiden Enden dienen als praktische Griffe, um die Kiste zu tragen. Der Boden wird mit einer Kunststoffplatte oder mit Kontaktpapier ausgelegt. Damit die Kiste erhöht steht, kann man sie einfach auf vier Backsteine stellen, einen an jeder Ecke.
Wurfkisten für Zwerghunde sind natürlich einfacher einzurichten. Für die meist kleinen Würfe, mit einer leichten, kleinen Hündin, erübrigt sich auch die Schutzleiste, da die Gefahr, daß

die Welpen erdrückt werden, sehr gering ist. Es genügt eigentlich schon eine feste Pappschachtel, bei der man einen Eingang auf einer Seite auf 7—10 cm zurückschneidet. Solche Schachteln sind besonders praktisch, da sie, wenn sie beschmutzt sind, einfach zu ersetzen sind. Damit ist auch die Gefahr einer eventuellen Infektion gebannt, die bei einer festen Kiste immerhin besteht, wenn sie zu wenig gründlich gereinigt und desinfiziert wurde. Unruhige Muttertiere können gezwungen werden, bei den Welpen zu bleiben, indem man ein Gitter über die Kiste legt. Auch die durchsichtigen Reise-Kasten aus Hartplastik können als Wurfkiste dienen. Wegen des gut isolierenden Materials werden sie schnell erwärmt, wenn die kleine Hundefamilie darin wohnt, und nur selten ist zusätzliche Wärme nötig, und dann genügt es, den Kasten mit einer der Luftlöcher-Seitenwände an den warmen Heizkörper zu stellen. Natürlich eignen sich diese Kasten nur für kleine Würfe, und die Familie muß später umziehen, wenn die Welpen beweglicher sind und Gelegenheit brauchen, sich außerhalb ihres Nestes zu versäubern. Es ist aber recht schwierig, einer Zwerghündin beim Wölfen zu helfen, wenn sie in einer kleinen Schachtel am Boden ist. Da es ja mehrere Stunden dauern kann, muß man es sich so bequem wie möglich machen. Man könnte das Bett oder die Schachtel auf einen Tisch stellen, oder die Hündin könnte auf einem alten Sofa oder Notbett gebären. Auch Armsessel, durch Tücher geschützt, sind praktische «Gebärtische». Man kann sich überall gut dazu setzen, sei es auf Stühlen oder auf dem Boden und hat dabei mehr Übersicht und Licht. Bei sehr kaltem Wetter kann man die als Wurfkiste dienende Schachtel in eine andere viel größere Schachtel stellen, die man dann mit einem Wachstuch oder Plastiktuch auslegt, überdeckt mit ein paar Lagen Zeitungspapier, damit sie wasserundurchläßig wird. So kann die Hündin bei den Welpen liegen, aber außerhalb des Bettes essen und auch eventuell für einige Tage ihre «Geschäfte» darin verrichten, ohne daß sie an die Kälte hinaus muß.
Der Deckel der Kartonschachtel kann zur teilweisen Schutzklappe zugeschnitten werden und mit Klebstreifen am Platz gehalten werden. Wenn eine Infrarot-Lampe benutzt wird, muß

sie aber direkt über den Welpen hängen, auf die nötige Distanz natürlich. Die Welpen sollten nicht zugedeckt sein, auch nicht mit einer Decke.

Kapitel 10: Die Geburt

Heute sind rund 300 Hunderassen bekannt und größtenteils durch die FCI (Fédération Cynologique Internationale) anerkannt. Sie variieren in der Größe von der kleinsten Zwergrasse, dem Chihuahua, welcher als kleinster Hund der Welt bezeichnet wird und oft nur 1—2 Welpen zur Welt bringt, bis hinauf zum anderen Extrem, wo die größten Rassen, wie die Deutschen Doggen, bis zu vierzehn Welpen werfen können. Der größte je aufgezeichnete Wurf erbrachte 23 Welpen, die man alle erfolgreich aufziehen konnte. (In England ist die Zahl der erlaubten Welpen noch nicht eingeschränkt! Anm. der Übersetzerin.) So ist es zu verstehen, daß es in der Zeit, die eine Hündin zum Werfen braucht, beträchtliche Unterschiede geben kann. Bei Rassen wie die Bulldogge, deren Körperbau über die Jahre so grotesk und übertrieben geworden ist, darf man fast mit Sicherheit Komplikationen erwarten. Auch Züchter von Rassen mit breiten Schädeln und engen Becken müßen fast unweigerlich mit Geburtsschwierigkeiten rechnen; auch wenn zu kleine Zuchthündinnen eingesetzt werden, muß es Probleme geben. Trotz allem und obgleich das Züchten von Rassen, die für Geburtsschwierigkeiten prädestiniert sind, durch Modetrends gefördert wird, kann die Mehrheit der Hündinnen ihre Welpen leicht, schnell und sogar ohne menschliche Hilfe werfen.

Doch gleich um welche Rasse es geht und wie leicht es eine Hündin beim letzten Wurf hatte — man darf das Tier nie ohne jegliche Aufsicht sich selbst überlassen. Wie weit diese Aufsicht zu gehen hat, hängt sehr vom Charakter der Hündin selbst und ihrer Rasse ab. Hunde, die immer draußen im Zwinger leben und deshalb nur losen Kontakt zum Menschen haben, werden

es wahrscheinlich vorziehen, für sich zu bleiben, und eine Einmischung ablehnen. Sie dürfen aber trotzdem nicht ganz alleine gelassen werden, auch sie müssen während des Werfens stündlich kontrolliert werden.
Ganz anders ist es bei Familienhunden, die im allgemeinen deutlich zeigen, daß sie den Züchter in ihrer Nähe wünschen, und die dann auch viel besser mit Hilfe teilnahmsvoller Ermutigungen seitens eines «Familienmitgliedes» durchkommen.

Geburts-Vorbereitungen
Zuerst muß bestimmt werden, wo das «frohe Ereignis» stattfinden soll und ob der Raum oder der Zwinger — je nach Jahreszeit — geheizt werden muß oder nicht. Falls das Heizen erforderlich ist, und das ist es eigentlich durch fast das ganze Jahr hindurch, so benützt man dazu am besten ein Heizkissen, eine Heizplatte oder noch besser eine Infrarot-Lampe, die man über die Wurfkiste hängt.
Während der ersten zwei bis drei Wochen brauchen die Welpen eine Zimmertemperatur von zirka 21—22 Grad; später genügt dann eine konstante Temperatur von 18 Grad.
Die Wurfkiste wurde früher schon beschrieben. Sie wird nach dem Desinfizieren zuerst dick mit Zeitungspapier ausgelegt und dann anfangs noch mit molligen Tüchern. Beim Drang zum «Nestbau» wird die Hündin wie wild kratzen und scharren und auch die Tücher zerreißen und zerbeißen, wenn man sie gewähren läßt. Ich finde Zeitungen eine prima Unterlage während der Geburt. Sie sind warm und saugen alle Feuchtigkeit schnell auf, und sie können schnell überdeckt oder ersetzt werden, wenn sie beschmutzt sind. Besonders bei großen Rassen, wo der Papierverbrauch beträchtlich sein wird, empfiehlt es sich, einen großen Papierkorb oder Abfallsack bereit zu halten, in den das Papier laufend hineingeräumt werden kann, und der nachher der Müllabfuhr mitgegeben werden kann oder verbrannt wird.
Natürlich muß nicht nur die Wurfkiste, sondern auch die ganze Umgebung sauber und möglichst desinfiziert sein. Mindestens zehn Tage vor dem Wurfdatum sollte die Hündin an ihr neues Quartier gewöhnt werden; solche, die sich schwer anpassen, sogar noch eher.

Die Hündin darf nie ein Kettenhalsband tragen oder gar während der Geburt an eine Leine angebunden sein. Das ist nicht nur für die Hündin, sondern auch für ihre Welpen sehr gefährlich, denn diese könnten damit erwürgt werden.

Alle Vorbereitungen müssen zum voraus geschehen und alle Möglichkeiten darin eingeschlossen werden, damit für den Notfall alles bereit ist. Vielleicht wird man dies alles nicht benötigen, aber im Augenblick wo es dann darauf ankommt, sollte man all die Sachen nicht erst zusammensuchen müssen und dabei wertvolle Zeit verlieren. Nebst Bett und Heizungsmöglichkeit muß auch ein Spezialtablett mit den nötigen Instrumenten und Gegenständen bereit stehen:

Instrumenten-Tablett für die Geburt
Dazu gehören: Ein Desinfektionsmittel, eine Schachtel Kleenex-Papier, Watte, eine bis zwei chirurgische Klemmen oder notfalls einige Haarklips und eine gute Schere, alle Instrumente vorher gut drei Minuten ausgekocht; etwas Kognak, Vaseline-Salbe oder noch besser eine schon aufgezogene Spritze mit Paraffinöl, eine Tropf-Pipette, Nähseide, kleine Frotteetücher zum Trockenreiben der Welpen, eine Uhr, ein Notizblock, um ein Wurfprotokoll zu führen, und eine Kinder- oder Küchenwaage, um das Geburtsgewicht der Welpen gleich nach der Geburt zu erfahren. Auch die Telefonnummer des Tierarztes sollte bereit liegen.

Spätestens drei Tage vor dem errechneten Wurfdatum sollte man den Tierarzt informieren, für den Fall, daß man seine Hilfe in Anspruch nehmen muß. Im allgemeinen werfen die Hündinnen zwischen dem 60. und 63. Tag. Große Würfe fallen oft etwas früher, kleine eher später. Hündinnen der Zwergrassen werden auch oft drei Tage früher werfen.

Die normale Körpertemperatur liegt beim Hund zwischen 38—38,6 Grad. Ungefähr 24—48 Stunden vor der Geburt sinkt die Temperatur oft auf einen Tiefstand unter 37 Grad, wobei aber schon einige Tage vorher die gemessenen Temperaturen ziemlich schwanken können. Vom Tiefstand steigt die Temperatur langsam wieder an und erreicht kurz vor der Geburt wieder die Normaltemperatur von gut 38 Grad. Solange die

Temperatur nicht rapide gesunken ist, muß man innerhalb der nächsten 24 Stunden noch keine Geburt erwarten. Dieses Absinken der Temperatur kann nur als sicheres Zeichen der bevorstehenden Geburt gewertet werden, wenn man ab 57. Tag regelmäßig und genau zweimal täglich die Temperatur der Hündin mißt.

Die letzten Tage vor dem Welpen ist die Hündin meist nicht mehr am Spazieren interessiert. Trotzdem muß sie mehrmals täglich bewegt werden. Es ist schon vorgekommen, daß Hündinnen vom Spaziergang nach Hause kamen, in ihre Wurfkiste eilten und dort ohne jegliche Anzeichen von Wehen den ersten Welpen warfen.

Die ersten Anzeichen

Das Benehmen der Hündinnen vor dem Werfen ist sehr unterschiedlich und hängt auch davon ab, ob die Hündin eine Erstgebärende ist oder schon erfahren. Erstlinge sind oft besorgt und unruhig und verstehen nicht so ganz, wie ihnen geschieht. Manche werden sehr aufgeregt, ruhelos und verstört. Sie rennen durchs ganze Haus oder im Zwinger herum. Sie wimmern und schreien, scharren und kratzen in allen unmöglichen Ecken, zerreißen den Bettinhalt; kurz, sie zeigen uns, daß sie weit davon entfernt sind, sich wohl zu fühlen. Es gibt auch Hündinnen, die schon zwei Tage vorher jegliches Futter verweigern. Dann gibt es aber auch Hündinnen, deren Benehmen eher ins andere Extrem geht, indem sie ohne vorherige Anzeichen von Unruhe und Beklemmung ihren Wurf «hervorzaubern», ohne Schwierigkeiten und ohne Hilfe.

Bei einem Erstling empfehle ich eine Voruntersuchung beim Tierarzt, etwa drei Tage vor Termin, besonders wenn die Hündin zu einer Rasse gehört, die bekannt ist für frühes Werfen. Hündinnen, die das erste Mal welpen, zeigen gelegentlich noch bis zum Einsetzen der Wehen keine Milch in den Zitzen; dagegen haben Hündinnen mit mehreren Würfen oft schon vier bis fünf Tage vor Termin Milcheinschuß. Beides hat jedoch keinen Einfluß auf die spätere Milchleistung der Hündin.

Vor allem eine Hündin, die schon geworfen hat, wird zwei bis drei Tage vor der Geburt in den Flanken deutlich einfallen. Das geschieht als Folge der Erschlaffung der Beckenbänder, besonders bei einem großen Wurf ist dies kaum zu übersehen. Bei Erstgebärenden sind die Muskeln noch viel straffer, und dieses «Einfallen» wird daher weniger deutlich.

Die meisten Hündinnen zeigen sich in diesen Tagen vermehrt anhänglich, mütterlich und liebebedürftig. Kurz vor dem eigentlichen Einsetzen der Wehen liegen sie oft in einer typischen Stellung, einer Pose, die Hunde normalerweise kaum einnehmen würden: nämlich ganz flach ausgestreckt auf dem Bauch, die Hintergliedmaßen nach hinten und die Vordergliedmaßen nach vorne voll ausgestreckt, den Kopf zwischen den beiden Vorderläufen, mit einem schmerzlichen Ausdruck in ihren Augen. Sie schauen ihren Meister flehend und zutiefst besorgt an.

Der Wurf

Wenige Stunden vor der Geburt erschlaffen der Gebärmutterhals und die Vagina, und es erfolgt eine vermehrte Schleimabsonderung aus der Scham. Gleichzeitig mißt man auch ein deutliches Absinken der Körpertemperatur auf 37 Grad und darunter. Die Geburtsvorgänge werden durch Hormone gesteuert, unter Mitwirkung von Hormonen der Hypophyse (Hirnanhangdrüse), der Eierstöcke und der Placenta (Mutterkuchen). In den Uterushörnern sind die Welpen an den Zotten des Placentagürtels in der Gebärmutterschleimhaut verankert. Durch die Blutgefäße der Nabelschnur über den Mutterkuchen erfolgt der Austausch von Sauerstoff und Kohlensäure und die Zufuhr der Nährstoffe. Das Blut von Mutter und Föten wird aber nicht vermischt, beide Kreisläufe sind getrennt. Man unterscheidet an der Placenta einen Welpenteil und einen Mutterteil, und in der Mitte ist die beim Hund eher kurze Nabelschnur. Der Embryo entwickelt sich im Uterus innerhalb von zwei Hüllen. Die innere, dünnere Haut wird Amnion genannt, und für gewöhnlich wird der Welpe noch darin geboren. Das Amnion ist mit einer dicklichen, gelatineartigen Flüssigkeit gefüllt. Die zähere Außenhülle heißt Chorion, und zwischen den beiden Membranen ist eine Blase, die Allantois, welche aus dem Enddarm des Embryos hervorgeht und die Urinausscheidungen des ungeborenen Welpen aufnimmt. Der Zwischenraum zwischen den bei-

Abb. 13. Die äußere Fruchtblase hängt heraus. Text s.S. 111.

den Hüllen ist ebenfalls mit Fruchtwasser gefüllt. Damit werden Embryo und Nabelschnur vor Schlägen und Außendruck geschützt. Die Flüssigkeit übt eine wichtige Funktion aus während der Eröffnungsphase der Geburt, indem sie durch sanften Druck mithilft, die Geburtswege zu erweitern. Kurz vor dem Austreiben des ersten Welpen platzt seine äußere Fruchtblase, und durch das Fruchtwasser werden die Geburtswege schlüpfrig gemacht; der Welpe bleibt in der inneren Hülle. Die ganze Geburt spielt sich in drei Stufen ab. Zuerst kommt die Eröffnungsphase, wo durch die Eröffnungswehen die Geburtswege erweitert und geöffnet werden. Dies kann von zwei bis vierundzwanzig Stunden dauern. Während dieser Zeit ist die Hündin unruhig, scharrt und kratzt in der Wurfkiste und zerreißt ihr Bettuch. Sie zeigt ein leichtes Muskelzittern, und sie hat vermehrten Harn- und Stuhldrang. Alle diese unangenehmen Symptome werden durch den Druck der Eröffnungswehen im Unterleib verursacht. Diese rhythmischen Kontraktionen der Gebärmutter sind äußerlich kaum sichtbar oder feststellbar, da sie noch recht schwach sind. Die Wehen sind unangenehm, und die Hündin wird zusehends unruhiger.

Immer wieder schaut sie nach ihrem Hinterteil, dreht sich um sich selbst und legt sich nieder, um gleich wieder aufzustehen. Manche Hündinnen erbrechen, und fast alle verweigern jegliches Futter. Der Ausfluß aus der Scheide wird dicker und zäher, er schmiert nun gewissermaßen die Geburtswege und ist manchmal mit etwas Blut vermischt.

In der zweiten Phase werden die Wehen stärker und kommen in regelmäßigen Abständen. Die Hündin wird sich bei jeder Wehe niederlegen, den Rücken und das Hinterteil fest gegen die Wand der Wurfkiste pressen. Die Mehrzahl der Hündinnen liegen beim Werfen auf der rechten Seite, andere stehen sogar oder wechseln zwischen beiden Stellungen. Allmählich wird der Fruchtsack mit dem Welpen, der dem Ausgang am nächsten liegt, in den Geburtskanal getrieben, der durch den Druck schonend erweitert wird, bis schließlich Uterus, Cervix und Vagina zu einer weit offenen Passage werden. Jetzt können die Wehen nicht nur mit der Hand gefühlt werden, man kann sie auch deutlich sehen. Die Gebärmutter verhärtet sich mit jeder Kontraktion. Die Wehen kommen in immer kürzeren Abständen und werden stärker. Dazwischen entspannt sich der Uterus wieder. Dann erholt sich auch die Hündin; sie atmet schwer oder hechelt und hat einen entrückten Ausdruck. Während der Wehen wird sie manchmal wimmern und sogar schreien. Bei starken Schmerzen kann man der Hündin mit feuchtwarmen Bauch-Umschlägen helfen.

Allmählich wird nun die Fruchtblasenhülle mit dem Welpen (meist mit dem Kopf voran, gefolgt von den Vordergliedmaßen) der Scheide entgegengestoßen. Der unterste Welpe im Uterus-

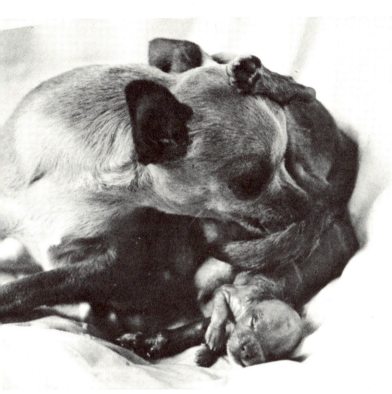

Abb. 14. Der Welpe ist noch nicht ganz geboren — Hinterläufe und Placenta müssen noch folgen.

horn ist der erste und leider fast immer auch der größte, der den Weg bereitet. Die äußere Fruchtblase platzt jetzt gewöhnlich unter einer kräftigen Preßwehe, um die Geburtswege gleitbar zu machen. Manchmal erscheint und verschwindet diese Fruchthülle wiederholt am Scheidenausgang, bis sie schließlich unter dem Druck von innen oder durch das eifrige Lecken der Hündin, oder durch beides, platzt. Anfänger öffnen diesen Sack manchmal, weil sie ihn mit der Ankunft eines Welpen verwechseln. Das sollte man nicht tun. Es ist einfach zu sehen, wenn wirklich ein Welpe ankommt; man kann eine deutliche

Abb. 15. Die Placenta kam nicht gleich nach dem Welpen heraus — sie wurde mit einer chirurgischen Klemme fixiert und wird nun vorsichtig herausgezogen.

Verhärtung oberhalb der Vulva ertasten, während beim Wassersack sich alles weich und leer anfühlt. Die Form der Fruchtwasserhülle kann sich ändern, je nachdem wie lange sie schon sichtbar war. Gelegentlich, nach langen Wehen, zeigt sie sich in mehreren kleinen Blasen, und die grüne Flüssigkeit darin ist deutlich sichtbar. Nach dem Bersten des Fruchtwassersackes erlaubt die Natur der Hündin meist eine kleine Ruhepause, damit sie neue Kräfte schöpfen kann für das Finale, die heftigen, schmerzhaften und ermüdenden Preßwehen, die schließlich den Welpen austreiben. Der enorme Druck, bestehend aus den

Abb. 16. Der vom Züchter begutachtete Welpe wird der Hündin zum Belecken geboten — er verzieht das Gesicht, weil er eben das Darmpech rauspreßt.

unbewußten, wichtigsten Kontraktionen der Gebärmuttermuskulatur, kombiniert mit bewußtem Pressen mit Hilfe der Bauchmuskulatur und des Zwerchfells, plus das Drängen und Stoßen des noch beinahe passiven Welpen, wird schlußendlich zu seiner Geburt führen.

Geboren wird der Welpe im allgemeinen in Kopflage, mit dem Rücken gegen den Rücken, den Bauch gegen den Bauch der Mutter gerichtet (auch Steißlage ist bei den meisten Hunderassen als normal zu bezeichnen). Schwierigkeiten gibt es gerne beim Passieren des Kopfes durch den Beckenausgang. Wenn der Kopf schon in der Scheide steckt, gibt es gerne nochmals eine kleine Pause bis zur nächsten Preßwehe, durch welche die Schultern durch das Becken gestoßen werden. Normalerweise wird der Welpe noch in der Eihaut geboren, aber es kann auch vorkommen, daß diese im Geburtsprozeß zerreißt. Der Welpe hängt an der Nabelschnur und diese wiederum am anderen Ende an der Placenta, welche sich von der Gebärmutterschleimhaut gelöst hat oder im Begriff ist, sich abzulösen. Die Placenta wird meist gleichzeitig mit dem Welpen ausgestoßen oder doch kurz darauf. Nach einer kleinen «Verschnaufpause» wird die Hündin das Amnion mit den Zähnen aufreißen, den Welpen befreien und die Eihülle aufessen. Dann kaut sie die Nabelschnur durch und regt durch eifriges Lecken des Welpen dessen Zirkulation und Atmung an. In der Regel hat die instinktsichere Hündin kaum Probleme bei diesen notwendigen Funktionen, und man darf sie ruhig machen lassen.

Ausnahmen machen: Die brachycephalen Rassen, wie z.B. Bulldoggen und Pekingesen, einige der sehr kleinen Zwergrassen allgemein, alle Rassen mit starkem Vorbiß, die Mühe haben, die Eihülle mit den Zähnen zu fassen und auch beim Durchkauen der Nabelschnur leicht daneben und so vielleicht sogar den Welpen selbst beißen. Bei disproportionierten Rassen ist die Hündin oft so schwer und unbeweglich, daß sie mit dem Kopf ihr Hinterteil nicht mehr erreicht und so auch den Welpen nicht versorgen kann. Vor allem Erstgebärende sind oft sehr unbeholfen und gehen recht grob mit ihren Welpen um. Sie heben sie an der Nabelschnur hoch und lassen sie zum Zerkauen einfach herunterbaumeln. Man muß sie daran hindern, denn auf diese Art entstehen Nabelbrüche (Hernien). Nach einer langen und schweren Geburt ist die Mutterhündin oft so erschöpft und im Moment vielleicht sogar etwas verstört, daß sie kein Interesse am Welpen zeigt oder am Abnabeln. Dann muß man sie etwas ruhen lassen, aber als Züchter sofort eingreifen. Bei der Nase des Welpen wird die Eihülle mit dem Fingernagel eingerissen und dann das Mäulchen mit dem Finger sofort geöffnet und von eventuellem Schleim befreit, damit das Kleine atmen kann. Geschieht dies nicht sofort, muß der Welpe ersticken. Mit dem ersten Schrei des Welpen erwachen auch die

Instinkte der Mutter und sie wird den Welpen nun eifrig belecken. Ein kräftiger Welpe weiß auch genau, wo er die Zitze findet; es kommt vor, daß Welpen schon an einer Zitze hängen, bevor sie ganz geboren sind. Das Saugen der Welpen regt die weitere Wehentätigkeit an und hilft dem Fortgang der Geburt.
Bei Hündinnen aber mit den oben erwähnten Problemen muß der Züchter weiter helfen. Die Eihülle wird vorsichtig ganz vom Welpen abgestreift und der Kleine mit etwas Gaze abgerieben, bis er gut atmet und schreit. Dann muß die Nabelschnur durchgetrennt werden, was eigentlich recht einfach zu machen ist.

Durchtrennung der Nabelschnur
Die Nabelschnur hat eine Stelle, wo sie sehr schwach ist. Atmet der Welpe gut und kräftig, wird sie dort oft sogar von selbst brechen, ohne Mithilfe der Hündin oder der Bewegungen des Welpen. Für gewöhnlich wird die Hündin die Nabelschnur durchbeißen, und durch das Kauen werden die Blutgefäße gequetscht und damit eine Blutung vermieden. Man muß verhüten, daß der Welpe umherkriecht und die Placenta dabei hinter sich her schleppt, denn dies kann zu einem Nabelbruch führen. Vor dem Durchtrennen der Nabelschnur wird das darin verbliebene Blut sanft gegen den Welpen zu ausgemolken. Dies ist für ihn die letzte direkte Nahrung der Mutter, und es wäre schade, wenn ihm dies letzte placentare Blut verlorenginge. Ist der Mutterkuchen noch nicht geboren, sollte man den Teil der Nabelschnur in Mutternähe mit einer Klemme fassen. Damit ist die Placenta gesichert und kann nicht mehr in die Hündin zurück, und man kann sie vielleicht später vorsichtig herunterziehen. Es kommt auch vor, daß sie erst vor oder nach der nächsten Frucht ausgestoßen wird.
Nun klemmt man die Nabelschnur zwischen Finger und Daumen der rechten Hand, je nach Rassengröße etwa 2—10 cm vom Bauch des Welpen, und mit Zeigefinger und Daumen der linken Hand etwa 1 cm weiter. Die linke Hand klemmt und bleibt ganz ruhig, während man mit der rechten Hand in der Nähe des Welpen die Nabelschnur in einem Ruck Richtung Welpe zieht — sie sollte sofort brechen. Dies bringt die Blutgefäße zum Zusammenziehen, es sollte keine Blutung entstehen

und besteht also auch kein Grund, das Ende abzubinden. Es ist auch nicht nötig, irgend etwas, vor allem keine Jodlösung, an die Bruchstelle zu streichen.

Sollte sich die Nabelschnur als besonders zäh erweisen (auch für Züchter, die dieser Methode den Vorzug geben), kann man die Nabelschnur auch teilweise durchschneiden. Doch muß dazu immer eine sterile Schere verwendet werden, die in Wasser mindestens drei Minuten lang ausgekocht wurde. Manche Züchter schneiden die Nabelschnur einfach durch, was dann bestimmt zu einer Blutung führt. Dann muß man sie sofort fest zwischen Daumen und Zeigfinger oder mit chirurgischen Klemmen ein paar Sekunden zuklemmen; dies dürfte die Blutung stoppen. Wenn nicht, wird es notwendig, den Stummel mit steriler Seide abzubinden. Wenn die Nabelschnur korrekt getrennt oder noch besser, von der Hündin durchgekaut wurde, sollte das Abbinden niemals nötig sein.

Wenn ein Welpe nicht mehr in der Eihülle geboren wird und noch mit Blut und grüner Flüssigkeit verschmiert ist, muß man ihn sofort säubern, die Nabelschnur durchtrennen und mittels Massage seine Zirkulation anregen, damit er gut durchatmen kann. Der Kleine war sicher großem Druck ausgesetzt, bis er endlich geboren wurde. Die Welpen fallen im allgemeinen in Abständen von 15—30 Minuten. Bei großen Würfen kann nach der Geburt einiger Welpen eine längere Wehenpause eintreten. Bei Würfen von zwölf und mehr Welpen dauert die Geburt mehrere Stunden bis zu einem ganzen Tag und länger.

Wenn die Hündin zu erschöpft ist, um ihre Neugeborenen zu lecken, um den Kreislauf anzuregen, muß der Züchter eingreifen. Man reibt die Welpen mit einem warmen Frotteetuch gut trocken. — Manchmal werden die Welpen in sehr unregelmäßigen Abständen geworfen; die Eihüllen kommen erst nach dem Welpen, oder ein Hundekind hat die Membrane des vorhergeborenen Welpen um sich gewickelt. Einige werden durch ihre eigene Placenta geworfen und kommen dann im Placentagürtel zur Welt, doch ist dies eher selten. Beim letzten Welpen eines Wurfes kann auch mal die Nachgeburt zuerst ausgestoßen werden.

Die Nachgeburten
Gelegentlich ist eine Nabelschnur sehr kurz, oder eine bricht, bevor sich die Placenta fertig gelöst hat. Damit die Nachgeburt nun nicht in der Gebärmutter zurückbleibt, sollte man sie mittels einer chirurgischen Klemme (notfalls eines Haarklips) an der Nabelschnur in Mutternähe festhalten. So gesichert, könnte man ruhig abwarten und inzwischen den Welpen versorgen. Für gewöhnlich löst sich der Mutterkuchen dann etwa fünf Minuten später, und man kann ihn vorsichtig vorwärts- und hinunterziehen, in gleicher Richtung wie die Welpen geworfen werden, das heißt, man zieht mit der Klemme Richtung Nase der Hündin. Beim letzten Welpen, der zuhinterst im Uterushorn gelegen hat, bleibt die Placenta öfters zurück. Eine auch nur teilweise zurückgebliebene Nachgeburt kann eine milde bis schwere Gebärmutterentzündung verursachen, bis der Fremdkörper ausgetrieben wird. Dieser Zustand kann der Hündin gefährlich werden.
Die Ansichten darüber, ob die Hündin alle Nachgeburten fressen solle oder nicht, sind geteilt. Viele Tierärzte sprechen sich dagegen aus. Die Placenta hat einen hohen Proteingehalt, ist reich an Vitaminen, Hormonen, Eisen und Sauerstoff. Dies macht sie zu einem wertvollen Nahrungsmittel, speziell in bezug auf ihren Eisen- und Proteingehalt. Die Hormone sollen großen Einfluß auf die Laktation (Milchbildung) haben. Ebenso sollen sie beim Auslösen der Nachwehen beteiligt sein. Ich persönlich finde, daß man der Hündin bis zu drei Mutterkuchen zugestehen sollte, falls sie diese gerne mag. Sie kann davon aber auch schwere Verdauungsbeschwerden mit schlimmen Durchfällen bekommen, und es besteht auch das Risiko, daß zum Beispiel eine Zwerghündin die Placenta ganz verschluckt und dabei erstickt. Da sich die Hündin hinten ja eifrig leckt, kann es schon passieren, daß der Züchter nicht merkt, wenn die Hündin die eine oder andere Nachgeburt auffrißt. Bei einem großen Wurf wäre es gut, die einzelnen Mutterkuchen aufzuheben, um sie am Schluß zählen zu können, die gefressenen eingerechnet. Im Zweifelsfalle sollte man immer den Tierarzt konsultieren. Er wird der Hündin wahrscheinlich ein Wehenmittel spritzen, damit eine zurückgebliebene Placenta oder restliche Membrane

Abb. 17. Die Hündin verzehrt mit Genuß eine Placenta — ihr bereits umherkrabbelnder Welpe interessiert sie im Augenblick nicht.

noch ausgestoßen wird. Es kommt vor, daß sogar ein Welpe zurückbleibt, und das ist noch viel gefährlicher. Wenn dann nicht Welpe und Nachgeburt innerhalb 72 Stunden ausgetrieben werden, kann die Hündin an einer akuten Infektion sterben.
Die Argumente gegen das Fressen der Mutterkuchen sind, daß man den Tieren ja eine ausgewogene Ernährung biete und sie daher diese Zusatznahrung nicht nötig hätten. Diese Instinkthandlung stamme noch vom Wildhund, wo die Hündin alles wegräumen mußte, damit keine gefährlichen Wildtiere durch den Geruch angelockt und dann zur Gefahr für sie und ihre Jungen würden.

Fast alle Hündinnen mögen die Nachgeburten, einige fressen sie sogar sichtlich mit Genuß und vergessen dabei für kurze Zeit Umwelt und Welpen. Die einen schlucken sie gleich ganz, andere kauen und nagen lange daran. Es wird manchmal auch nur die Hälfte gegessen und dann versucht, die Resten zu verstecken und für später aufzuheben. Wenn eine Hündin die Placenta nicht fressen will, muß man sie aus der Wurfkiste entfernen und forträumen.

Sollen die schon geworfenen Welpen während des Fortgangs der Geburt bei der Hündin belassen werden?
Dies hängt wohl sehr ab von der einzelnen Hündin, von der Größe des Wurfes und davon, wie schnell die Welpen geworfen werden. Bei einer großen Hündin auch noch davon, ob die Wurfkiste eine Schutzleiste aufweist. Es ist für gewöhnlich am besten, den ersten Welpen bei der Mutter zu belassen bis zur Ankunft des nächsten Welpen. Wenn die Hündin sehr unruhig ist und viel nestet, ist es bestimmt besser, wenn man die Kleinen in eine Schachtel oder auf eine in ein Tuch eingeschlagene Wärmeflasche legt oder natürlich auch unter die Infrarot-Lampe, ganz nah bei der Wurfkiste. Sobald sich die Hündin nach einer Geburt wieder etwas erholt hat, muß man ihr die Hundekinder wieder geben, damit sie von ihr geleckt werden und zum Säugen kommen. Wenn man sie alleine an der Wärme liegen läßt, ist das nicht besonders gut für die Welpen.
Es gibt aber Hündinnen, die sich sehr aufregen, wenn man die Welpen entfernt. Bei einem großen Wurf kann man ihr dann ein oder zwei Kinder belassen, damit sie die übrigen nicht vermißt. Sollte sie sich zu sehr ereifern, ist es bestimmt besser, wenn man ihr die Welpen läßt und sie vielleicht bloß während einer Austreibung für kurze Zeit auf die Seite nimmt. Man muß dies einfach von Fall zu Fall entscheiden.
Sicher ist es bedeutend besser, wenn die Hündin die Pflege der Welpen möglichst alleine übernehmen kann, mit Ausnahme der brachycephalen Rassen. Das sind die Hunde mit kurzem Fang, großem Stop, breitem Kopf und Vorbiß, wie z.B. Bulldoggen und Pekingesen. Sie können die Eihülle nur schwer fassen und aufbeißen, und mit bloßem Lecken können sie diese nicht ent-

fernen. Auch bei den kleinsten Rassen ist es sicher von Vorteil, wenn der Züchter sich zuerst um die Pflege kümmert. Ein Chihuahua-Welpe mit einem Geburtsgewicht von 60—90 gr zum Beispiel ist so zart, daß man ihn besser nicht einer eventuell selbst mitgenommenen Hündin überläßt.

Größe des Wurfes
Als normalen Wurf könnte man vier bis fünf Welpen bezeichnen, und das wäre wohl die beste Wurfgröße. Damit sich das Muttertier bei Wildhunden durch die Futterbeschaffung nicht überanstrengt, ist dies auch die bei Wildhunden übliche Wurfgröße. Ein verantwortungsbewußter Züchter wird bei seinen Hündinnen mindestens eine Hitze überspringen, bevor er sie wieder decken läßt. Für besonders große Würfe sollte man sich eine Amme suchen, oder es müssen ein paar Welpen eingeschläfert werden. Man kann auch sehr früh mit der Zufütterung beginnen — dies alles, damit das Muttertier nicht zu sehr beansprucht wird. Diese Vorsichtsmaßnahmen muß man nicht nur wegen der Hündin treffen, sondern auch, damit die Welpen einen guten Start ins Leben erhalten, um dann vielleicht selbst eines Tages starke und gesunde Eltern zu werden.

Welpen und Mutterhündin nach dem Wurf
Sobald die Amnionshülle aufgerissen und entfernt worden ist, macht der Welpe seine ersten tiefen Atemzüge. Zuerst macht ihm das Atmen meist etwas Mühe, und die Atmung ist eher schwach und oberflächlich, aber schon nach kurzer Zeit wird sich dies normalisieren. Ein schlechtes Zeichen ist, wenn Welpen mit offenem Mund atmen und sozusagen nach Luft schnappen. Oft sehen Welpen zuerst wie tot aus, ohne Bewegung oder Anzeichen der Atmung. Es ist aber lebenswichtig, daß diese sofort einsetzt. Sobald der Kleine richtig atmet, wird er sich Richtung Zitze in Bewegung setzen und sich daran festsaugen. Wenn schon mehrere Welpen gefallen sind, muß man dem Neuling am besten zu einer der hintersten Zitzen helfen. Die erste Milch enthält ein mildes Abführmittel, und der Welpe sollte dies für seine Verdauung baldmöglichst erhalten. Durch

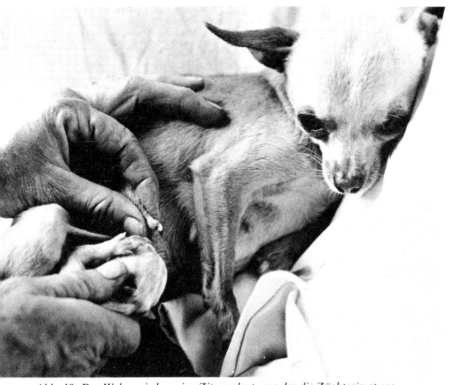

Abb. 18. Der Welpe wird an eine Zitze gelegt, aus der die Züchterin etwas Milch gedrückt hat — gleich wird der Kleine zu saugen beginnen.

die Anregung der Darmperistaltik erfolgt dann auch bald die erste schwarze, gummige Stuhlausscheidung, die man Meconium oder Darmpech nennt. Sie enthält vor allem Reste der Darmschleimhäute und etwas Galle aus der Leber. Die baldige Ausscheidung des Meconiums ist für die ordentliche Verdauung des Welpen von größter Bedeutung. Dazu, daß dies rasch geschieht, trägt auch die Hündin durch ihre eifrig leckende Zunge bei, nicht bloß die abführende Wirkung des Colostrums (erste Milch). Bei sehr schwachen Welpen kann der Züchter versuchen, die Sache in Gang zu bringen, indem er das

Bäuchlein mit einem feuchten Wattebausch massiert. In der Regel gibt es aber in dieser Hinsicht kaum Probleme.

Nach Abschluß des Geburtsaktes, wenn alle Welpen gut versorgt an den Zitzen liegen, erhält auch die Hündin etwas Milch mit Traubenzucker. In den Pausen zwischen den Wehen gibt man ihr jeweils besser kalte Milch, da diese nicht schläfrig macht. Bei einer langen Geburt, und wenn die Hündin sichtlich geschwächt ist, kann man der Milch ein wenig Kognak (je nach Größe ein paar Tropfen bis 1 Kaffeelöffel) beifügen.

Auch Kaffee oder Tee eignen sich zum Anregen und als harmlose Wehenmittel. Nach dem Geburtsschock, dem Flüssigkeitsverlust durch Fruchtwasser und Blutung und durch das viele Hecheln, was zwar alles durchaus normal ist, muß die Flüssigkeit langsam wieder ersetzt werden. Man gibt der Hündin häufig, aber nicht zuviel auf einmal, zu trinken. Die schmutzigen Zeitungen, die schon während der Geburt teilweise ersetzt oder überdeckt wurden, müssen nun ganz erneuert werden. Anschließend braucht die kleine Familie einige Stunden ungestörter Ruhe. Die Hündin wird noch mehrere Tage einen mehr oder weniger starken Ausfluß haben (die sogenannten Lochien). Die Hündinnen haben in den ersten Tagen auch oft etwas dünnen Stuhl, was eigentlich normal ist. Dauert es aber länger an, sollte man ihr Lactoferment oder Medizinalkohle mit etwas Kaotin unter das Futter mischen. Vor stärkeren Medikamenten muß gewarnt werden, da ihre Wirkung via Muttermilch auf die Welpen übergehen kann.

Nach der Geburt hat das Muttertier fast immer etwas erhöhte Temperatur. Der Appetit ist meist gut. Die meisten Tierärzte raten vorerst zu einer leichten Diätkost, bis sich die Verdauung reguliert hat. Es werden Hafer- oder Reisschleim und Milch verordnet, was den Darmtrakt beruhigt und die Temperatur normalisieren hilft. Das alte Sprichwort, das rät, daß man das Fieber weghungern und die Erkältung fortessen müsse, darf auch auf die Hündin angewandt werden. Wenn man sie in den ersten Tagen überfüttert, wird zudem mehr Milch produziert, als die Welpen trinken. Dies führt zu Stauungen in den Brustdrüsen, oft sogar zu Abszessen, besonders bei sehr kleinen Würfen. Wenn man dem Tier anfänglich genügend Flüssigkeit gibt, wird die Milchproduktion für den eher spärlichen Bedarf der Welpen mehr als genug angeregt. Wenn sich die Körpertemperatur nach drei Tagen normalisiert hat, füttert man am besten Zwieback mit Milch und vielleicht etwas leichtes, weißes Fleisch, wie Huhn oder Kaninchen etc. Diese Diät sollte mindestens eine Woche lang eingehalten werden.

Der Uterus schrumpft nach kurzer Zeit auf halbe Größe zurück und wird täglich kleiner, obschon er nie mehr so klein werden kann, wie bei einer nie gedeckten Hündin. Die Uterusöffnung aber wird klein genug, um eine Infektion zu verhindern.

In der ersten Woche muß man die Hündin mindestens viermal täglich zur Versäuberung ausführen, jedes Mal etwa fünf Minuten. In der zweiten Woche kann der Spaziergang auf 15 Minuten ausgedehnt werden. Bewegung stimuliert die Milchproduktion; schon aus diesem Grunde darf die Hündin nicht eingeschlossen bleiben. Nach dem Ausgang sollte man ihre Zitzen mit einem feuchten Tuch abwaschen und gut nachtrocknen, bevor sie zu ihren Sprößlingen zurückkehrt. Die ganze erste Woche braucht die kleine Familie sorgfältige Aufsicht.

Die Hündin wird nach jeder Mahlzeit hinausgeführt, aber bei kaltem Wetter durch einen Mantel oder eine Decke geschützt. Bei feucht-kaltem Wetter sollte sie aber besser im Hause bleiben, damit sie sich nicht erkältet. Die Welpen bleiben unterdessen ruhig, wenn man sie mit einer leichten Decke zudeckt. Man darf aber nicht vergessen, daß sich die Hündin von großen physischen und psychischen Anstrengungen erholen muß und unbedingt Ruhe braucht. Sie soll in einer geschützten Wurfkiste bei einer Raumtemperatur von 22—24 Grad einige Tage ruhen können, wobei sie ja doch die Pflichten der Mutterschaft hat. Wenn es ihr zu warm wird, und bei langhaarigen Rassen wird dies schnell der Fall sein, muß man die Wurfkiste unterteilen und überdachen. So fallen die Strahlen der Infrarot-Lampe nicht mehr direkt auf die Hündin und nur noch auf die Welpen. Diese erhalten noch zusätzliche Wärme, wenn sie neben der Mutter liegen und saugen. In den ersten Tagen sollten die Tiere auch nicht durch Besuche gestört werden, denn eine mütterliche Hündin wird sich darüber viel zu stark aufregen. In ihrem Interesse wird der tierliebende Züchter bestimmt darauf verzichten, den Wurf schon in den ersten Tagen allen Freunden vorzustellen.

Viele Züchter ziehen es vor, an Stelle der Infrarot-Lampe ein Heizkissen oder eine spezielle Wärmeplatte zu verwenden. Es besteht kein Zweifel, daß diese Lampen eine sehr trockene Atmosphäre verbreiten. Man muß darum auch immer eine Wasserschale in der Wurfkiste stehen haben. Vorsicht aber auch bei elektrischen Heizkissen. Das Kabel muß durch ein Loch in die Wurfkiste eingezogen werden, und es besteht immer noch die Gefahr, daß das Kabel von der Hündin angekratzt oder angebissen wird und auch die Welpen könnten dies tun, wenn sie älter sind, und dabei elektrisiert werden. Die Vorteile von Heizplatten und Heizkissen sind, daß sie thermostatisch geregelt werden können; Welpen und Hündin können sich darauf legen, wenn ihnen kalt ist, aber auch daneben, wenn es ihnen zu warm wird. Es gibt auch noch spezielle Platten, die in Gärtnereien in den Treibhäusern zum Wärmen von Pflanzen gebraucht werden. Das wäre eine gute Unterlage in der Wurfkiste und würde genügend Wärme abgeben. Außer in Notfällen sind Bettflaschen nicht zu empfehlen, weil sie zu schnell wieder abkühlen. Junge Hunde brauchen gleichmäßige Wärme, daher legt man am besten ein Thermometer in die Wurfkiste, natürlich gut geschützt, damit es von den Tieren nicht zerbrochen werden kann.

Das Lager für die junge Familie

Wolldecken oder Federbetten sehen bequem und warm aus für Hundemutter und Welpen, doch können sie letzteren gefährlich werden. Da die Hündin anfangs noch gerne scharrt, nestet und selbst umbettet, kann ein Kleines dabei so unter den Decken begraben werden, daß es ersticken muß. Auch könnten sie sich selbst mit ihrem konstanten Gekrabbel unter die Decke arbeiten und die Hündin sich dann aus Versehen daraufflegen. Wenn man eine Decke benutzen will, muß man sie über einen Karton oder ein dünnes Brett ziehen, die Ränder über die Kanten schlagen und dann die Decke von unten mit Nägeln oder Reißzwecken annageln. Holzwolle ist für ganz junge Welpen noch zu grob, kann aber dienen, wenn sie älter werden. Was man als Bettinhalt wählen soll, hängt doch sehr von der Rasse ab. Für kleinere Rassen mag eine Wolldecke angehen, aber bei großen Rassen nimmt man mit Vorteil einen großen Sack, den man mit Holzwolle füllt. Viele Züchter verwenden Stroh aller Arten oder auch Heu. Das ist kaum empfehlenswert, weil es staubig ist und dazu ein allzu guter Unterschlupf für Flöhe, Läuse, ja sogar Mäuse und Ratten. Heu verursacht öfters Hautallergien und Ohrenentzündungen. Für ältere Welpen ist Holzwolle goldrichtig, denn sie ist trocken, aber nicht staubig, billig zu kaufen und leicht auszuwechseln. Ich lasse meine Hündinnen auf Zeitungspapier werfen. Dann halte ich sie während der ersten drei Wochen auf angenagelten Decken, und wenn die Welpen älter sind, kommen sie auf Holzwolle. Damit erspart man sich viel Wäscherei und erst noch den miesen Anblick der Hundewäsche, die den Garten verunstaltet.

Fütterung der Welpen bis zur 3. Lebenswoche
Eine gesunde und kräftige Hündin wird bestimmt auch in der Lage sein, ihre Kinder bis wenigstens zur dritten Lebenswoche voll zu stillen. Bluthunde machen da oft die Ausnahme, oder Hündinnen mit enorm großen Würfen, oder solche, die erkrankt sind. Dann muß mit der Zufütterung schon in der zweiten bis dritten Woche begonnen werden. Hündinnen, die ihre Welpen zuerst ablehnen (zum Beispiel nach Kaiserschnitt), reagieren in der Regel nach einer Stunde schon positiv, wenn sie eine Injektion mit Prolaktin erhalten.

Kurzfassung des Geburtsablaufes oder «Geburtsfahrplan».
1. Temperatursturz 24—48 Stunden vor dem Werfen.
2. Die Hündin nimmt die typische Position ein: ganz ausgestreckt, Kopf zwischen den Vorderpfoten.
3. Sie wird zusehends unruhiger, ebenfalls ein sicheres Zeichen.
4. Sie schaut öfters nach ihrem Hinterteil und leckt sich dort.
5. Viele Hündinnen verweigern das Futter.
6. Manchen ist es schlecht, und sie müssen erbrechen.

7. Die Scham ist angeschwollen und weich und zeigt einen zähen, schleimigen Ausfluß.
8. In der zweiten Phase sieht man die Wehen deutlich.
9. Man notiert die zeitlichen Intervalle zwischen den Wehen.
10. Die Hündin hechelt, nestet, scharrt und kratzt, manche zerbeißen und zerreißen ihre Matratze oder den sonstigen Bettinhalt.
11. Die Wehen folgen sich in den nächsten 1—3 Stunden in mehr oder weniger regelmäßigem Rhythmus. Wenn nach dieser Zeit kein Fortschritt in der Geburt zu verzeichnen ist, muß man den Tierarzt rufen.
12. Die Fruchtblase erscheint in der Vulva, nicht zu verwechseln mit einem Welpen.
13. Der Fruchtwassersack wird durch eifriges Lecken der Hündin oder durch den Innendruck gebrochen.
14. Nach einer kleinen Pause erscheint mit den Preßwehen auch bald die innere Fruchtblase in der weitgedehnten Vulva, und man kann die Lage des Welpen feststellen.
15. Der Welpe ist ausgestoßen und aus der Eihaut befreit.
16. Die Placenta wird eventuell fixiert und dann herausgezogen.
17. Die Nabelschnur wird abgetrennt.
18. Der Welpe wird gut abgerieben und getrocknet und an die Zitze gelegt.
19. Wahrscheinlich wird die Nachgeburt von der Hündin gefressen, sonst muß man sie wegräumen.
20. Der Welpe wird gewogen und sein Gewicht aufgeschrieben.
21. Das Wochenbett wird gesäubert und eventuell eine neue Lage Zeitungspapier darauf gelegt.
22. Die Hündin erhält etwas kalte Milch (eventuell mit Kaffee oder Tee) mit Traubenzucker, wenn nötig ein wenig Kognak.
23. Wenn es die Wehen erlauben, soll die Hündin etwas ausruhen.
24. Bleiben die zu lange aus, führt man die Hündin kurz aus zur Versäuberung. Der kleine Spaziergang und leichte Massage der Bauchdecke regen die Wehentätigkeit wieder an und bringen «die Sache» wieder in Gang.
25. Die Nachgeburten müssen gezählt werden. Keine darf zurückbleiben. Im Zweifelsfall rufe man den Veterinär.

26. Gefahrenzeichen: Starke Preßwehen, die über zwei Stunden anhalten, ohne Erfolg. Wehenstillstand über mehrere Stunden. (Falls die Wehentätigkeit dann wieder einsetzt, ist sie meist zu schwach, um mehr als höchstens einen Welpen auszutreiben.) Zusammenbruch (Kollaps) der Hündin oder Krampfzustände.
27. Wenn die Hündin überträgt, mißt man ihre Temperatur täglich zweimal; im After, zwei Minuten lang.
28. Wenn das Fruchtwasser nach dem Blasensprung abgegangen ist, darf man nicht länger al s zwei Stunden warten, wenn die Geburt nicht voran geht. Man hole den Tierarzt, sonst ist der Welpe in Gefahr.
29. Um den Welpen nicht zu gefährden, muß man die Hündin davon abhalten, die innere Eihülle zu lecken, bevor der Welpe gefallen ist.
30. Vorsichtsmaßnahme für den Fall, daß der Tierarzt nicht rechtzeitig kommt: Eine 10-cc-Injektionsspritze und eine Ampulle mit Calcium-Glukonat, 10 %ig (Sandoz) sollten bereit sein. Beim ersten Anzeichen einer Eklampsie (s. S. 145) subkutan (unter die Haut) gespritzt, erbringt dieses Mittel eine baldige positive Reaktion!
31. Man untersucht die Welpen gewissenhaft immer wieder auf Anzeichen von Durchfall.
32. Wenn sie krank sind, müssen sie durch die Magensonde mit Yoghurt gefüttert werden.

Kapitel 11:
Geburtsschwierigkeiten

Leider gibt es eine Vielzahl von Komplikationen, die während des Werfens eintreten können. Es ist auch recht schwer, die Grenze zu ziehen, bis wo die Geburt noch normal verläuft und wo die Schwierigkeiten und Komplikationen anfangen. Zum Beispiel wird man bei einigen Rassen Steißlage als

Komplikation bezeichnen, wo sie bei anderen Rassen so häufig vorkommt, daß man sie schon wieder zur Norm zählen muß. Auch eine Steißlage kann durchaus «normal» sein, wenn die Austreibung des Welpen rasch erfolgt, die Hüllen nicht vorher gebrochen sind und somit auch keine Erstickungs-Gefahr für den Welpen besteht. Kommen aber die Füße voran, der Kopf bleibt im Becken stecken und die Eihaut reißt, dann muß der Welpe ersticken. Viele Hündinnen können drei oder vier Würfe ohne die geringsten Schwierigkeiten werfen und dann plötzlich durch eine Fehllage einen Kaiserschnitt brauchen.

Es gibt zwei gegensätzliche Typen von «Geburtshelfern»: Die einen, die buchstäblich einfach dabeisitzen, wenn ihre Hündin in Schwierigkeiten kommt, und nichts unternehmen, um ihr zu helfen. Das ist gemein, vor allem dann, wenn Teile eines Welpen in der Vulva erscheinen und man ihn durch Herausziehen retten könnte und auch der Hündin damit helfen. Der andere Typ ist der «Alles-besser-Wisser», der sich nur zuviel einmischt und weder der Natur, noch der Hündin die Chance gibt, ihrem normalen Lauf oder ihren Instinkten zu folgen, anstatt nur dann helfend einzugreifen, wenn es wirklich notwendig wird. Die besten Leute sind wohl schlicht und einfach die, welche den Mittelweg zwischen beiden finden und sich vom gesunden Menschenverstand leiten lassen.

Im allgemeinen unterscheidet man zwischen Komplikationen bei der Mutterhündin und solchen bei den Welpen. Ich selbst möchte sie lieber einteilen in Komplikationen, gegen die der Züchter selbst etwas unternehmen kann und darf und in die gefährlichen Komplikationen, die unbedingt in die Hände eines guten Kleintierarztes gehören. Man muß sich bewußt sein, daß, wenn ein Welpe in falsche Lage gerät und seine Austreibung zu lang gehemmt wird, die anderen Welpen auch in Gefahr sind und sterben können. Es kommt öfters vor, daß nach einer komplizierten Geburt des ersten Welpen die übrigen Welpen mit nur noch ein paar Preßwehen leicht und mühelos ausgetrieben werden. Im Verhältnis zu der Größe der Geburtswege übergroße Welpen und abnorme Lagen der Welpen sind die weitaus häufigsten Ursachen von Wurfschwierigkeiten. Die übergroßen Welpen trifft man vor allem bei kleinen Würfen oder wo gar nur der eine

Welpe vorhanden ist. Gerade auch ältere Hündinnen haben manchmal große Welpen, weil ihre Würfe kleiner geworden sind. Ferner gibt es nur allzuoft Komplikationen mit den brachycephalen Rassen, wie Pekingesen und Bulldoggen mit ihren übergroßen, breiten Schädeln und ihren schmalen und kleinen Becken. Meist muß man da den Kaiserschnitt schon von Anfang an einplanen. Zweithäufigste Geburtsschwierigkeit ist wohl die Nackenlage eines Welpen, bei der der Kopf eingezogen ist und damit der Nacken des Welpen zuerst am Beckenausgang liegt. So kann der Welpe nicht oder nur unter größter Mühe geworfen werden. Jede Form von Fehllage wird zu Komplikationen führen, deren Diagnose und Behandlung unbedingt dem Tierarzt obliegen.
Eine weitere Schwierigkeit entsteht, wenn zwei Welpen gleichzeitig durch den Beckenausgang zwängen, wo sie eingeklemmt und blockiert werden. Eine sicher eher seltene Komplikation, die ich einmal mit einer Hündin erlebte, war, daß ein Welpe statt in den Geburtskanal in das andere Uterushorn gepreßt wurde.
In allen diesen Fällen kann man die anderen Welpen eines Wurfes nur retten bei frühzeitiger Diagnose und Kaiserschnitt. Leider verliert man dabei meist den Welpen, den man als Ursache bezeichnen muß, dafür dürfen die anderen dann leben.

Abnormitäten bei der Hündin
Einige Abnormitäten sind ererbt oder angeboren. Gelegentlich leidet auch eine Hündin an einer Beckendeformation, welche in der Regel durch Unfall (oder früher auch durch Rachitis) entstanden ist. Letztere ist heutzutage selten geworden, denn eine gut gehaltene und richtig aufgezogene Hündin wird nicht an der «Englischen Krankheit» erkranken. Weit häufigere Schwierigkeiten sind die Folgen der Inertia uteri.

Wehenschwäche
Es gibt zwei Formen von Inertia uteri: Die weit häufigere entsteht, wenn die Welpen zu groß sind. Das geschieht vor allem, wenn bei Rassen, deren Größe man zu schnell hinuntergezüchtet hat, wieder ein großer Welpe im Wurf ist, oder bei kleinen Würfen, wo ja bekanntlich die Welpen fast immer größer sind.

Nach langen, fruchtlosen Wehen wird die Gebärmutter schließlich erschöpft erschlaffen.
Es gibt auch eine Wehenschwäche, die möglicherweise ererbt sein kann und durch Störungen im Hormonhaushalt entsteht. Da sind die Wehen von Anfang schwach, um dann später ganz aufzuhören. Man sollte nicht mit Hündinnen aus Linien züchten, in denen dieser Fehler bekannt ist.
Der Tierarzt kann mit Injektionen eines Mittels (z.B. Callo-Cal-D) zur Unterstützung und Anregung der Wehentätigkeit helfen, und nach etwa 20 Minuten sollten dann die Wehen wieder einsetzen. Sind sie dann noch immer zu schwach, kann die Behandlung wiederholt werden. Vorausgesetzt, daß der Geburtskanal ganz offen ist — und nur dann — darf auch als Wehenmittel ein Hypophysenhormon wie Oxydocin oder Pituitrin gespritzt werden, allerdings nur durch den Tierarzt, oder zumindest auf seine Veranlassung hin. Wird dieses Medikament zu früh gespritzt, also bevor die Geburtswege eröffnet sind, oder zu hoch dosiert, können schwere Komplikationen entstehen. Die Wehen treten 5—20 Minuten nach der Spritze wieder auf, und meist geht dann das Werfen rasch und leicht voran; gelegentlich muß auch noch einmal nachgespritzt werden. Bleiben diese Bemühungen aber erfolglos, muß ein Kaiserschnitt vorgenommen werden. In schweren Fällen von Gebärmutterträgheit kann es vorkommen, daß man für die Austreibung jedes einzelnen Welpen Pituitrin spritzen muß. (Wenn der Uterus aber so stark überbeansprucht worden ist, daß er deswegen erschlafft ist, kann auch dies kaum mehr helfen.) Dieses einerseits wunderbare, aber auch sehr starke Medikament kann, falsch angewendet, auch zum Gebärmutterriß (Uterusruptur) führen, doch wenn ein Züchter mit Verstand und Vernunft agiert und die Hündin nicht länger als zwei, allerhöchstens drei Stunden ohne Hilfe in fruchtlosen Wehen läßt, dürfte dies nie vorkommen.

Primäre Wehenschwäche
Manchmal bricht die Fruchtwasserhülle, und das einzige Anzeichen dafür ist das feuchte Lager. Die Hündin nestet und scharrt zwar und wird oft sogar hecheln, ohne je zu

einer sichtbaren Kontraktion der Gebärmutter zu kommen. Besonders bei Hündinnen, sie schon einmal einen Kaiserschnitt hatten, kann dies eintreten, und da sind häufig Verwachsungen die Ursache. Nun darf man nicht länger als zwei bis drei Stunden auf Wehen warten, dann muß man zum Tierarzt, auch wenn das Fruchtwasser mitten in der Nacht gebrochen ist; denn sonst läuft man Gefahr, Hündin und Welpen zu verlieren.

Resorption der Welpen
Es kommt vor, daß sich befruchtete Eier nicht in der Gebärmutterschleimhaut verankern können und dann absterben. Aus ungeklärten Gründen sterben Föten manchmal auch in der 4.—5. Trächtigkeitswoche noch ab. Hündinnen abortieren solche Föten selten oder nie; sie werden vom Gewebe resorbiert, ohne septisch zu werden. Es kann auch mal passieren, daß bei einem großen, normalen Wurf auch ein Welpe ist, der sich bis zu einem gewissen Wachstumsstadium normal entwickelte und dann vielleicht infolge Nahrungsmangels abgestorben ist. Möglich, daß die Placentas eng zusammengedrückt wurden und sich da einfach eine ablöste. Wenn solche Früchte ausgestoßen werden, haben sie keinen Geruch an sich; sie bersten und fallen auseinander. Föten, die im Anfang der Schwangerschaft absterben, werden normalerweise resorbiert, manchmal aber werden welche mumifiziert, und man entdeckt sie erst bei einem Kaiserschnitt. Bei älteren Hündinnen kann man ab und zu kleinere Klumpen oder Knoten fühlen, die möglicherweise ein «versteinerter» Fötus sein könnten. Ganz selten wird so ein mumifizierter Welpe auch ausgestoßen.

Hernien
Bei einigen Rassen findet man vermehrt angeborene Leistenbrüche, und wenn Hündinnen mit diesem Fehler gedeckt werden, ist es wohl möglich, daß eines der Gebärmutterhörner oder sogar beide in den Bruchsack zu liegen kommen. Ist nun so eine Hündin tragend, muß man den Bruchinhalt jeden Tag sachte mit dem Finger hinaufstoßen, damit kein Welpe in den Bruchsack hineinwächst. Sollte dies aber geschehen, muß die Hündin unverzüglich operiert werden, sonst wird sie sterben.

Geburtshilfe bei Komplikationen

Kleine Extrahilfen
Nach Einsetzen der Preßwehen darf es zwei, höchstens drei Stunden dauern, bis der erste Welpe geworfen wird, sonst muß man den Tierarzt beiziehen. Wenn die Hündin schon vor Ablauf dieser Zeit erschöpft wirkt und die Wehen ganz aufhören, sind dies Anzeichen ernsthafter Schwierigkeiten, und auch dann muß man sofort um tierärztliche Hilfe ansuchen. Manchmal hilft etwas Kognak, einige Tropfen bis zu vier Teelöffel voll, je nach Größe der Hündin. Man mischt den Kognak unter die leicht mit Glukose gesüßte Milch, und die Hündin wird das gerne trinken. Man muß stets versuchen zu helfen, wenn eine Hündin in Nöten ist, vor allem, wenn man einen Welpen schon in der Vulva sehen kann. Oft braucht es bloß eine kleine Unterstützung, die aber den Unterschied zwischen Leben und Tod eines Welpen ausmachen kann. Bei großen Rassen ist das Helfen immer einfacher, als bei den Zwergrassen.
Um helfend einzugreifen, muß man sich vorher die Hände gut mit einer desinfizierenden Seife waschen. (Z.B. pHiso-Hex «Winthrop».) Die Fingernägel müssen kurz und rund geschnitten sein. Im allgemeinen sind Frauenhände, weil sie lang und fein sind, besser geeignet als starke, derbere Männerhände. Ist nun die Hündin nicht fähig, einen bereits sichtbaren Welpen fertig auszustoßen, so hilft man, in dem man einen Finger in die Vagina einführt und ihn zart um den Welpen hakt, am besten hinter dessen Nacken. Wenn die Hündin eine Preßwehe hat, zieht man den Welpen gleichmäßig herunter und hinaus. Dies gibt der Hündin die kleine Extrahilfe, die sie benötigt, um vielleicht den ersten, meist größten Welpen, oder den letzten eines großen Wurfes, wenn sie müde und erschöpft ist, zu werfen. Wenn man weiß, daß der Tierarzt nicht oder erst nach Stunden kommen kann, ist es bestimmt besser, wenn man in der Zwischenzeit selbst zu helfen versucht.

Schwierige Kopflagen
In Fällen, wo der Kopf schon geboren und der Rücken oben ist,

aber der Körper nicht innert Sekunden nachfolgt, sollte man die Eihaut am Mäulchen des Welpen mit der Fingerspitze aufreißen. Es ist besser, wenn der Welpe so schon ein Minimum an Luft erhält, obschon seine Lungen noch unter Druck stehen. Dann faßt man den Welpen sofort am Nacken, gleich hinter dem Kopf, mit Daumen und Zeigefinger, und wenn die Hündin preßt, muß man abwärts und vorwärts ziehen, zwischen die Hinterläufe der Hündin, Richtung Nase, konstant und regelmäßig. Klappt es so nicht gleich, muß man das Köpfchen sachte von einer Seite auf die andere drehen, um damit die Schultern frei zu kriegen. Schaut ein Beinchen oder ein Fuß hervor, zieht man daran vorwärts und hinunter Richtung Schwanz der Mutter. Auch dies hat zum Zweck, die Schultern aus dem Beckenbogen zu befreien. Nachher macht man dasselbe mit dem anderen Bein. Die Schultern stecken oft wie ein Keil im Beckenbogen und müssen einzeln befreit werden. Sind sie gelöst, kann man den Welpen mit korkzieherartigen Drehungen hervorziehen. Dafür ist es oft besser, wenn man den Griff ändert. Mit Hilfe eines weichen Flanell- oder Frottiertuches oder auch von Watte oder Kleenextüchlein faßt man den schlüpfrigen Welpen gut um den schon befreiten Teil und zieht nun sachte und konstant.

Steißlage
Sieht man, daß Schwanz und Hintergliedmaßen im noch intakten Wassersack vorangetrieben werden, muß man diese sofort festhalten, damit sie nicht wieder in die Hündin zurückschlüpfen. In dieser Lage geht es oft um Sekunden, vor allem, wenn die Eihaut schon gerissen ist. Die Füße sind sehr schlüpfrig und bei Zwergrassen dazu noch sehr winzig und so recht schwierig festzuhalten. Schlüpfen sie aber wieder zurück in die Hündin, und die Fruchtwasserblase ist geplatzt oder die Placenta hat sich schon gelöst, vergehen oft kostbare Minuten, bis sie wieder herunterkommen, und unterdessen kann der Welpe ersticken oder ertrinken. Mit Hilfe eines Tuches kann man besser zufassen und kontrollierter ziehen. Man darf, besonders bei den ganz Kleinen, auch die Füßchen nicht zu stark anfassen und abklemmen. Es ist schon vorgekommen, daß jemand einem Wel-

pen im Eifer sogar die Füßchen abgerissen hat! — Größte Umsicht und viel Gefühl sind wichtig. In solchen Situationen darf man auch ziehen, wenn die Hündin nicht preßt, denn wenn der Welpe nicht innerhalb von ein bis zwei Minuten befreit wird, stirbt er. Bei sehr schlechter Lage, oder wenn die Nabelschnur reißt oder sich die Placenta gelöst hat, wird die Blut- und Sauerstoffzufuhr von der Mutter unterbrochen, und der Kleine muß ersticken. In allen Büchern, die ich gelesen habe, heißt es, daß man niemals zwischen den Preßwehen ziehen dürfe. Dies trifft sicher zu bei der Entbindung eines Menschenkindes, denn die äußeren Geschlechtsteile der Mutter können dort sehr leicht reißen. Bei den Hunden aber konnte ich mehrmals einen Welpen retten, weil ich mit oder ohne Preßwehe gezogen habe, und nie wurde dabei etwas verletzt. Welpen sind erstaunlich stark und können sehr viel Druck und Zug aushalten, aber dieser muß langsam, konstant und in der korrekten Richtung erfolgen, also abwärts und vorwärts gegen die Nase der Hündin. Bei Steißlage hat man wirklich kaum eine Alternative, um den Welpen zu retten, und es ist sicher auch besser für die Hündin, einen kurzen und starken Schmerz zu erleiden, anstatt sich zu ermüden und fruchtlos abzuquälen, um dann schließlich einen toten Welpen zu gebären. Vor allem bei großen Welpen in Steißlage und dann, wenn die Fruchtblase gebrochen ist, muß man den Geburtsweg wieder schlüpfrig machen, in dem man ein wenig Paraffinöl in die Scheide spritzt. Auch das Aufstellen der Hündin und Abstützen ihres Bauches durch eine zweite Hilfsperson kann die Prozedur des Herausziehens unterstützen. Meist muß man Welpen, die auf so schwere Weise geboren wurden, mit etwas Kognak und mit künstlicher Beatmung wiederbeleben.

«Bauch-nach-oben-Lage»
Diese verkehrte Lage eines Welpen ist viel gefährlicher als die Steißlage. In der Regel ist der Rücken des Welpen gegen den Rücken der Hündin gerichtet, damit er die Biegungen des Beckens und der Geburtswege besser mitmachen kann. Sieht man also, daß ein Welpe mit dem Bauch nach oben liegt, muß man unbedingt versuchen, ihn zu drehen. Zuerst spritzt man

Paraffinöl in die Vulva, womit auch der Welpe noch schlüpfriger wird. Nun dreht man ihn vorsichtig in die Normallage, aus der er dann meist leicht ausgetrieben wird. Auch wenn ein Welpe nur halbwegs abgedreht erscheint, ist es besser, ihn in die richtige Lage zu drehen, damit er leichter geworfen wird.

Nacken- oder Hinterhauptslage
Gelegentlich liegt der Kopf falsch, auf die Brust gedrückt, die Nase nach unten gerichtet; da kann der Welpe nur schwer oder gar nicht ausgetrieben werden. Man muß versuchen, den Kopf in die richtige Stellung zu bringen, indem man den Welpen so zurück in die Scheide schiebt, daß der Kopf freikommt und dann mit der Nase voraus aus der Vulva treten kann.
Doch dies gehört nun wirklich in die Hände des erfahrenen Tierarztes. Ein Laie kann da kaum mehr wissen, was zu tun ist.

Toter Welpe
Wenn man sieht, daß ein Welpe offensichtlich tot ist, wartet man ein paar Minuten, um zu sehen, ob ihn die Hündin mit der nächsten guten Preßwehe austreibt; dabei kann man ihr dann mit gleichzeitigem Ziehen helfen. Vielleicht muß man die Hündin noch mit einem Wehenmittel unterstützen. Der tote Welpe muß schnellstens befreit werden, damit die anderen Welpen nicht auch noch gefährdet sind!

Wenn kein Tierarzt erreichbar ist
Wenn eine Hündin wirklich in Not und kein Tierarzt zu erreichen ist, was besonders in großen Ländern mit weiten Distanzen oder sehr abgelegenen Gegenden vorkommen kann, muß der Züchter Nothilfedienste verrichten, die er unter normalen Umständen niemals von sich aus machen dürfte und sollte.
Dazu muß man aber betonen, daß man unter gar keinen Umständen zu irgendwelchen Instrumenten greifen soll. Diese gehören nur in die Hand eines Tierarztes; denn bei einem Laien ist die Gefahr zu groß, daß die Fortpflanzungsorgane der Hündin verletzt werden könnten.
Nach zweistündigen, erfolglosen Preßwehen kann es notwendig

werden, daß man feststellt, wie die Dinge stehen. Die eine Hand legt man unter den Bauch der Hündin, den Daumen auf der einen, die Finger auf der anderen Seite, und versucht mit den Fingern zu tasten, ob der erste Welpe schon im Beckeneingang liegt. Zwischen Daumen und Fingern kann man recht gut fühlen, ob er in Kopf- oder Steißlage ist. Mit der anderen Hand fühlt man zwischen Schwanz und Scham, ob eine Verhärtung zu fühlen ist, was bedeuten würde, daß der Kopf schon durch das Becken ausgetreten ist. In Ausnahmefällen führt man bei Zwergrassen den kleinen, bei großen Rassen den Mittelfinger (mit kurzgeschnittenen Nägeln) in die Scheide ein. Vorher bestreicht man die Finger mit antiseptischer Salbe. Wenn man dann vorsichtig nach vorne tastet, kann man möglicherweise das Mäulchen fühlen, das sich vielleicht sogar öffnet, als wollte er saugen. Damit kann man sich der korrekten Lage versichern. Dies ist aber für die Hündin sehr unangenehm und dazu wegen der Infektionsgefahr sehr gefährlich, und ich kann nicht genug betonen, daß dies nur unter außergewöhnlichen Umständen gemacht werden darf. Es kann aber sein, daß diese Untersuchung zusammen mit leichter Massage der Bauchdecke die Wehentätigkeit neu auslöst und verstärkt und damit die Austreibung des langerwarteten Welpen ausgelöst wird. Wenn man weit ab vom Tierarzt züchtet, wäre es sicher von Nutzen, wenn man sich das Spritzen von Wehenmitteln zeigen und die genaue Dosierung erklären lassen würde und es dann mit dem Segen des Tierarztes im Notfall selber tun könnte.

Zurückbleiben eines Mutterkuchens
Dies ist ein nicht seltenes Vorkommnis, besonders bei Hündinnen die während des Werfens zu wenig genau beobachtet wurden. Es ist meist die letzte Placenta, die in einem der Uterushörner zurückbleibt. Im Zweifelsfall lasse man die Hündin vom Veterinär untersuchen, der ihr eventuell eine Injektion mit Pituitrinextrakt machen wird, um erneute Wehen hervorzurufen. Dies ist fast immer erfolgreich, und die Nachgeburt wird ausgestoßen. Meist verschreibt der Tierarzt dann noch ein Antibioticum, um die Gefahr einer Sepsis abzuwenden, die sonst sehr schnell eintreten und der Hündin gefährlich werden kann.

Zurückbleiben eines Welpen
Es ist recht schwer zu erkennen, ob der Wurf beendet ist. Sofort nach der Geburt eines Welpen kann man es beim Abtasten des Bauches meist fühlen, wenn noch ein Welpe in einem Uterushorn geblieben ist. Doch schon wenig später füllt sich die Gebärmutter wieder auf und wird weich, und dann ist es sehr schwer, die Gegenwart eines weiteren Welpen zu fühlen. Noch später zieht sich die Gebärmutter stark zusammen und verkleinert sich um die Hälfte, und da kann man sie selber mit einem Welpen verwechseln. Daß es sehr schwierig ist, einen verbliebenen Welpen zu ertasten, beweisen mir bekannte Fälle, wo man an Hündinnen noch einen Kaiserschnitt vornahm, nachdem sie sechs oder sieben Welpen geworfen hatten, nur um die Uterushörner doch leer zu finden. Für eine Hündin ist es bestimmt eine enorme Strapaze, wenn sie sich nach den Anstrengungen eines großen und dann ja meist schweren Wurfs noch einer Operation unterziehen muß. Doch die Gefahren, die ihr mit einem zurückgebliebenen Welpen drohen, sind weit schwerwiegender.
Es kann auch passieren, daß sich eine Hündin nach dem Welpen gesund und munter zeigt, und auch ihre Temperatur ist nicht außergewöhnlich erhöht — führt man sie dann aber hinaus zum Versäubern, stellt man fest, daß sie preßt, als wäre sie verstopft. Sollte sie weiter so pressen, ist sie wahrscheinlich noch nicht «leer», und man muß den Tierarzt sofort aufsuchen. Wenn dort die bestimmt gespritzten Wehenmittel erfolglos bleiben, kann nur noch ein Kaiserschnitt vorgenommen werden. Zurückgebliebene Welpen sind ja tot, meist länger als 24 Stunden, und werden sofort zur Infektionsgefahr. Je länger der Zustand anhält, um so kränker wird die Hündin, und ihre Körpertemperatutr steigt rapide an. Auch eine im Uterus verbliebene Placenta kann dieselben Symptome hervorrufen und gleich gefährlich sein. Selbst wenn diese «Fremdkörper» entfernt wurden, ist die Hündin nachher noch sehr krank, und ihre Welpen müssen von ihr getrennt und von Hand aufgezogen werden, wenigstens bis das Fieber gesunken ist. Es gibt viele bekannte Fälle, wo Hündinnen noch sechs Wochen nach der Geburt verkalkte Teile oder ganze verkalkte Welpen ausstießen. Alle

diese Hündinnen waren schwer krank, und viele mußten sogar eingeschläfert werden. Wenn die Hündin genau überwacht, vom Tierarzt nachuntersucht und ihr im Zweifelsfall Pituitrinextrakt eingespritzt worden ist, sollte der tragische Verlust einer Hündin durch diese Ursachen wirklich vermieden werden können. Ich kann nur nochmals wiederholen, wie wichtig es ist, die Hündin auch nach dem Werfen gut zu beobachten.

Geburtsgeschwächte Welpen
Welpen, die unter schwierigen Bedingungen geworfen werden, kommen oft sehr mitgenommen zur Welt. Manche sind zwar recht munter, erscheinen aber mit einer typischen dunkelgrünen Flüssigkeit bedeckt, die einen unverkennbaren Geruch verbreitet. Das zeigt an, daß sie ihren Darm «unterwegs» entleert haben, was bezeichnend ist für den Streß, dem sie unterworfen waren. Andere Welpen sind beinahe blau, vor allem an Schnauze und Pfoten, weil sie unter Blut- und Sauerstoffmangel leiden. Sie können aber wiederbelebt werden, wenn man sofort handelt. Sind sie jedoch ganz schlaff und weiß, besteht nur noch wenig Hoffnung auf ihr Überleben. Es gibt aber viele Geschichten über neugeborene Welpen, die schon als hoffnungslos verloren zur Seite gelegt wurden und dann plötzlich doch ganz lebendig strampelten. Man sollte keinen Welpen abschreiben, bevor man nicht mindestens 5 Minuten lang Wiederbelebungsversuche gemacht hat.

Wiederbelebungsversuche am Welpen
Der normal geworfene Welpe schnappt ein oder zwei Mal nach Luft, fängt an zu schreien und atmet nachher normal. Welpen aber, die unter großen Schwierigkeiten geboren wurden, sehen oft sterbenselend aus und leiden unter starker Atemnot. Auch durch das zu frühe Ablösen der Placenta entstehen Komplikationen, weil die Sauerstoffzufuhr für den Welpen vorzeitig unterbrochen wurde. Diese Welpen sind besonders schlapp; sie erscheinen doppelt so lang wie normal, sind dünn und flach und bewegen sich kaum. Wenn man sie sofort behandelt, haben sie aber eine Überlebenschance. Auch wenn ein Welpe normal atmet und schreit, sollte man jeden im Genick unterstützen und

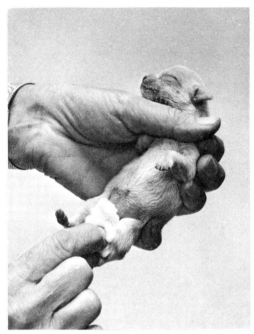

Abb. 19. Eine Woche ist dieser verwaiste Welpe schon alt: die Züchterin ersetzt die Zunge der Mutter durch einen feuchten Wattebausch, um den Kleinen zum Wasserlassen anzuregen. Text s.S. 176/183.

ihn dann kopfabwärts einmal kurz schütteln, um Schleim und eventuelles Fruchtwasser aus seinen Atemwegen zu entfernen. Diese Methode wenden wir als ersten Schritt auch bei den beim Werfen geschädigten Welpen an. Das Mäulchen muß geöffnet werden, was oft schon genügt, um einen tiefen Atemzug auszulösen. Will der Kleine dann noch immer nicht atmen, legt man ihn auf den Rücken und gibt ihm unter den Rippen ein paar Schläge mit einem kalten, nassen Tuch, man kann ihn auch mit kaltem Wasser anspritzen. Ein Tröpfchen Kognak auf seine Zunge oder ein Hauch Riechsalz oder Salmiak, den man auf etwas Watte tröpfelt, können sehr belebend wirken. (Vorsicht! Mit zu starker und zu häufiger Anwendung erreicht man das Gegenteil!) Das Tierchen wird den Kopf schütteln, seine Nase

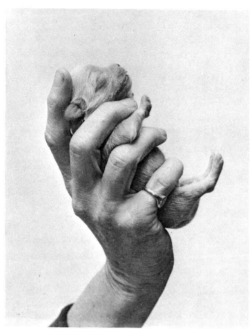

Abb. 20. So beginnt eine Methode, die einen neugeborenen Welpen zum Atmen anregen soll: Er wird in einer Hand (Kopf abstützen!) zuerst hochgehoben...

rümpfen und vielleicht sogar einen schwachen Schrei von sich geben. Man kann es auch stimulieren, indem man seine Haare gegen den Strich massiert, während man es, Kopf nach unten, in der Handfläche hält. Die Vorderläufe werden vorwärts und rückwärts bewegt, Brust und Bäuchlein massiert. Wenn die Luftwege blockiert bleiben, deckt man Nase und Maul des Welpen mit seinem eigenen Mund zu und legt dabei den Kopf nach hinten. Den Kopf des Welpen hält man abwärts und saugt und spuckt dann die leicht süßliche Flüssigkeit aus, die seine Atmung blockierte. Der Welpe muß solange angeregt werden, bis sein Herz richtig zu schlagen anfängt — dann ist die Krise meist überwunden. Eine weitere Methode besteht darin, den Welpen mit

Abb. 21. ... dann hält man ihn kopfunter. Beim Hochheben fielen die inneren Organe nach unten und schufen ein Vakuum in den Lungen — nun drücken sie nach oben und helfen ein Ausatmen einleiten.

sehr warmen Tüchern abzureiben, ihn danach in beiden Händen hoch über den Kopf zu halten und dann hinunter zwischen die Beine zu schwingen. Aufgepaßt, daß der oft noch schlüpfrige Welpe dabei nicht aus der Hand gleitet und zu Boden fällt!
Eine weitere Möglichkeit gibt es, nach der man den Kleinen an den Hintergliedmaßen hochhält, Kopf nach unten, damit die Bauchorgane in Richtung Lunge gedrückt werden und dort Druck anbringen. Nachher hält man den Welpen wieder aufrecht, und der Bauchinhalt fällt wieder an seinen Platz zurück. Mit dem ersten Vorgehen wird ein Vakuum in der Lunge erzeugt, welches, wenn der Druck wegfällt, durch das Wiederaufstellen des Welpen, Luft in die Lunge saugt. Diese Prozedur

sollte zwanzigmal in der Minute wiederholt werden, bis der Welpe von alleine gut atmen kann.
Es gibt Züchter, die die Welpen bis zum Hals abwechslungsweise in sehr kaltes und in sehr warmes Wasser tauchen. Ich mag diese Methode aber nicht. Man kann den Welpen auch von einer Hand in die andere fallen lassen, in der Hoffnung, daß ihn das Gefühl des Fallens dazu bringt, nach Luft zu schnappen.

Mund-zu-Mund-Beatmung
Auch dies ist ein Weg, einen schwach atmenden, schlappen Welpen zu beleben. Es ist aber nicht immer erfolgreich, weil es bei den Kleinen sehr schwer ist, nicht auch gleichzeitig Luft in den Magen zu blasen; und Luft im Magen würde wiederum den Welpen daran hindern, richtig zu atmen. Kein Welpe kann richtig atmen, bevor sein Gehirn mit Sauerstoff versorgt ist, weil ohne dessen Impulse weder Atmung noch Zirkulation automatisch einsetzen können.
Da neugeborene Welpen praktisch keine Eigenwärme haben, muß ihnen möglichst viel Wärme von außen zukommen. Während künstliche Beatmung ausgeführt wird, muß der Welpe warm gehalten werden. Sind die Hände des Helfers nicht sehr warm, kann man den Kleinen in warme Tücher einwickeln, die durch einen zweiten Helfer ausgewechselt werden, wenn sie erkalten.
Es ist schon so, daß meistens der erste Welpe eines Wurfes in Schwierigkeiten kommt, und es kann passieren, daß er geopfert werden muß, damit man, besonders bei Zwerg- und brachycephalen Rassen, den weiteren Welpen helfen kann, vor allem wenn der Züchter alleine mit der Hündin ist.

Kaiserschnitt
Der Eingriff ist heutzutage, wo die Anaesthesiemethoden so verbessert sind, meistens erfolgreich und wird die Hündin weniger belasten als stundenlange, fruchtlose Wehen. Wird der Kaiserschnitt ausgeführt, wenn die Hündin noch relativ frisch und stark ist, besteht kaum ein Risiko, daß sie ihn nicht überlebt. Die Operation ist bei Zwergrassen wohl etwas gefähr-

licher, und es kommt nicht selten vor, daß solch kleinste Hündinnen gleich nach Beginn der Narkose, während oder gegen Ende oder sogar noch nach der Operation in Schock verfallen. Eine weitere Komplikation sind Blutungen, die meist tödlich ausgehen. Im großen und ganzen ist der Eingriff aber erfolgreich und für die Hündin schließlich besser als stundenlanges, erfolgloses Leiden. — Welpen sind gewöhnlich kräftiger, wenn sie durch Kaiserschnitt auf die Welt kommen. Gründe für die Operation sind, wie schon erwähnt: abnorm große Welpen, falsche Lage eines Welpen, Deformationen des Beckens, Gebärmutterträgheit (Wehenschwäche). Bei totalem Wehenausfall ist ein Kaiserschnitt unerläßlich, um die Hündin zu retten.
Der Großteil der Hündinnen erwacht aus der Narkose, kaum ist der letzte Nadelstich gesetzt. Man legt sie in vorgewärmte Tücher an einen zugfreien Platz; es ist bestimmt besser, wenn man ihre Welpen vorläufig an einem anderen Ort warmhält, damit sie sich im Halbschlaf nicht auf ein Kleines legt oder eines tritt. Blutungen und Schock sind die schlimmsten Gefahren bei einem Kaiserschnitt; Sepsis kann ebenfalls eintreten, wird aber heute mit Hilfe der Antibiotica schon präventiv verhindert.
Die Welpen haben oft etwas Mühe mit der Atmung, weil sie durch die Mutter auch etwas von der Narkose abgekriegt haben. Da darf man nicht zu schnell aufgeben; die meisten können erfolgreich wiederbelebt werden. Gut ist es, eine Placenta aufzuheben, um sie über die Welpen zu streichen, bevor man diese dann der ganz erwachten Hündin bringt. Man gibt ihr einen Welpen nach dem anderen zum Lecken und setzt ihn dann an eine Zitze, wobei man die Hündin gut beobachtet, besonders eine erstmals werfende, um sicher zu gehen, daß sie ihre Kinder auch akzeptiert hat. Es kann ein richtiger Schock sein für eine junge Hündin, wenn sie zu sich kommt und sich umgeben von so kleinen wimmernden Wesen sieht. Man kann es ihr kaum verdenken, daß sie erst nicht ganz verstehen wird, woher diese kommen und wie ihr geschehen ist. Doch mit etwas Ermutigung werden die meisten Hündinnen ihre Welpen annehmen. Es gibt aber auch Rassen, bei denen die Welpen nach Kaiserschnitt nie angenommen werden.
Je mehr die Welpen saugen, um so rascher wird sich die Gebär-

mutter zusammenziehen, was sehr wichtig ist. — Die Hündin wird auf leichte Diät gesetzt. Da sie sich kaum bewußt ist, daß sie eine Wunde hat, muß der Züchter aufpassen, daß sie sich, vor allem wenn sie zum Versäubern ausgeführt wird, nicht verletzt, sie will ja schleunigst wieder zurück zu ihren Kleinen rennen auch nach der Operation saugen, obschon dies doch sicher schmerzhaft ist. Bis die Hündin wieder bei vollen Kräften ist, hinunterspringt — das wäre sehr gefährlich. Die Wunde heilt stets überraschend schnell und hinterläßt meist kaum eine Narbe. Die Fäden werden für gewöhnlich nach 9—10 Tagen entfernt. Natürlich muß die Wundnaht täglich kontrolliert werden. Dabei kann man gelegentlich um einen Stich eine leichte Ausbuchtung feststellen, die aber erst ärztliche Hilfe braucht, falls sie entzündet aussieht.

Hündinnen sind wirklich gut und duldsam und lassen ihre Kleinen auch nach der Operation säugen, obschon dies doch sicher schmerzhaft ist. Bis die Hündin wieder bei vollen Kräften ist, sollte man bei einem großen Wurf vielleicht mit etwas Zufüttern nachhelfen.

Ein Kaiserschnitt schädigt die Zuchtqualitäten einer Hündin keineswegs. Beim nächsten Mal kann alles ganz normal verlaufen. Allerdings ist zu empfehlen, daß man sie wenigstens eine Hitze aussetzen läßt. Da jede Operation auch Verwachsungen mit sich bringt, ist es sicher besser, wenn die Hündin nach einem eventuellen zweiten Eingriff nicht mehr zur Zucht gebraucht wird. Rassen wie Bulldoggen, Pekingesen, Boston-Terriers sind durch ihre breiten Schädel geradezu prädestiniert für Kaiserschnitt, ebenso die kleinsten Zwergrassen, wo die Hündin nur bedingt über die physischen Kräfte für eine normale Geburt verfügt und viel zu rasch ermüdet. Auch Hündinnen, die zu wenig Bewegung haben und dazu noch überfüttert werden, sind kaum in der Kondition, normal einen Wurf zu produzieren.

Es sind auch Fälle bekannt, wo die Hündin, meist durch einen Unfall, wenige Tage vor der Geburt umkam und ihre Welpen mit Kaiserschnitt noch alle lebend geborgen werden konnten.

Komplikationen nach der Geburt
Eklampsie. Dies ist eine der häufigsten Komplikationen nach der Geburt. Sie wird wahrscheinlich ausgelöst durch eine Stoffwechselstörung und ein Absinken des Kalziumspiegels. Die exakten Ursachen sind noch unbekannt. Bei uns nennt man Eklampsie auch «Milch-Fieber».
Sie kann wenige Stunden vor dem Werfen auftreten, gelegentlich drei Tage später, weitaus am häufigsten aber drei bis vier Wochen nach der Geburt. Die letztgenannten Fälle sind zwar etwas weniger schwer, dafür brauchen die Hündinnen länger, um sich zu erholen.
Symptome: Zunehmende Unruhe und Nervosität. Untertemperatur und vielleicht Erbrechen. Starrer Blick, Steifheit in den Bewegungen, Verengung der Lidspalte, Hecheln; Zuckungen im Gesicht und eventuell an den Gleidmaßen sind schon Zeichen des fortgeschrittenen Stadiums. Bei schwerem Weiterverlauf tritt teilweise Bewußtlosigkeit ein, es treten Krämpfe im Gesicht und am Körper auf, die Hündin kann sogar aus dem Mund schäumen, die Pupillen sind stark vergrößert. Der ganze Zustand des Tieres sieht höchst bedrohlich aus.
Behandlung: Wenn bei den Frühsymptomen sofort behandelt wird, muß es nie zu einer Bewußtseinsstörung kommen. Bei einem schweren Anfall spritzt der Tierarzt sofort Kalzium in eine Vene, was eine sofortige Besserung zur Folge hat. Man kann das Kalzium auch unter die Haut spritzen. Die Wirkung tritt dann nicht so schlagartig ein, dafür hält sie aber länger an. Wenn kein Tierarzt erreichbar ist, kann man vielleicht einen Arzt oder eine Krankenschwester etc. bitten, dem Hund eine Injektion mit 10%igem Kalzium «Sandoz» zu machen. (Die Dosierung: 10 ml auf 6—10 kg Körpergewicht.) In schweren Fällen wird der Tierarzt noch ein krampflösendes und beruhigendes Mittel verschreiben, zum Beispiel 1/2—1 Kinderzäpfchen Spasmo-Cibalgin oder Buscopan, oder bei vollem Bewußtsein des Tieres auch 1/4—1/2 Tablette Belladenal. Zur Weiterbehandlung fährt man während der nächsten Wochen fort, der Hündin z.B. Calcium-D-Redoxon-Tabletten (Roche) oder Calcibiose (Danelsberg) zu verabreichen. Es wird auch vermutet, daß diese Eklampsie- oder Tetanieanfälle teilweise durch die Verwurmung

der Welpen ausgelöst werden, das heißt durch eine Wurmtoxikose. Deshalb sollte man gleichzeitig auch sofort die Welpen entwurmen, falls dies noch nicht gemacht wurde. Wenn man die Welpen periodisch entwurmt, kann es wohl möglich sein, daß man Eklampsie überhaupt nie zu sehen kriegt.
Ich selbst habe in meiner Zucht noch keinen Fall erlebt, wahrscheinlich, weil die meisten meiner Hündinnen nur kleine Würfe bringen und damit nie so ausgebraucht werden, mit höchstens vier Welpen. Dann könnte es auch sein, weil ich bei den meisten Tieren meiner Zwergrassen ohnehin Geburtsschwierigkeiten habe und daher für gewöhnlich allen Hündinnen vor der Geburt schon Injektionen mit Callo-Cal-D mache, um die Wehentätigkeit zu unterstützen. Dies kriegen sie vor dem Milcheinschuß nochmals nachgespritzt.

Metritis (Gebärmutterentzündung).
Sie entsteht häufig nach einer arg verlängerten Geburt, durch das Zurückbleiben einer Placenta oder von Eihüllen (vor allem des letzten Welpen), und auch durch Erkältungen. Sie tritt innerhalb einer Woche nach der Geburt auf. Die Scham ist geschwollen, und die Hündin hat Schmerzen. Die Körpertemperatur ist erhöht, der Puls beschleunigt und die Hündin liegt da mit aufgezogenem Rücken in großen Schmerzen. Aus der Scheide fließt ein fast grauweißer Ausfluß — Eiter. Oft muß die Hündin erbrechen, die Milchproduktion geht rapide zurück, und so gibt es auch ziemlich sicher Schwierigkeiten mit den Welpen.
Wenn eine Metritis nicht sofort behandelt wird, geht die Hündin ein. Sofortige gute Pflege und Behandlung mit Antibiotica ist sehr wichtig. Der Uterus muß gespült werden und alle Anweisungen des Tierarztes genaustens befolgt. Die Welpen werden von der Mutter getrennt und müssen einer Hundeamme übergeben werden oder von Hand aufgezogen, wobei die Fütterung mit der Sonde (s. S. 184) bestimmt die beste Methode wäre.

Mastitis (Brustdrüsenentzündung). Eine Komplikation, die bei Hündinnen mit Milchüberschuß vermehrt vorkommt. Die Milch staut sich in den Drüsen, wenn zu wenig oder zu schwache Welpen saugen. Es passiert auch, wenn Welpen eine oder mehrere Zitzen überhaupt nicht ansaugen, weil weniger prall gefüllte leichter zu leeren sind. Mastitis kann auch durch eine Bakterieninfektion entstehen. Der Tierarzt behandelt den Zustand mit Antibiotica und schmerzstillenden Mitteln. Das Leiden könnte oft vermieden werden, wenn man die Hündin täglich kontrolliert und sofort einen Welpen ansetzt, wenn eine Zitze hart erscheint. In schweren Fällen wird die Zitze mit warmem Öl massiert und die Milch nachfolgend abgepumpt, damit das Gesäuge wieder weich wird. Essigsaure Tonerdesalbe ist, spärlich angewendet, auch sehr gut.

Prolaps (Vorfall). Der Vorfall eines Gebärmutterhorns oder der Scheide ist glücklicherweise recht selten bei Hündinnen; aber falls es doch vorkommt, muß man sofort zum Tierarzt gehen. Überhaupt ist es doch immer besser mit dem Tierarzt Kontakt aufzunehmen, wenn die Hündin irgendwie krank scheint. Ein Telephonanruf oder eine Konsultation lohnt sich haushoch, wenn man damit vielleicht das Leben einer Hündin und das ihrer Welpen retten kann. Es ist so traurig, daß man vieles erst durch eine negative oder gar tragische Erfahrung lernen muß.

Kapitel 12: Die ersten Wochen der Welpen

Neugeborene Welpen
Man muß sich bewußt sein, daß der Geburtsakt an sich für das System des Welpen einen ziemlichen Schock bedeutet. Dies gilt vor allem nach einer langen und schweren Geburt, wo der Welpe gleich von zwei Gewalten unter Druck genommen wurde; einerseits die starken Muskelkontraktionen, die ihn austreiben wollten, und anderseits die Knochenstruktur, die ihn am Hinausrutschen hinderte. Bis zu dem Zeitpunkt war das Hundekind ja wohl behütet, geschützt und genährt worden. Nun braucht es etwas Zeit, um sich an diese «kalte Welt» zu gewöhnen, in die

es so hart hineingestoßen wurde. Starke, gesunde Welpen aber haben da kaum Probleme.

Gleich nach der Geburt wird der Welpe von seiner Mutter trocken geleckt, herumgeschoben und dabei oft ziemlich hart angefaßt. Damit soll seine Zirkulation angeregt, die Atmung in Gang gebracht und er auch zum Ablassen von Urin und Stuhl angeregt werden. Neugeborene Welpen sind völlig blind und haben geschlossene Augen. Auch die Ohren sind ganz zu, und so reagieren sie auch auf Töne überhaupt nicht. Es ist auffallend, daß Hündinnen logischerweise ihre Jüngsten niemals rufen, da diese ja taub sind. Der Welpe reagiert aber sehr stark auf Kälte oder Schmerz und kann auch fühlen, wenn man ihn berührt. Er hat noch kaum eine Eigenwärme, vor allem nicht in den ersten Tagen, und wird daher sehr rasch zu kalt, oder unter der Lampe zu warm. Beide Extreme sind gefährlich und können tödliche Folgen haben.

Ein neugeborenes Hundekind kann alle seine Glieder bewegen. Es kann den Kopf drehen, es kann über kurze Distanzen kriechen und recht genüßlich saugen. Es hat auch schon den Geschmacksinn, weiß wunderbarerweise sofort, wo es die Zitzen finden wird, und erreicht sie auch bald, wenn es nicht über eine zu große Distanz zur Mutter krabbeln muß. Vorausgesetzt, daß dem Welpen weder zu heiß noch zu kalt ist und er sich wohl fühlt, wird er auch bald einschlafen, bis er durch Berührung oder Bewegung geweckt wird. Die Hündin leckt die Kleinen immer wieder, um sie zu stimulieren, damit sie beim Erwachen sofort Hungergefühle registrieren und nach der Milchquelle suchen. Ist der Welpe in einer Ecke und die Hündin in einer anderen Ecke einer großen Wurfkiste, kann er selbst die Mutter niemals finden. Es hat weder den Instinkt noch die nötige Kraft dazu. Daher darf die Wurfkiste nie zu groß sein.

Erste Untersuchung der Welpen
Sämtliche Welpen müssen zuerst mal von Kopf bis Fuß untersucht werden, vor allem auf anatomische Mängel und Fehler. Man muß sich versichern, daß keine Hasenscharte da ist, und öffnet das Mäulchen, um auch die Gaumenspalte ausschließen zu können, die oft mit der Hasenscharte zusammen vorkommt. Dann die

Extremitäten, die genaue Anzahl der Zehen, ob Afterklauen vorhanden sind und kein Klumpfuß. Auch die Bauchgegend wird auf Anzeichen eines Bruches und dann schließlich die Rute auf Mißbildungen und Fehler untersucht.
Tiere mit schweren Erbfehlern und Mißfarben müssen getötet werden, wobei man aber erwähnen muß, daß es intrauterinen Pigmentstop gibt, der nach Tagen oder Wochen und sogar nach Monaten nicht oder kaum mehr sichtbar sein wird, wie weiße Brustflecken, weiße Pfoten und Krallen, rote Nasen. Noch eine Warnung für Anfänger, die schon ganze Würfe prächtiger Welpen als vermeintliche Produkte einer Mésalliance getötet haben, weil die Welpen weder dem Vater noch der Mutter glichen: Bei manchen Rassen ist die Farbe bei der Geburt ganz anders als sie später aussehen wird. Yorkshire Terriers werden z.B. schwarz geboren, Dalmatinerbabys sind ganz weiß (ihre Flecken erscheinen erst nach ein paar Wochen), und in einigen Rassen, die reinfarbig sein sollten, zeigen die Welpen weiße Stichelhaare, die mit dem neuen Haarkleid bald ganz verschwinden. Es sind sogar Fälle von ganz unwissenden Anfängern bekannt, die eine Rasse mit kupierten Ruten züchten wollten und dann erschraken, wenn alle Welpen mit langen Schwänzen zur Welt kamen. Wenn nicht eine ganz offensichtliche Missbildung besteht, zeigt man den Nachwuchs besser einem Tierarzt oder einem erfahrenen Züchter, bevor man einen Welpen oder gar einen ganzen Wurf tötet. Auch Welpen mit sehr schwachen Gliedmaßen, welche sich nach allen Seiten biegen, können später noch zu kräftigen Tieren heranwachsen.

Unerwünschte Welpen
Welpen müssen aus verschiedenen Gründen abgetan werden. In vielen Ländern und bei Spezialklubs gibt es Zuchtvorschriften, wo zum Beispiel die Zahl der Welpen pro Wurf zwingend (meist auf sechs) limitiert ist. (In England herrscht da noch völlige Freiheit.) Die überzähligen Welpen müssen getötet werden. Es gibt auch Züchter, die bei großen Würfen die Welpenzahl dezimieren, weil sie es für die Gesundheit der Hündin und auch für die Aufzucht der Welpen besser finden. (Wie wär's mit einer Amme?) Es wird sogar gemacht aus Angst, daß man die Wel-

pen nicht verkaufen könne und weil man befürchtet, daß die vielen Welpen den Profit wegfressen würden. Wo nur kommerzielle Begründungen vorliegen, finde ich dies verwerflich. Natürlich soll man keine Welpen mit schweren Erbfehlern und Mißbildungen leben lassen. Jedem Tierfreund wird aber dieser Gang zum Tierarzt schmerzlich sein. Der Tierarzt wird die Tierchen fachgerecht und schmerzlos einschläfern — das ist bestimmt die beste Methode, wenn es doch sein muß. Es gibt Züchter, die tauchen ihre Welpen in warmes Wasser, wo man sie vier bis fünf Minuten lang ganz untergetaucht halten muß. Unter keinen Umständen darf man die Welpen dazwischen auftauchen und nach Luft schnappen lassen um sie dann erneut unterzutauchen! Diese Methode, unmittelbar nach der Geburt angewendet, dürfte den Welpen wohl kaum leiden lassen.

Hasenscharten
Sie werden durch Rezessiv-Gene vererbt, ohne sich nach einem festgelegten Erbgang zu richten. Einige Rassen werden vermehrt davon betroffen, speziell Zwergrassen der kurzköpfigen Arten, sowie auch Bulldoggen. Es ist eine Fehlformation der Oberlippe und tritt häufig mit einer Gaumen-Spalte auf. Wenn die Fehlbildung nicht schwer ist, fällt den Welpen das Saugen schwer; aber in ernsten Fällen können sie weder richtig schlucken noch saugen und müssen sterben. Die Milch wird nicht hinuntergeschluckt, sondern kommt durch die Nase, schäumend, gleich wieder zurück. Diese Deformation kann gleich nach der Geburt festgestellt werden, und solche Welpen sollte man dann auch sofort einschläfern. In nur leichten Fällen kann man die Welpen aufziehen und später erfolgreich operieren. Ich möchte dies aber nicht empfehlen. Es besteht doch kein Mangel an guten Hunden, und im Interesse der Rasse verwendet man Zeit und Geld bestimmt besser an einen gesunden Welpen.

Gesunde Welpen
Sie schreien selten oder nie. Sie schlafen fest zwischen den Mahlzeiten und sind so zufrieden, daß sie beinahe schnurren. Sie fühlen sich warm an und prall, ihre Bäuchlein sind rund,

ihre Bewegungen kräftig, und auch ihre Stimme ist lautstark, wenn sie aus Protest schreien, zum Beispiel wenn sie vom Geschwister von der Zitze verdrängt werden oder sonst zu wenig Milch erhalten.

Säugen
Welpen werden mit einem starken Sauginstinkt geboren, und man weiß, daß sie ihn schon in der Gebärmutter haben, lange bevor sie geworfen werden. Wenn man einen Finger in das kleine Mäulchen steckt, wird sofort daran gesaugt, bis der Welpe merkt, daß es fruchtlos ist. Steckt man den Finger gleich darauf nochmals rein, wird er kaum mehr saugen, weil er schnell gemerkt hat, daß es da nichts zu holen gibt. Anfänglich ist die Saugkraft eher schwach, und der Welpe nimmt noch nicht die ganze Zitze ins Maul. Er macht eher schwache Schmatzgeräusche. Doch es dauert nicht lange, bis das Saugen stärker wird, man sieht, wie sich die kleine rote Zunge um die Zitze schlägt. Wenn man genau beobachtet, kann man zählen, daß der Kleine so etwa jede halbe Sekunde Muttermilch schluckt, die man in der ersten Zeit Kolostrum nennt. Der Welpe saugt sich bald fest an der Zitze, und seine Geschwister werden ihn kaum wegdrängen können. Er fällt erst von der Zitze, wenn er satt ist oder die Hündin aufsteht.
Findet ein Welpe den Weg zur Zitze nicht alleine, muß ihm der Züchter helfen. Dies geht am einfachsten, wenn man mit der linken Hand eine Zitze mit Daumen und Zeigefinger umfaßt und etwas Milch ausdrückt; mit der rechten Hand hält man den Welpen über dem Rücken und drückt die Zitze an seinen Mundwinkel. Damit wird der Welpe das Mäulchen öffnen und in dem Moment legt man es um die Warze. Die Zitze bleibt leicht unter Druck, der Welpe wird an die Hündin gedrückt und wird nun automatisch mit Saugen reagieren. Ein schwacher Welpe muß einmal längere Zeit an die Zitze gehalten werden, damit er sich satt saugen kann, nachher hat er wohl alleine die Kraft dazu. Schwächere Welpen sollte man stets an die hintersten Zitzen setzen, diese haben die beste und am meisten Milch und sind auch leichter auszusaugen.

Bewegung
Bei etwa drei Tage alten Welpen kann man beobachten, wie stark und lebhaft sie schon sind, wie sie umherkriechen und sich ruckweise vorwärts schleppen. Anfangs kriechen sie noch recht langsam und wackelig, und der Kopf baumelt hin und her, als ob er ihr Gleichgewicht unterstützen wolle. Da sie blind und taub sind, ist es schwer, einen Richtungssinn zu entwickeln. Sie fühlen sich verloren ohne ihre Mutter, kriechen im Kreise herum, weinend und kreischend, nicht nur weil sie sich verloren fühlen, sondern auch weil sie frieren. Sobald sie mit ihrem Köpfchen auf etwas Warmes stoßen, einen anderen Welpen oder die Hündin, hört das Gewimmer auf, und es wird sofort nach Nahrung gesucht. Hat der Welpe endlich mittels seines Geruchsinns ein Zitze gefunden und sich gut angesaugt, beginnt er mit dem «Milchtritt», das heißt, er stößt abwechslungsweise mit den Vorderpfoten in die Bauchwand der Hündin, und zeitweise wird er dabei auch seinen Kopf zurückziehen und sich dabei mit den Vorderpfoten gegen die Mutter stemmen und mit den Hintergliedmaßen stark stoßen.
Welpen saugen in den verschiedensten Positionen; wenn sie älter sind, liegen sie oft sogar auf dem Rücken. Dann werden bald auch die Bewegungen kräftiger, und der kleine Schwanz steht beim saugenden Welpen geradeauf im rechten Winkel zum Rücken, nur das Ende ist leicht abgeknickt. Es ist ein herrlicher Anblick, wenn die ganze kleine Rasselbande in Reih' und Glied zum «Trinkfest» angetreten ist, «Volle Saugkraft voraus!», dazu mit den Pfötchen stoßend und tretend, daß es eine Freude ist. Dazu der ergebene, geduldige und stolze Ausdruck der Mutter-Hündin. Mit dem «Milchtritt» der Welpen wird die Milchproduktion angeregt. Die Welpen kicken dabei auch ihre schlafenden Geschwister, diese wachen auf und sind hungrig und gehen selbst zurück «an die Arbeit». Sie saugen, bis ihre kleinen Wänste voll und satt sind, und oft schlafen sie dann gleich an der Zitze ein. Im Tiefschlaf fallen sie dann langsam ab und liegen in Haufen an die Hündin gepreßt, bis sie durch etwas geweckt werden und der ganze Vorgang von neuem beginnt. Welpen zucken und wimmern manchmal im Schlaf; das ist normal, sie träumen dann bloß.

Fortschritte der Welpen
Junge Welpen saugen fast immer gleichzeitig und schlafen auch zur selben Zeit, was für die Hündin eine gute Zeiteinteilung bedeutet. Ihre konstante Temperatur muß durch die Umwelt gewährleistet werden. Wie ich schon früher betonte, ist es wichtig, daß es nie zu heiß oder zu kalt ist.
Alle neugeborenen Welpen sehen sich sehr ähnlich, egal welcher Rasse sie angehören. Die Ohren sind in den ersten Tagen meistens aufgestellt und zurückgelegt. Beim Spaniel verbleiben sie länger so als bei anderen Rassen. Man sieht auch mal kleine dunkle fettige Flecken am Krallenbett, die die Kralle gelegentlich sogar ganz überdecken. Sie verschwinden mit der Zeit wieder von selbst. Sie werden durch die klebrige Milch verursacht, wenn die Kleinen beim Saugen die Mutter treten.
Läßt man eine Hündin einen sehr großen Wurf aufziehen, sollte man die Welpen in drei Gruppen aufteilen. Man bringt sie dann in einem Zweistunden-Turnus zu der Mutter, damit alle ihren fairen Anteil kriegen; dazwischen können sie mit einer Säuglingsmilch zugefüttert werden.
Gibt man einem schwächeren und kleineren Welpen eine oder zwei zusätzliche Fütterungen, wird er bald mit den andern mithalten können. Gelegentlich muß man so einem Welpen sogar alle drei Stunden zufüttern, was man dann langsam wieder abbauen kann, wenn er bei Kräften ist. Es ist immer erstaunlich, wie schnell sie erstarken, oft schon nach der ersten guten Mahlzeit.

Kümmernde Welpen und die Gefahren des Durchfalls
Es besteht immer Anlaß zu ernster Besorgnis, wenn Welpen «weinen», besonders wenn sie es unaufhörlich tun und dazu ziellos in der Wurfkiste herumkrabbeln. Welpen wimmern nur, wenn sie Schmerzen haben, wenn es ihnen zu kalt oder zu warm ist und natürlich auch dann, wenn sich die Hündin ungeschickt auf sie setzt oder gar legt.
Ursache kann aber auch eine der vielen Infektionen sein. Für gewöhnlich eine Streptokokken- und Staphylokokkeninfektion; aber es ist wahrscheinlicher, daß es sich um die E-Kolibakterien (nach Escherichia), früher unter der Be-

zeichnung Beta-haemolytische Streptokokken oder kurz B-Koli bekannt, handelt. Diese Bakterien findet man normalerweise im Verdauungstrakt. Sie sind ein wesentlicher Bestandteil der dort unentbehrlichen Mikroorganismen. Sie können aber, aus noch unbekannten Gründen, plötzlich pathogen (krankheitserregend) werden und Darmentzündung (Enteritis) und Durchfall (Diarrhoea) erzeugen. Besonders in schwachen Welpen finden die Bakterien guten Nährboden und können schnell tödlich wirken.

Doch auch ein kräftiger, gesund wirkender und gut saugender Welpe kann plötzliche Schwäche zeigen, kaum mehr fähig sein zu saugen ohne daß man ihm zur Zitze hilft. Unruhig kriecht er umher, seinen Kopf hin und her werfend. Nimmt man ihn auf, fühlt er sich kalt und schlapp an, und auf der Handfläche verhält er sich ganz still. Möglicherweise riecht er säuerlich. Am After und im Welpenbett findet man Zeichen gelben Durchfalls, und der nun wirklich kranke Welpe schreit ohne Unterlaß. Er kann die Hündin ganz rasend machen durch sein stetiges Kreischen, besonders wenn es über mehrere Tage andauert. Diesen Zustand nennt man das Kümmern oder «Dahinserbeln», den Welpen selbst einen «Kümmerer». Einige Welpen schreien vielleicht nicht, aber Durchfall wie Schreien sind beides Anzeichen einer schweren Infektion. Kräftigere Welpen mögen nun selber Abwehrkräfte bilden. Man kann sie zum Saugen ermuntern, in dem man etwas Lebertran an die Zitze der Hündin streicht.

Kleine, schwächliche Hundekinder sterben schon nach zwei bis drei Tagen, spätestens nach einer Woche, während andere oft einem späteren Rückfall erliegen. Die meisten sterben innerhalb der ersten Woche, wenn man die Infektion nicht augenblicklich unter Kontrolle bringt.

Erkrankte Welpen werden von der Mutter getrennt und müssen stündlich mit Hilfe der Magensonde ernährt werden (Sonden-Ernährung siehe Seite 184); am besten mit geschlagenem Yoghurt, welchem ein wenig Traubenzucker beigemischt wird. Es kann auch Protogest beigefügt werden. Besteht noch kein Durchfall, kann man mit Complan starten, und der Welpe soll so rasch wie möglich wieder an die Zitze gebracht werden.

Die Hündin fühlt meist, wenn der Welpe totkrank ist und wird ihn vom Nest ausstoßen, sich auf ihn setzen oder ihn gar töten.
In schweren Fällen gibt es für die Hündin ein Spezial-Serum oder Impfstoff. Das Mittel wird ihr während eines Monats einmal wöchentlich gespritzt und dann erneut zu Anfang der Hitze und ein letztes Mal kurz vor dem Werfen. Dazu sollte die Hündin auch Vitamin-E-Tabletten, zum Beispiel Rovigon, erhalten, auch Bemax hat sich in solchen Fällen bewährt.
Bei den Welpen helfen während fünf Tagen regelmäßig unter die Haut gespritzte Injektionen mit einem Penicilinpräparat, vorausgesetzt, die Behandlung beginnt früh genug. Gelegentlich gibt es Rückfälle, besonders dann, wenn das Mittel nur während drei bis vier Tagen gegeben wurde. Natürlich muß dann die volle Kur wiederholt werden.
In großen Zwingern, wo vermehrte Infektionsgefahr besteht, vor allem da, wo man schon wiederholt ganze Würfe oder immer wieder vereinzelte Welpen verloren hat, empfiehlt es sich, als Sicherheitsmaßnahme allen Welpen routinemäßig ein Antibioticum zu injizieren. Die Welpen müssen auch mehrmals täglich auf Spuren gelben Durchfalls in der Aftergegend untersucht werden. Da Hündinnen ihre Jungen sehr sauber halten, lohnt es sich aufzupassen, bis man die Welpen beim Kotlassen beobachten kann.
Allerdings kann ein Antibioticum nur wirken, wenn bereits eine Infektion eingetreten ist. Es kann sie nicht verhüten, hat also keine vorbeugende Wirkung. Folglich ist es besser, mit dem Spritzen des Medikamentes bis 24 - 36 Stunden nach der Geburt zu warten. Wird eine Infektion vermutet, muß der Welpe besonders gut beobachtet werden, vor allem achte man auf Zeichen jedes auch noch so geringen Durchfalls am Welpen oder im Bett. Diese können schon vor der Geburt oder einige Stunden danach oder auch erst nach einer Woche auftreten. Sofort nach der Feststellung solcher Spuren muß mit der Behandlung begonnen werden. Schon ein Zuwarten von nur wenigen Stunden kann über Leben und Tod eines Welpen entscheiden, besonders bei kleinen Rassen.
Wesentlich bei jeder Anwendung von Antibiotica ist die richtige

Dosierung und daß die Behandlung über volle fünf Tage ausgeführt wird.
Ist ein Zwinger einmal von einer solchen Infektion verseucht, ist es sehr schwer, sie auszurotten. Allerdings werden die Hunde selbst auch Abwehrkräfte bilden und so immun werden. Für zugekaufte Junghunde aber besteht große Gefahr der Ansteckung, bis sich ihre eigene Resistenz ausgebildet hat. Für junge, angesteckte Welpen sind verschiedene, ausgezeichnete Mittel auf dem Markt; Kombinationen von Antibiotica und Vitaminen. Wenn es zur Anwendung von Antibiotica kommt, gibt es ein paar «goldene Regeln» zu beachten: Man verwende nie das stärkere Mittel, wenn man mit dem schwächeren eine ebenso gute Wirkung erzielen kann. Unbedingt erforderlich ist die garantierte Frische des Medikamentes und daß die Dosierung Größe und Alter des Hundes entspricht. Auch daß die Behandlung über die volle Zeit, im allgemeinen fünf Tage, ausgeführt wird, ist ungeheuer wichtig. Züchter begehen oft den Fehler, das Mittel abzusetzen, sobald die Symptome verschwunden sind. Dies ist aber gefährlich. Die restlichen lebenden Erreger entwickeln dann eine Immunität, und das Medikament hat bei seiner nächsten Anwendung die Heilkraft verloren.

Entfernung der Afterkrallen und Zurückschneiden der Zehenkrallen

Bei den meisten Rassen werden die Afterkrallen entfernt, vor allem die der Hinterläufe. Vom Hund aus gesehen, ist dies sicher nur von Vorteil, denn wenn Afterkrallen nicht regelmäßig zurückgeschnitten werden, wachsen sie bogenförmig ein, und es entsteht oft eine schmerzhafte Entzündung. Es kann auch vorkommen, daß die Hunde daran hängen bleiben und verletzt werden, was sehr schmerzhaft ist für den erwachsenen Hund, zudem kann die Verletzung stark bluten; man muß tierärztliche Hilfe beanspruchen. Wir entfernen die Afterkrallen zwischen dem zweiten und vierten Tag nach der Geburt. Es ist ein relativ einfacher Eingriff, und wenn er richtig ausgeführt wird, spürt der Welpe kaum etwas davon, wenn er noch so klein ist. Man benutzt dazu eine scharfe, gebogene Schere, die

man vorher drei Minuten im Wasser ausgekocht hat. Nach dem Schneiden kann man etwas Kaliumpermanganatlösung auf die Wunde pinseln mit Hilfe eines Wattestäbchens oder eines kleinen Pinsels. Am besten macht man all dies zu zweit. Die Hündin entfernt man aus dem Raum, damit sie sich nicht aufregen muß, wenn einer der Welpen schreien sollte. Man macht die kleine Operation am besten, wenn die Welpen gerade getrunken haben und ruhig und zufrieden sind. Die eine Hilfsperson muß den Welpen halten und mit Zeigfinger und Daumen das Beinchen gleich oberhalb der Afterkralle abklemmen. Damit wird die Blutzufuhr für kurze Zeit gestoppt. Dann schneidet man die Afterkralle dicht am Beinchen im Grundgelenk mit der scharfen Schere in einem Schnitt ab und streicht dann Kaliumpermanganatlösung auf die Wunde. Der Helfer drückt das Beinchen noch einen kurzen Moment, und wenn er es losläßt, wird es kaum bluten. Sonst streicht man nochmals etwas von der Lösung darauf, damit eine kleine Kruste entsteht. Dann wird das nächste Beinchen in Angriff genommen.
Hernach kann man auch gleich die anderen Zehenkrallen zurückschneiden. Diese wachsen sehr rasch, sind gebogen und sehr scharf. Wenn die Welpen älter werden, kann die Hündin beim «Milchtritt» durch die scharfen Krallen verletzt werden, besonders bei den großen Rassen, und das ist sehr schmerzhaft. So kann die Hündin arg böse werden, die Kleinen anknurren und sogar abbeißen und schließlich das Stillen verweigern. Deshalb werden die Krallen wöchentlich zurückgeschnitten, bis die Welpen vier Wochen alt sind, von da an, bis die Welpen entwöhnt sind, noch alle zwei Wochen, je nach Rasse.
Wenn die Behandlung beendet ist, muß man nachprüfen, ob weder die kleine Wunde der entfernten Afterkralle, noch eine der geschnittenen Krallen nachblutet, sonst wird erneut Kaliumpermanganatlösung nachgepinselt. Wenn man dann die Hündin wieder zu ihren Kindern läßt, wird sie möglicherweise nicht einmal merken, daß an den Welpen etwas verändert worden ist. Am nächsten Tag hat die Wunde schon eine kleine Kruste, die nach vier bis fünf Tagen abfallen wird, wenn die Haut darunter geheilt ist. Es bleibt ein kleiner rosa Flecken ohne Haare, die

jedoch später darüber wachsen. Es ist wichtig, daß die Afterkrallen wirklich an der Basis des Gelenkes abgetragen werden. Schneidet man über dem Gelenk oder noch höher, werden sie nachwachsen und zwar ziemlich sicher deformiert. Bei schwachen oder zu früh geborenen Welpen sollte man die Operation nicht vor dem siebenten Tag vornehmen, doch nach diesem Zeitpunkt muß der Tierarzt den Eingriff ausführen, denn es kann sein, daß die jetzt viel größere Wunde genäht werden muß.

Das Kupieren der Schwänze
Gleichzeitig mit dem Entfernen der Afterkrallen kann man auch das Kupieren der Rute besorgen, welches vom Standard vieler Rassen verlangt wird. Es gibt aber auch Züchter, die finden, daß es ein zu großer Schock für die kleinen Welpen wäre, schon in diesem jungen Alter zu kupieren, und erst noch zur gleichen Zeit mit dem Entfernen der Afterkrallen.
Beim kleinen Welpen ist es sehr schwer, die richtige Länge des Stummels zu erschätzen, und wenn zuviel abgeschnitten wurde, kann man dies ja leider später nicht mehr ansetzen. Wenn der Stummel etwas zu lange geraten ist, kann man dies später durch geschicktes Zurücktrimmen der Haare etwas verdecken, oder es kann notfalls nachkupiert werden, dann allerdings vom Tierarzt unter Lokalanaesthesie. Verschiedene Rassenstandards wollen sogar vorschreiben, bei welchem Wirbel der Schwanz geschnitten werden soll, doch ist es oft einfach unmöglich, bei einem sehr kleinen Welpen die Zwischenwirbelräume zu ertasten. Deshalb wird die Rute nach Augenmaß und Erfahrung kupiert, damit sie später im korrekten Verhältnis zum Rücken steht. Beim Spaniel zum Beispiel wird der Schwanz generell dort kupiert, wo er plötzlich dünner wird und anfängt, in die Spitze auszulaufen. Eine andere Art, die verlangte Länge auszumachen, ist, den Schwanz hinunterzuziehen und dann so zu schneiden, daß die Rute den Anus deckt oder nicht deckt, wie es der betreffende Standard eben verlangt. Dann markiert man die zu schneidende Stelle am besten mit einem in Jod getauchten Wattestäbchen.
Das Kupieren selbst läßt man bestimmt am besten vom Tierarzt

ausführen oder zumindest von einem sehr erfahrenen Züchter, der möglicherweise sogar von seinem Spezialklub dafür ausgebildet worden ist. Ein zu kurz oder zu lang kupierter Schwanz kann die Ausstellungskarriere eines Hundes ruinieren.

Die Gummiband-Methode
Diese unblutige Methode wird von vielen Berufs-Züchtern in England bevorzugt und empfohlen.
Soviel Haut wie nur möglich wird Richtung Rutenansatz zurückgeschoben, wenn dies auch bei den meisten Rassen recht schwierig ist. Dann wird ein Gummiband um die erwünschte Stelle gebunden und verknotet, ohne daß es allzu eng angespannt wird. Man kann das Gummiband auch über das eine Ende eines Füllfederhalterdeckels winden. Dann steckt man das Schwanzende in den Deckel und stülpt dann das Gummiband von hinten über den Schwanz an die erwünschte Stelle. Ist der Deckel des Füllfederhalters zu kurz und zu klein, kann man auch eine kleine Röhre verwenden. Der Vorteil dieses Vorgehens ist, daß man das Gummiband wieder aufschneiden kann und nochmals von vorne beginnen, wenn es an den falschen Ort geraten ist. Da gibt es kein Blutvergießen, keine Wunde und daher auch keine Möglichkeit der Sepsis. Die Blutzufuhr zum Rutenende ist unterbrochen, und so trocknet das Ende nach zwei bis drei Tagen ab und fällt ab. Die Welpen werden dadurch kaum gestört und zeigen keine Schmerzen, und auch die Hündin scheint sich nicht bewußt zu sein, was mit ihren Welpen geschehen ist.

Augenpflege
Für gewöhnlich öffnen die Welpen ihre Augen zwischen dem zehnten und dreizehnten Tag, es variiert etwas von Rasse zu Rasse. Einige öffnen sie schon nach einer Woche. Ich hatte schon Welpen, die mit offenen Augen geboren wurden, aber diese haben nicht überlebt. Die Augen öffnen sich schrittweise, zuerst an der Innenseite, dann zu einem kleinen Schlitz, der sich langsam erweitert, bis das Auge endlich offen ist. Wenn ein Auge oder beide nach vierzehn Tagen noch verklebt und zu sind, wäscht man sie vorsichtig vom Augenwinkel zur Seite ab

— sobald die Kruste abgewischt ist, öffnen sich auch die Augen. Die weitere Pflege übernimmt die Hündin. Solange die Augen noch zu sind, sollten die Welpen übrigens keinem grellen Licht ausgesetzt werden. Zuerst sieht der Welpe nach dem Öffnen der Augen noch nicht ganz klar, er kann bloß zwischen Hell und Dunkel unterscheiden, und es kann bis zur achten Woche dauern, ehe die volle Sehschärfe erreicht wird. Die Tatsache, daß erst Welpen, die sehen können, auch rückwärts kriechen, ist für mich faszinierend. Mich dünkt immer, daß es vielleicht eine Spätreaktion ist, wenn sie ihre Züchter zum ersten Mal sehen...

Die Ohren
Sie sind bis zum zehnten Tag gänzlich geschlossen; wenn sie sich öffnen, sieht man dies an den kleinen Schuppen, die sich um den späteren Gehörgang bilden.

Nabelbruch
Einige Rassen neigen zum angeborenen Nabelbruch, und da muß man bei der Geburt besonders aufpassen, daß die Nabelschnur nie zu stark angespannt wird, damit sich die Hernie nicht noch vergrößert. Mit folgender Methode kann man versuchen, die Hernie zu korrigieren: Man schneidet ein Stück Korkzapfen 5-8 mm dick und klebt es auf ein im Durchmesser passendes Geldstück. (Für große Rassen müssen Korken und Geldstück der Größe angepaßt werden.) Nun legt man den Welpen auf den Rücken und über den Bruch eine dünne Schicht Gaze und drückt den Darm vorsichtig nach innen. Der präparierte Korken wird auf die Bruchstelle gepreßt und mit einem Klebeband oder Heftpflaster fixiert. Sollte die Hündin nachher versuchen, die Sache fortzulecken, muß man das Klebeband ganz um den Welpen wickeln (1 - 2 Mal), oder man macht einen richtigen Verband mit Mullbinden, wobei man aber aufpassen muß, daß der Welpe nicht zu sehr in der Bewegung behindert wird. Bei sehr jungen Welpen sollte der Bruch damit in einer Woche geheilt und korrigiert sein, bei schon älteren Welpen kann es länger dauern.

Kapitel 13: Die Entwicklung des Welpen

Die geistige und körperliche Entwicklung des Welpen geht mit Riesenschritten voran. Ein zweiwöchiger Welpe wird leicht aus der Flasche trinken und schnell lernen können, die Milch zu lecken. Er kann in diesem Alter auch schon ersticken, wenn ihm das Futter in den «falschen Hals» gerät. Wird er durch die Geschwister herausgefordert, kann er sogar schon grimmig knurren. In dieser Zeit kann es auch geschehen, daß eine instinktsichere Hündin nach dem Fressen ihren Welpen den Mageninhalt vorwürgt. Das ist normal und dies vorverdaute Futter dürfen die Welpen fressen, daß sie es tun, ist ein Zeichen, daß die Zeit der Entwöhnung gekommen ist.

Mit etwa drei Wochen versucht er auf seinen Beinchen zu stehen. Der spätere Zehengänger tritt erst noch mit der ganzen Fußsohle auf, und sein Gang ist damit noch recht unbeholfen und sieht tolpatschig aus. Er kann jetzt auch selbständig Kot und Urin absetzen. Er spielt mit seinen Pfötchen und beginnt auch schon kleine Annäherungsversuche an seine Geschwister. Auch hören und sehen kann er, wobei allerdings der Zeitpunkt, zu dem er soweit ist, sehr unterschiedlich sein kann.

Die ersten Milchzähne stoßen so um den zwanzigsten Tag. Um die gleiche Zeit fängt er auch an, mit seiner Umwelt bewußten Kontakt aufzunehmen. Er erkennt seine Geschwister und auch seinen Züchter, er merkt, wenn andere Leute in den Raum treten. Zwischen der 3. und 4. Woche kann er mit dem Schwänzchen wedeln, wenn er seiner Freude Ausdruck geben will.

In der Zeit, wo die Welpen immer selbständiger werden, wird sich auch die Hündin immer öfters und für längere Zeit von den Welpen zurückziehen im Bewußtsein, daß ihre Sprößlinge auch ohne sie zufrieden sind und daß sie zeitweilig auch ihre Ruhe haben darf. Auf Distanz wird sie aber trotzdem stets ein wachsames Auge und Ohr in Richtung Wurfkiste haben.

Im Alter von zwei Monaten wird der Welpe möglichst weit weg

von Futternapf und Schlafplatz seine «Geschäfte» verrichten. Sein Geruchssinn ist nun voll entwickelt, und es ist nur natürlich, daß er da anfängt, «stubenrein» zu werden. Welpen aller Rassen urinieren etwa alle zwei Stunden, wenn sie dabei nicht gestört werden. Dies ist gut zu wissen, wenn man die Kleinen zur Sauberkeit erziehen muß. Nach drei Monaten wird die «Trockenperiode» dazwischen immer länger.
Schon mit drei bis vier Wochen spielen und kämpfen die Welpen miteinander, und man kann oft schon jetzt einen kleinen Anführer der Gruppe entdecken.
Mit fünf Wochen wird der Züchter im Verein schwanzwedelnd begrüßt, und man rennt zum Ausgang der Wurfkiste oder des Auslaufs, wenn man ungewohnte Geräusche hört, in der Hoffnung, etwas Neues und Interessantes zu sehen.
Mit sieben Wochen sind die Welpen schon kleine Persönlichkeiten, so sehr, daß es zu Machtkämpfen und kleinen Raufereien um die Rangordnung kommt. Wenn die Welpen älter werden, können diese «Spiele» schlecht ausgehen, und bei Rassen wie etwa Terrier, die bekannte «Kampfnaturen» sind, trennt man die Welpen besser vorzeitig, indem man sie nur noch zu zweit in einem Abteil hält. Doch im übrigen sind solche Auseinandersetzungen und Spiele sehr notwendig und von größter Bedeutung für die Entwicklung des späteren Charakters eines Hundes. Das Beobachten des heranwachsenden Wurfes ist sehr interessant und macht viel Freude. Ich verbringe Stunden damit, ihre Possen und ihr Benehmen zu studieren, und freue mich an ihrer Entwicklung; wie sie sich gegenseitig die Ohren lecken und putzen, in ihre Schwänze beißen, an ihren drolligen Bewegungen, wenn sie träumen etc. etc. Das Züchten wird noch viel interessanter, wenn man sich diese Beobachtungen über Fortschritte und neue Fähigkeiten in den verschiedenen Phasen der Entwicklung der Welpen aufnotiert.

Schlechte Gewohnheit
Es gibt Welpen, welche die schlechte Angewohnheit haben, überall und an allem zu saugen. Es mag eine Pfote, die Rute, ein Ohr oder oft sogar der Penis eines Geschwisterwelpen sein. Wenn er dies längere Zeit tut, kann es dem anderen Welpen

schaden, besonders, wenn sich gar der «zernuckelte» Körperteil entzündet. Welpen mit dieser schlechten Gewohnheit müssen dann leider für einige Zeit von ihren Wurfgeschwistern getrennt werden, bis sie die Unart ausgewachsen haben.

Milchzähne
Beim zahnlos geborenen Welpen brechen die ersten Milchzähne durchschnittlich im Alter von drei Wochen durch. Sie sind weicher, aber viel spitzer als die zweiten Zähne und durch ziemlich weite Lücken voneinander getrennt. Beim Milchgebiß brechen die oberen Schneidezähne zuerst durch, man kann sie schon vorher fühlen. Das erste Gebiß ist mit fünf bis sechs Wochen voll entwickelt. Nach und nach werden die Wurzeln der Milchzähne durch besondere Zellen abgebaut und nur die Krone bleibt zurück und sitzt ganz locker; sie wird vom nachstoßenden permanenten Zahn schließlich hinausgedrückt.
Leider kann man von der Zahnstellung des Milchgebisses noch nicht mit Sicherheit auf den korrekten Zahnschluß der permanenten Zähne schließen, welcher bei den meisten Rassen ein Scheren- oder Zangengebiß verlangt.
Beim *Scherengebiß* greifen die scharfkantigen Zähne des Oberkiefers beim Zahnschluß scherenartig satt über die Außenseite der unteren Zähne hinweg. Beim *Zangengebiß* kommen die oberen und unteren Schneidezähne genau aufeinander wie bei einer Zange. Dies sieht man häufig bei älteren Hunden.
Vorbiß ist bei kurzköpfigen Rassen oft ein erwünschtes Merkmal, gilt aber bei allen langschädligen Hunden als Gebißfehler. Beim Vorbiß kommen die unteren Schneidezähne durch Verkürzung des Oberkiefers vor die oberen zu stehen.
Als schweren Fehler bezeichnet man bei allen Rassen den *Unterbiß*. Da ist der Unterkiefer mehr oder weniger verkürzt, so daß die unteren Eckzähne in den Gaumen beißen. Stellungsabnormitäten und andere Gebißfehler, auch solche einzelner Zähne, vererben sich erwiesenermaßen, doch sind sie relativ einfach hinaus zu züchten.

Zahnwechsel
Gegen Ende des vierten Monats — bei manchen Rassen früher — setzt die zweite Zahnung ein. Das Durchstoßen der permanenten Zähne bringt dem Welpen oft arge Schmerzen. Es ist die Zeit, wo alles angebissen und angenagt wird, und man muß ihm dann auch passendes Spielzeug und hartes Brot, Büffelhautknochen und große echte Knochen geben, damit er sein Nagebedürfnis nicht an der Wohnungseinrichtung auslebt.
Das vollständige endgültige Gebiß hat 42 Zähne, davon im Oberkiefer: 6 Schneidezähne, zwei Haken- oder Fangzähne, 8 Praemolaren und 4 Molaren; im Unterkiefer kommen noch zwei Molaren dazu, sonst ist es gleich wie im Oberkiefer.
Die Fangzähne haken die Beute fest; die Praemolaren und Molaren (Backenzähne) dienen als Reißzähne. Zusammen zerkleinern sie die großen Brocken, während die Molaren kauen und mahlen — wenn sie Gelegenheit dazu erhalten, denn oft schluckt der Hund das Futter fast ganz. Die Schneidezähne übernehmen die Feinarbeit und dienen hauptsächlich der Fellpflege, vor allem der Ungezieferjagd!
Im Alter von sechs Monaten sollte der Zahnwechsel abgeschlossen sein.
In Mitteleuropa ist das vollständige, korrekte Gebiß bei der Beurteilung von Ausstellungshunden von größter Bedeutung, und jeder Zahnverlust gilt als ernstzunehmender Mangel und Fehler.
Wenn die zweiten Zähne neben den Milchzähnen durchstoßen, hat der Hund plötzlich eine Doppelreihe von Zähnen, und es ist dann besonders wichtig, daß er viel zum Nagen und Kauen ermutigt wird, damit die Milchzähne gelockert werden. Man kann dies auch im Spiel mit dem Welpen fördern, indem man mit ihm Tauziehen spielt mit einem verknoteten Seil oder mit einem alten Lappen. Sieht man einen losen Zahn, wird er mit einer kleinen Zange gezogen, und es geht meist sehr einfach. Man muß den Zahn gut an der Basis anpacken, da Milchzähne recht brüchig sind und sonst gerne abbrechen. Wenn man die Milchzähne nicht rechtzeitig ganz entfernt, werden sie manchmal vom Zahnfleisch überwuchert und können dann nur noch vom Zahnarzt unter Narkose entfernt werden. Leider soll es dabei

schon öfters vorgekommen sein, daß die falschen Zähne gezogen wurden. Dies tönt und ist erschreckend, ist aber anderseits besonders bei Zwergrassen zu verstehen, weil es da sehr schwer zu erkennen ist, welche der sehr kleinen Zähne nun die richtigen sind. Bei Zwergrassen ist der Abbau oft gehemmt, und die Milchzähne fallen zu spät oder gar nicht aus. Gelegentlich bleiben nur die Fangzähne doppelt, und da erkennt man zum Glück den Milchzahn eindeutig, weil er meist gerade hinter dem permanenten Zahn steht und viel feiner und kleiner ist. Die Wurzeln dieser Zähne sind ziemlich lang, und so ist beim Ziehen Vorsicht geboten, damit sie nicht abbrechen.

Zahnstein, Zahnpflege
Zahnstein ist der gelblich-braune und harte Belag am Zahnhals und auf den Zähnen, der durch Ablagerungen von Speiseresten und Mikrobien entstanden ist.
Durch die Fütterung von harten Hundekuchen und Knochen kann dies größtenteils vermieden werden. Zahnstein scheint bei einzelnen Rassen vermehrt vorzukommen. Er muß unbedingt von Zeit zu Zeit entfernt werden, sonst führt er zu Zahnfleischentzündungen und später zu Parodontose und Zahnausfall. In schlimmen Fällen hat der Hund sehr starken Mundgeruch und gewöhnlich auch Verdauungsstörungen. Da er nicht richtig fressen kann, magert er ab; auch das Trinken von kaltem Wasser bereitet ihm Schmerzen. Manchmal wird die Zahnbettentzündung so schlimm, daß der ganze Kiefer vereitert ist. Der Tierarzt behandelt dann mit Antibiotica und muß nachher den Zahnstein unter Narkose entfernen.
Falsche Aufzucht, Kalkmangel zur Zeit des Zahnwechsels, schlechte Zahnpflege (nur Weichfutter, keine Knochen und Hundekuchen), sind alles Ursachen für mangelhafte Entwicklung des Hundegebisses und führen zum vorzeitigen Zahnverfall.

Entwöhnung der Welpen
Das bedeutet den Zeitpunkt, wo man die Hündin langsam von der Anstrengung befreien will, die ihr durch den stetig wachsenden Appetit der Welpen erwachsen ist.

Dieser Nahrungswechsel kann, vor allem für schwächere Welpen, zur kritischen Periode ihres Lebens werden, wenn er nicht mit großer Sorgfalt geplant wird. Der Übergang von Muttermilch auf feste Kost soll allmählich erfolgen. Wann es Zeit wird zum Zufüttern, hängt von der Wurfgröße, den Mutterinstinkten der Hündin und auch der einzelnen Rasse ab. Im allgemeinen ist es Zeit ungefähr zwischen der 4. und 9. Woche, wenn die Hündin anzeigt, daß sie Hilfe braucht oder auch wenn beim Körpergewicht der Welpen ein Stillstand oder gar ein Rückgang zu verzeichnen ist. Bei kleinen Würfen fängt man in der Regel in der vierten Woche mit der Entwöhnung an. Zwergrassen fressen oft von sich aus schon im Alter von drei Wochen vom Teller ihrer Mutter mit, wenn die Hündin keine Einwände hat. Die meisten Hundemütter haben nichts dagegen, wenn ihre Jungen von ihrem Futter fressen; wenn die Hündin aber böse wird, muß man sie einzeln verpflegen. Oft erbrechen die Hündinnen nachher vor den Welpen, und dies vorverdaute Futter ist gut für die Kleinen. Was sie nicht fertig fressen, wird die Hündin nachher wieder auflecken. Dies vorgewürgte und vorverdaute Futter ist blutwarm und breiig, nicht suppig, und so sollte auch das erste Futter sein, das die Welpen von uns erhalten. Bei den großen Rassen, die ja auch häufiger große Würfe haben, müssen die Welpen oft schon nach zwei bis drei Wochen gefüttert werden, sonst wird die Belastung für die Mutterhündin zu schwer. Die hungrigen Kleinen lernen dann auch recht schnell, wie man das Futter aufschlecken kann. Es ist anfangs leichter für sie, wenn sie Brei erhalten, nicht bloß Milch. Streicht man leicht gesüßten Brei (Kindernahrung wie Grieß-, Reis-, Vollkornbrei zum Anrühren) an die Fingerspitze und hält sie den Kleinen unter die Nase, werden sie recht schnell ihre Zünglein gebrauchen und den Finger abschlecken. Wieder taucht man den Finger in das kleine flache Schälchen mit dem Brei, läßt ihn wieder ablecken, zieht ihn dann fort, und der Welpe leckt vom Teller weiter.
Um Welpen großer Rassen mit Fleisch bekannt zu machen, kenne ich eine prima Methode: Ein Stück rohes Rindfleisch wird mit einem Nagel auf einem Holzbrett befestigt. Die Hündin muß entfernt werden, erst dann bringt man das angenagelte Fleisch zu den Welpen. Es ist erstaunlich, wie rasch und gierig

sie an dem Fleisch lecken und saugen; schon nach kurzer Zeit werden sie kleine Stücke davon abreißen und kauen sichtlich mit Genuß. Sonst füttert man das rohe Muskelfleisch feingehackt, nach Entfernung von überschüssigem Fett und Sehnen. Dann werden daraus kleine Klößchen gerollt und den Welpen unter die Nase gehalten. Sie werden bald daran lecken, und die Klößchen werden schnell verschwunden sein. Besonders gefräßige Welpen müssen alleine gefüttert werden. Bei solchen, die nicht gerade mit Begeisterung zum Futternapf kommen, hilft das Ausschütten des Futters auf ein Papier auf den Boden. Es ist erstaunlich, daß sie dann meist viel besser fressen. Zuerst wird nur einmal täglich Fleisch verfüttert. Vor allem zu Beginn darf man den Welpen nicht zuviel Fleisch geben, damit sie auch noch Muttermilch mögen, welche die natürliche Verdauung anregt. Die Fleischration wird nur langsam gesteigert.
Im Alter von fünf bis sechs Wochen erhalten die Welpen eine gute Fleischmahlzeit und viermal täglich Milchbrei.
Fleisch kann auch durch Fisch ersetzt werden, natürlich ohne Gräten. (Falls solche vorhanden sind, kann man sie leichter entfernen, indem man den Fisch ein paar Minuten im Dampfkochtopf ziehen läßt; dabei werden die meisten Gräten aufgelöst oder können zumindest besser entfernt werden.)
Die Entwöhnung der Welpen muß stufenweise vor sich gehen, jedes neue Nahrungsmittel muß einzeln angewöhnt werden. Sonst gibt es Darmstörungen. Zuerst werden die Welpen einmal täglich gefüttert, dann zweimal und drei- bis viermal täglich, bis sie ganz entwöhnt sind und keine Muttermilch mehr erhalten. Man muß sich bewußt sein, daß der Futterwechsel, nebst dem starken Wachstum, eine arge Belastung für das System des Welpen ist, und daher darf das Futter nicht ständig gewechselt werden. Man soll eine Weile bei einer bewährten Flockenmischung und bei gleichem Fleisch bleiben, wenn es die Hunde gut vertragen.
Sobald die Welpen Fremdnahrung zu sich nehmen, werden die meisten Hündinnen den Kot und Urin der Welpen nicht mehr auflecken. Die Milchproduktion geht rapid zurück, und nun müssen die Welpen drei- bis viermal gefüttert werden; wenn die Milch ganz ausbleibt, sogar fünf- bis sechsmal täglich. Der

Hündin gibt man jetzt noch Calcium-D-Tabletten. Alles, was die Hündin zu sich nimmt, geht über den Blutstrom auch in die Milch und damit auch an die Welpen. Die Hündin wird nun immer seltener zu den Welpen gehen, vielleicht wird sie nachts noch bei ihnen schlafen oder tagsüber ein paar Stunden mit ihnen verbringen. Nach der sechsten Woche erhalten die Welpen nun täglich Vollkornprodukte aus Hartweizen, Hirse, Hafer etc. in Flocken- und auch in Biscuitform, dazu Gemüse und Früchte aller Art. Je nach Größe sollten sie mindestens ein Eigelb pro Woche erhalten und auch täglich nach Vorschrift des Tierarztes ein Calcium-Präparat. Welpen der großen Rassen gibt man nun zwei Fleischmahlzeiten täglich. Zwischen dem zweiten und dritten Monat sollte man tagsüber im Dreistunden-Turnus füttern, wobei die erste und letzte Mahlzeit aus Flocken und Milch besteht, eventuell mit Eigelb vermischt; die anderen Mahlzeiten sind Fleisch und Gemüse mit eingelegtem Vollkornbrot oder Biscuits. Dazwischen kann man auch nur Milch geben. Sie dürfen jetzt auch an nicht-splitternden Knochen nagen, was beim Zahnwechsel nur gut für die Zähne ist und sie auch reinigt.
Verschlechtert sich der Allgemeinzustand der schwächeren Welpen durch die Entwöhnung, helfen die üblichen Stärkungs- und Anregungsmittel.

Wurmprobleme
Hunde können von verschiedenen Arten von Würmern befallen werden. Alle Welpen müssen gegen Wurmbefall behandelt werden, und die Behandlung ist heute denkbar einfach. Es gibt ausgezeichnete, hochwirksame Mittel, die schon im Alter von drei Wochen und früher verabreicht werden dürfen, ohne daß Nebenerscheinungen auftreten. Am besten besorgt man sich diese Mittel beim Tierarzt und läßt sich dort auch gleich über deren Anwendung beraten. Die Kuren müssen solange wiederholt werden, bis alle makroskopischen und mikroskopischen Stuhluntersuchungen Wurmfreiheit beweisen. Starker Wurmbefall ist beim Welpen unübersehbar: Es werden Würmer ausgeschieden im Stuhl und oft gar erbrochen. Das Bäuchlein ist stark aufgetrieben, daneben ist der Welpe mager,

sein Fell struppig und glanzlos. Er hat immer wieder hellgelben, schleimigen Durchfall, dazu häufiges Erbrechen, und natürlich zeigt sich eine Gewichtsabnahme.
Würmer beziehen ihre Nahrung nicht aus dem Futter des Hundes, sondern aus dessen Gewebe, und man kann sich vorstellen, wie verheerend die Auswirkungen auf die Entwicklung des Welpen sind. Die wertvollen Proteine, Mineralien und vor allem wichtige Vitamine werden von den Schmarotzern absorbiert anstatt vom Welpen und zwar so schnell, daß das System des Welpen überhaupt leer ausgehen muß.
Im jugendlichen Alter, vor allem im Welpenalter, muß praktisch immer mit einer *Spulwurminvasion* gerechnet werden. Bandwürmer und andere Wurmsorten findet man eher beim erwachsenen Hund.
Es ist sehr wichtig, daß die Welpen nicht erst mit fünf oder sechs Wochen entwurmt werden. Sonst wandern die Spulwurmlarven durch den Körper des Welpen und enden schließlich wieder in den Därmen, wo sie ihre Eier legen. Dieser Prozeß muß unbedingt vorzeitig unterbrochen werden, denn die Larven werden sich sonst auch in den verschiedenen Organen festsetzen, z.B. im Uterus einer Hündin; dann wird diese für ihr ganzes Leben zur Wurmträgerin. Man wird sie natürlich entwurmen können, aber die Larven bleiben für immer in ihrem Körper. In anderen Organen (z.B. der Leber) kann es durch solche Larven zu schweren Entzündungen kommen, die oft tödlich verlaufen, ohne daß die Ursache je bekannt wird.
Bei Würfen, die stark verwurmt sind, kann man auch vermehrt eine Tetanie der Mutterhündin feststellen, die wohl meist fälschlicherweise als Eklampsie bezeichnet wird. Sie wird durch eine Wurmtoxikose verursacht. Da die Hündin bis zur Entwöhnung die Fäkalien der Welpen aufnimmt, um das Bett sauber zu halten, nimmt sie dabei auch die Ausscheidungen der Spulwürmer in sich auf. Diese sind sehr giftig und greifen das Nervensystem an, was bei der Hündin zu Krampfzuständen (Tetanie/Eklampsie) führen kann. Die Spulwürmer sehen ähnlich aus wie grau-weiße Regenwürmer, oder noch besser, wie dünnere Spaghettis.
Bandwürmer werden vor allem durch den Hundefloh über-

tragen, dieser ist ihr Zwischenwirt. (Auch deshalb ist die Bekämpfung der Flöhe und Läuse auch so wichtig.) Hunde fangen ihre Flöhe meist bei anderen Hunden ein; auf dem Lande oft auch von Ratten und Igeln etc. Wenn Hunde von Bandwürmern befallen sind, kann man dies leicht erkennen, da ihre im Stuhl abgestoßenen Teile ganz ähnlich aussehen wie Reiskörner.
Es gibt überhaupt keine Entschuldigung, wenn Welpen oder erwachsene Hunde durch Wurmbefall erkranken; an Orten, wo vermehrte Gefahr der Verwurmung besteht, müssen eben die Hunde regelmäßig entwurmt werden.

Die Entwurmung
Das Vorgehen bei der Entwurmung hängt vom Wurmmittel und seiner individuellen Gebrauchsanweisung ab. Es ist aber unbedingt erforderlich, daß die korrekte Dosis für Größe, Alter und Gewicht jedes einzelnen Welpen und jeder Wurmart entsprechend gewählt und bemessen wird. Eine Überdosis könnte den Welpen sogar töten.
Viele Mittel sind in Tablettenform, meist eine Tablette pro zehn Pfund Körpergewicht. Sie müssen also für den Welpen zerkleinert werden, zur Hälfte, in Viertel, Drittel oder gar in Sechstel und Achtelteile, je nach Gewicht des Welpen. Am besten plaziert man die Tablette hinten auf die Zunge des Hundes und stößt sie mit dem Zeigfinger über den Rand, um sicher zu sein, daß sie hinuntergeht. Das Mäulchen wird dann sofort zugehalten und die Kehle des Welpen leicht gestreichelt, dazu gibt man noch der Nase einen kleinen Stoß — so schluckt der Kleine bestimmt. Nachher muß man aufpassen, ob er nicht wieder erbrechen mußte. Gelegentlich wehrt sich ein Welpe dermaßen, daß man die Tablette einfach nicht hinunterstoßen kann, sie kommt in den Mundwinkel oder unter die Zunge zu liegen, und später spuckt der «Schläuling» sie wieder aus.
Wenn die Tablette schon beim Teilen auseinanderfällt, legt man sie zwischen zwei Papiere und zerdrückt sie mit einer Teigrolle, oder man zerdrückt sie zwischen zwei Löffeln, die man ineinander preßt. Dann wird das Pulver auf einem flachgelegten Papier in rechteckiger Form ausgelegt und mit einem Messer flachgedrückt. Mit dem Messer wird dann die Dosis aufgeteilt. Man

kann jetzt das Pulver dem Welpen ins Mäulchen schütten und ihn hernach etwas trinken lassen. Ich ziehe es vor, das Pulver in ein Fleischklößchen oder etwas Butter zu verkneten und dem Welpen so zu verfüttern, obschon ich sonst nicht unbedingt dafür bin, daß Medikamente unter das Futter gemischt werden. Die Kur wird nach zehn Tagen wiederholt.
Welpen sterben meist zwischen der dritten und vierten Lebenswoche an Wurmbefall; dies, weil bei schweren Fällen die Spulwürmer die Gedärme blockieren und dem Welpen alle B-Vitamine entziehen. Es kommt auch vor, daß sie sich durch Darmwände bohren; der Welpe geht dann an Peritonitis (Bauchfellentzündung) ein.
In den deutschsprachigen Ländern wird heute vorwiegend Piperazinadipat verordnet, welches in Pastenform oder in Sirupform erhältlich ist. Besonders bei den Welpen ist das flüssige Medikament sicher vorteilhafter in der Anwendung. Man kann es mit Hilfe einer Tropfpipette oder mit einem Teelöffel ins Mäulchen tropfen lassen (auch eine Injektionsspritze, ohne Kanüle natürlich, geht prima!). Das Mittel kann auch gut unter das Futter oder die Milch gemischt werden, doch wenn der Welpe nicht aufißt, stimmt die Dosierung nicht mehr. Um zu vermeiden, daß ein Welpe ohne Mittel ausgeht und ein anderer vielleicht die doppelte Dosis erhält, muß man jeden einzeln vornehmen und die fertig verarzteten vielleicht nacheinander in einen anderen Korb setzen.
Die Würmer werden innerhalb von 24 Stunden ausgeschieden. Um einen Neubefall der Welpen zu verhindern, müssen alle Fäkalien sofort weggeräumt werden. Nach dem Entwöhnen wird eine Nachkur gemacht, und hernach sollte weiteres Saugen an der Hündin verhindert werden.
Nach Wurmkuren ist es besonders wichtig, den Zwinger oder die Hundestube gründlichst zu reinigen und zu desinfizieren. Auch das Ausbrennen der Holzritzen mit einer Lötlampe wird empfohlen.
Die Zwingerausläufe können mit Parasiteneiern total verseucht werden, und dies nicht bloß bei Naturboden; auch in den Ritzen und Spalten der Zementböden können Larven und Wurmeier überleben. Ich persönlich gebe auf Sand oder Kies

gelegten Tonplatten den Vorzug, denn obschon diese auch porös sind, können sie leicht desinfiziert werden. Wenn man dann noch jährlich Unkrautvertilger darüber spritzt, sind die Ausläufe recht sauber und hygienisch.

Wo Kinder und Hunde im gleichen Haushalt leben, muß man besonders darauf achten, daß nicht auch die Kinder von Würmern heimgesucht werden. Deshalb dürfen sie sich von den vielgeliebten Welpen nicht im Gesicht lecken lassen, denn so können auch Menschen angesteckt werden, vor allem mit Bandwürmern, und das kann sehr gefährlich sein, besonders wenn es sich um den sogenannten Hülsenwurm (Echinokokkus) handelt. Doch wo Sauberkeit herrscht und die Hunde regelmäßig entwurmt werden; wo sich Erwachsene und Kinder nach dem Spielen mit den Hunden stets die Hände gründlich waschen, wird dies selten vorkommen. Spielplätze und dort Sandkästen, die von Hunden und Katzen «besucht» werden, sind Orte, wo Kinder infiziert werden können. Hundebesitzer sollten soviel Anstand und Vernunft haben, mit ihren Hunden nicht an solchen Plätzen «Gassi» zu gehen. (Verboten ist es übrigens auch!)

Der Kreislauf des Wurmes im Menschen ist interessant. Wurmeier kommen in den Menschen durch den Mund und dann in den Verdauungstrakt; wenig später schlüpfen dort die Larven aus und beginnen ihre Durchwanderung des Körpers. Da sie aber beim falschen Wirt gelandet sind, sterben sie bald ab, meist ohne ihre vollständige Entwicklung durchzumachen. Wenn sich aber einige wenige doch voll entwickeln, bevor sie eingehen, bildet sich dort eine kleine Zyste. Sollte sich diese zum Beispiel gerade in einem Auge befinden, wird der Mensch dort erblinden. Allerdings passiert das äußerst selten, aber es sind doch solche Fälle vorgekommen.

Kapitel 14: Mutterlose Welpen

Leider kann es passieren, daß man eine Mutterhündin verliert; vielleicht durch Kaiserschnitt oder durch einen Unfall; es kann aber auch vorkommen, daß sie ihren Mutterpflichten nicht nachkommen kann, weil sie zu krank ist, oder keine Muttermilch produzieren kann. Da muß der Züchter nach dem besten Weg suchen, wie er einen vielleicht prächtigen Wurf aufziehen kann, und überlegen, ob er sich diese enorme Extrabelastung auferlegen kann und will.
Die einfachste Lösung wäre die *Hundeamme*. Vorzugsweise eine Hündin, die ungefähr von gleicher Größe wie die Mutterhündin ist und selbst gerade geworfen hat. Sie sollte selbst nicht zu viele eigene Welpen haben, damit es ihr mit den «Waisen» dazu nicht zuviel wird. Viele Züchter sind der Ansicht, daß eine Hündin ohne Zufütterung nicht mehr als sechs Welpen stillen dürfe, egal welcher Größe und Rasse sie angehören.
Die Amme muß gesund und frei von Parasiten sein und gute Mutterinstinkte haben. Auch ihr gutes Wesen ist wichtig; denn sie wird ja ein Vorbild für unsere Welpen, die wohl ihr eigenes Temperament mitbekommen haben, aber es besteht kein Zweifel, daß ihr Charakter auch durch die Umwelt geformt wird. Am besten zeigt man die Hundeamme zuerst einem Tierarzt, um sich ihrer Gesundheit zu versichern.
Oft kann eine *alte Zuchthündin* die Pflege der Welpen übernehmen. Sie wird sie pflegen und säubern und warmhalten. Schon das ist eine große Hilfe und Entlastung für den Züchter, der die Stimulierung und Reinigung der Pflegemutter überlassen kann. Manche alte Hündinnen haben dann nach ein paar Tagen sogar plötzlichen Milcheinschuß, der zwar kaum genügen wird, aber jedes «Bißchen» hilft! Ich kannte eine neunjährige Hündin, die so starke Mutterinstinkte hatte, daß sie wunderbarerweise noch Milch produzierte und einen Viererwurf großzog, nachdem sie seit über fünf Jahren selbst keine Welpen mehr geworfen hatte.
Eine andere Hündin hatte ich, die einen Sechserwurf akzeptierte und aufzog, sechs Tage nachdem sie ihre eigenen Welpen verlo-

ren hatte. Oft ergreifen diese Ammen-Mütter mehr Besitz von den Welpen, als ihre leibliche Mutter es tat. Für einen großen Wurf ist bestimmt die Amme die beste Lösung. Allerdings ist ihre Beschaffung meist sehr schwierig. Es kann vorkommen, daß man nach mühevoller Handaufzucht eines Wurfes erfahren muß, daß die Hündin der Nachbarin eine wundervolle Amme abgegeben hätte. Der Tierarzt, der mit vielen Züchtern Kontakt pflegt, kann da wohl am ehesten eine Möglichkeit vermitteln. Manchmal ist auch durch den Spezialklub Hilfe zu finden.

Muß die «richtige» Hündin-Mutter nur geschont werden, läßt man die stärkeren Welpen bei ihr und gibt die schwächeren zu der Amme.

Neugeborene Welpen, die nie Kolostralmilch mit den notwendigen Schutzstoffen erhalten durften, muß man unbedingt sofort mit diesen nötigen *Gammaglobulinen* versehen, sonst haben sie kaum eine Überlebenschance. Der Tierarzt wird sie ihnen einspritzen. So zirka mit zehn Wochen ist der Körper des Welpen dann selbst fähig, genügend Antikörper zu bilden, und die Schutzstoffe verlieren langsam ihre Wirkung. Damit ist auch der Zeitpunkt gekommen, wo man die Welpen gegen Staupe und Hepatitis impfen kann.

Wenn immer möglich sollte man aber alle Welpen abwechslungweise wenigstens einmal täglich zu der richtigen Mutter bringen. So erhalten sie alle von der unentbehrlichen Kolostralmilch und damit einen besseren Start ins Leben.

Wenn die Amme von der gleichen Rasse wie die Mutterhündin ist, werden sich alle Welpen sehr ähnlich sehen. Da muß man sie markieren, damit man sie noch unterscheiden kann. Es gibt dazu verschiedene Möglichkeiten. Die Ohrentätowierung; Farbzeichen, allerdings nur bedingt, da sie bald wieder von der Hündin fortgeleckt werden; Nasen- und Fußabdrücke, aber die sind später vielleicht schwer wiederzuerkennen. Langhaarigen Welpen kann man an verschiedenen Stellen ein wenig Haar abschneiden, muß dies aber wöchentlich erneuern, bis man die Welpen nach einiger Zeit an anderen Merkmalen unterscheiden kann. Bei kurzhaarigen Welpen kann man sich mit dem Zurückschneiden einzelner Krallen behelfen, oder möglicherweise haben einzelne Welpen farbliche Besonderheiten aufzuweisen. Kurz, man muß einfach eine Möglichkeit finden, damit die Welpen später korrekt ins Hundestammbuch eingetragen werden können.

Die Hand-Aufzucht von Welpen ist eine enorme Arbeitsbelastung und sehr ermüdend. Während der ersten Tage kommt noch die Ungewißheit und Sorge dazu, ob es die Kleinen schaffen werden. In den meisten Fällen werden sie davonkommen, wenn sie anfangs gesund und stark sind. Oft besteht dann die Chance, nach einigen Tagen eine Amme zu finden, aber in der Zwischenzeit müssen die Welpen eben vom Züchter versorgt und gefüttert werden. Für Zwergrassen oder nur einen Welpen der großen Rassen kann man auch eine Katze als Amme einsetzen. Katzen haben aber sehr rauhe Zungen, was für den Welpen gefährlich sein kann, wenn sie ihn dauernd lecken, besonders um die Augen, wenn diese kurz vor dem Öffnen sind.

Wenn man gar keine Amme auftreiben kann, muß man die Welpen eben künstlich ernähren. Eine Stunde oder früher nach der Geburt werden sie hungrig sein und wimmern. Wenn man im ersten Moment noch keine Säuglingsmilch im Hause hat, kann man ihnen zunächst abgekochte Milch, mit einem Eigelb vermischt, eingeben. Auch Vollmilch mit darin aufgelöster Trockenmilch ist in dieser Notsituation sehr gut. Die Milch wird nur kurz erhitzt und dann die angerührte Trockenmilch darunter gemischt. Kuhmilch ist viel ärmer an Fett und Eiweiß als die Hündinnenmilch, die gut dreimal mehr Nährwert hat. Deshalb muß Kuhmilch mit Rahm, Kaffeerahm oder eben mit Trockenmilch angereichert werden, wobei letztere stärker oder weniger konzentriert beigefügt werden kann. Für künstliche Ernährung über längere Zeit empfiehlt es sich aber, eines der gebräuchlichen Säuglingsmilchpulver zu kaufen, dem man, wenn die Welpen älter sind, auch noch die verschiedenen Cerealien beifügen kann. Es gibt heute auch spezielle Welpensäuglingsmilch, die speziell den Bedürfnissen eines Hundebabys angepaßt ist. Ihr Tierarzt kennt sie.

Die Größe des Welpen ist natürlich maßgebend für die Menge, die er zu Beginn erhalten soll, 1/2 - 1 Tropfpipette der Flüssigkeit dürfte im Durchschnitt genügen. Um zu vermeiden, daß

davon in die Lunge des Welpen kommt, der vielleicht noch Mühe mit dem Schlucken hat, gibt man ihm die Milch nur tropfenweise. Sollte man gerade keine Tropfpipette auftreiben können, kann man sich notfalls auch mit einem Wattestäbchen behelfen, das man in die Milch eintaucht und nachher im Mäulchen des Welpen ausdrückt. Allerdings muß man dabei aufpassen, daß sich die Watte nicht vom Stäbchen löst.
Auch einen kleinen Malerpinsel kann man als Tropferersatz gebrauchen; nachdem man ihn in die Flüssigkeit eingetaucht hat, kann der Welpe daran saugen. Letztlich ist auch eine kleine Injektionsspritze ganz praktisch, und man kann damit die Milch kontrollierter eingeben.
Nach dem Trinken und auch dazwischen muß der Welpe stimuliert werden zum Urinieren und Kotlassen; zuerst zum Absetzen des Meconiums, des schwarzen Darmpechs, alles Dinge, die sonst die Zunge der Mutter besorgt. After- und Bauchgegend werden mehrmals täglich mit einem feucht-warmen Wattebausch oder mit Kleenextüchlein so lange leicht massiert, bis die Welpen entleeren. Falls man keine Amme findet, muß man dies die ganzen ersten drei Wochen über machen, bis die Welpen alt genug sind, diese Körperfunktionen selbst auszulösen.

Die Amme
Hat man eine passende Amme gefunden, geht es zuerst darum, daß sie ihre Pflegekinder akzeptiert. Wenn man den Wechsel oder das «Unterlegen» der Welpen nicht mit Umsicht ausführt, kann es vorkommen, daß die Amme die Fremdlinge tötet. Zuerst wird sie aus dem Zimmer, oder noch besser aus dem Hause entfernt. Unterdessen werden die verwaisten Welpen nach und nach zwischen die eigenen Welpen der Hündin gelegt, nachdem man die Waisen zuerst etwas gegen die Bäuchlein der anderen gerieben und möglichst auch etwas Kot und Urin der «echten» Welpen über sie gestrichen hat. Damit sollen sie den

Abb. 22. Eine brave Dalmatinerin hat diese drei Border Terrier-Welpen vollständig akzeptiert und ist stolz auf ihre Adoptiv«kinder».

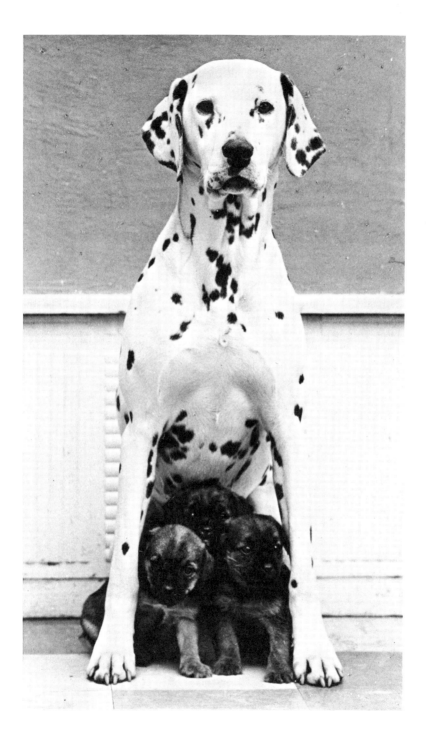

vetrauten Geruch bekommen. Auch ein wenig Butter könnte man über alle Welpen streichen, damit sie von der Amme geleckt werden.

Die Amme wird, wenn sie zurückgebracht wird, die Neulinge beschnuppern und umherschupsen. Man sollte sie dann dazu bringen, daß sie sich niederlegt, und ihre eigenen Welpen werden sich bestimmt sofort an die Zitzen begeben. Gleichzeitig setzt man ihr nun auch ein Pflegekind nach dem anderen an und vergewissert sich, daß alle stark genug sind zum Saugen. Später hält man der Hündin zuerst einen eigenen Welpen zum Belecken hin und dann die Neulinge. Sobald sie beginnt, diese zu lecken und an sich zu schieben, hat sie sie wahrscheinlich angenommen.

Man kann es auch so machen, daß man der Hündin immer nur je einen Welpen in die Wurfkiste gibt, nachdem man ihn wie oben «vorbehandelt» hat. Wenn sie ihn akzeptiert hat und saugen läßt, kommt der nächste, bis die «Familie» schließlich vollzählig ist.

Besonders mütterliche Hündinnen werden ihre Pflegekinder willig annehmen. Doch gibt es auch Hündinnen, die vielleicht nicht gerade überragende Mütter sind und ihre Pflichten gerade noch befriedigend erfüllen — bei diesen braucht es dann etwas Geduld und extra Vorsicht, bis es schließlich doch meistens klappt. Jede dieser Situationen muß individuell behandelt werden. Sogar wenn die Hündin alle Welpen saugen läßt, muß man sie noch beobachten. Merkt man, daß sie nach einiger Zeit die Pfleglinge anknurrt, heißt es wohl, daß sie noch nicht akzeptiert wurden, und man muß die Kleinen eine Zeitlang entfernen, am besten mit zwei eigenen Welpen der Hündin. Man legt sie alle zusammen in eine nicht zu große Schachtel und hält sie warm. Vielleicht haben die Waisen dann den Geruch besser aufgenommen, und man kann sie der Hündin nach einiger Zeit mit Erfolg zurückgeben.

Es gibt Rassen, wo sich fast alle Hündinnen bestens zu Ammen eignen, aber es gibt auch Hündinnen, die jegliche Einmischung des Menschen ablehnen. Z.B. Boston-Terrier wollen nach Kaiserschnitt meist nicht einmal die eigenen Welpen annehmen und können nur äußerst selten als Ammen eingesetzt werden.

Bevor man die Amme mit ihren Pfleglingen verläßt, muß man sich vergewissern, daß alle Welpen trinken und von der Mutter geleckt werden — erst dann kann man sicher sein, daß alles wieder seine Ordnung hat!

Hilfsartikel bei der künstlichen Ernährung
Das Hilfsmittel, das man zur Handaufzucht der Welpen auswählen muß, hängt von deren Größe ab.
Man wird wohl in jedem Haushalt eine Tropfpipette auftreiben können. Diese muß gründlich gereinigt werden. Den kleinen Gummiball nimmt man ab, und dann werden die einzelnen Teile drei Minuten lang ausgekocht. Als «Schnuller» könnte man ein kleines Stück von einem Veloventilschläuchlein abschneiden. Natürlich muß es ebenfalls steril gemacht werden.
Auch mit einer Injektionsspritze kann man sich anfangs behelfen; damit kann man die Flüssigkeit sehr kontrolliert eingeben.
Kleine Puppenflaschen sind dienlich, aber man hat ständig Ärger mit dem viel zu weichen Gummi des Schnullers.
Möglicherweise kann man auch eine Spezialflasche in einem Geschäft für Tierbedarf kaufen. In England gibt es da verschiedene Modelle.
Eine Frühgeburtenflasche für Säuglinge (man erhält sie im Sanitätsgeschäft oder vielleicht auf der Säuglingsabteilung eines Spitals) oder für größere Welpen auch eine gewöhnliche Babyflasche kann man benützen, wenn die Welpen stark genug sind zum Saugen. In den Schnuller brennt man mit einer glühenden Nadel zwei bis drei Löcher; das Saugen geht besser, wenn man nicht bloß *ein* großes Loch macht.
Die Ernährung mit der Magensonde (s. S. 184) schließlich ist eine besonders einfache und sichere Methode, die Welpen zu füttern, besonders wenn man mehrere zu verpflegen hat. Dazu braucht man eine Sonde oder einen Katheter, ein dünnes biegsames Schläuchlein, das man beim Drogisten oder Apotheker erstehen kann. Die Sonde muß an eine 5- oder 10-cc-Injektionsspritze passen.

Anzahl Mahlzeiten
Wie häufig die Welpen gefüttert werden müssen, hängt von deren Rasse und Größe ab. Die meisten Welpen gedeihen, wenn sie Tag und Nacht alle drei Stunden genährt werden. Frühgeburten oder sonst sehr kleine Hundekinder (unter 100 gr Körpergewicht) müssen alle zwei Stunden gefüttert werden. Die künstliche Aufzucht eines Welpen ist also sehr anstrengend und ermüdend und lastet meist auf den Schultern einer schon überlasteten Hausfrau. Das Leben wird etwas einfacher, wenn sich zwei Personen in die Arbeit teilen, vor allem nachts. Wenn die eine Hundepflegerin um Mitternacht füttert und die andere dann um drei Uhr früh übernimmt, kann die erste doch zu sechs Stunden Dauerschlaf kommen vor der nächsten Fütterung um sechs Uhr früh. Für eine Einzelperson wird die Belastung beinahe unerträglich und bei einem größeren Wurf zur Vollzeitbeschäftigung. Tage und Wochen vergehen, und der Züchter wird täglich müder. Da kommt man schnell einmal in Versuchung, die Welpen zu rasch zu füttern, besonders in der Nacht. Es braucht dann nur sehr wenig, daß sich der Welpe «verschluckt», Flüssigkeit in die Atemwege bekommt und daran stirbt — die ganze Mühe, die man sich gemacht hat, war vergeblich. Deshalb finde ich die Fütterung mit der Tropfpipette recht gefährlich und empfehle immer wieder die Ernährung mit der Magensonde (s. S. 184). Bei schon etwas größeren Welpen kann man bald mit sechsstündigem Intervall nähren, und mit der Magensonde geht das sehr schnell und präzise. Manche Züchter haben Angst vor dieser Methode, dabei ist sie wirklich einfach, so simpel, daß sie von einem zehnjährigen Schulkind erlernt werden kann.

Fütterung mit Tropfpipette oder Säuglingsflasche
Bei der künstlichen Ernährung ist das Einhalten eines genauen «Fahrplans» sehr wichtig. Es ist unglaublich, wie schnell ein paar Stunden vorbei gehen. Man richtet sich mit Vorteil einen Wecker, damit man die nächste Futterzeit nicht vergißt. Am besten hält man immer alle erforderlichen Gegenstände auf einem Tablett bereit: Nebst Tropfpipette oder Milchflasche einen Eierbecher oder für größere Welpen eine Tasse für die

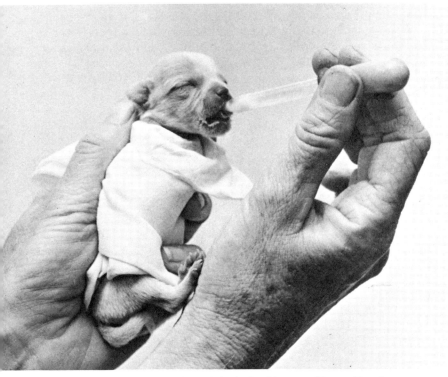

Abb. 23. Ein mutterloser Welpe wird mit der Pipette gefüttert. Damit er nicht zu sehr strampelt, sind seine Vorderbeinchen eingewickelt. Große Vorsicht ist geboten, damit keine Milch in die Atemwege gerät.

Milchmischung; eine Thermosflasche oder ein Wasserbad, um die Mischung warmzuhalten oder zu erwärmen. Kleenex oder Watte zum Reinigen der Welpen, und eine Serviette oder ein Stofftaschentuch, welche man um den Welpen wickelt, um ihn ruhig und sicher zu halten; etwas Babylotion oder auch Niveacreme.

Die größten Fehler, die von Anfängern beim künstlichen Ernähren gemacht werden, sind das zu schnelle und das Überfüttern der Welpen. Dabei ist es so einfach zu sehen, wenn sie satt sind. Sie schlafen dann ruhig und zufrieden von

Mahlzeit zu Mahlzeit; ihr Kot ist geformt, und die Verdauung ist in Ordnung. Die Welpen nehmen regelmäßig an Gewicht zu, was man täglich bei jedem einzelnen Welpen kontrollieren und registrieren sollte. Die Waage muß aber möglichst auf das Gramm genau sein, besonders bei sehr kleinen Hunden. Werden die Welpen falsch (oder zu knapp) gefüttert, wird das Wimmern und Kreischen nicht ausbleiben; der Kot wird dünn und grünlich/gelb, und man kann noch unverdaute Teile darin erkennen. In diesem Fall muß die Milchmischung verdünnt werden. Auch wenn die Welpen zu wenig Nahrung erhalten, schreien sie, und ihre Bäuchlein sind flach, die Haut trocken und runzelig. Da muß man die Futtermenge langsam erhöhen, bis sich die Welpen zufrieden zeigen. Die erste Mahlzeit muß langsam und tropfenweise eingegeben werden, und die Welpen werden das Saugen nach und nach erlernen. Bei manchen klappt dies augenblicklich, für andere braucht es etwas Geduld. Einmal täglich sollten die Welpen auch ein Vitaminpräparat erhalten, einfachheitshalber in Tropfenform. Am besten befragt man den Tierarzt, der auch über die Dosierung Auskunft geben wird; es hat keinen Zweck, zuviel davon zu geben.

Am besten wäre es, wenn man die Milchmischung jedes Mal neu anrühren würde. Doch es schadet auch nicht, wenn die ganze Tagesration gleich auf einmal angerührt und dann zwischen den Mahlzeiten im Kühlschrank aufbewahrt wird. Die benötigte Ration wird dann für jede Mahlzeit im Wasserbad erwärmt; die Mischung sollte blutwarm sein, damit sie in der Temperatur der Muttermilch entspricht. Gleichzeitig kann man im Wasserbad auch noch die Flasche oder Tropfpipette vorwärmen.

Der Welpe muß im Verhältnis zu seinem Körpergewicht und nicht nach seinem Alter gefüttert werden. Als Richtmaß kann man annehmen, daß ein Welpe von 150—180 g Körpergewicht pro Mahlzeit zirka 3/4 des Inhalts einer Tropfpipette zu sich nehmen kann. Wenn man nachher die Finger sachte auf das volle Bäuchlein des Welpen legt, sollte es unter dem Druck auf beiden Seiten etwas abstehen, und wenn man an der Seite drückt, sollte diese noch nachgeben. Fühlen sich die Seiten ganz prall an, hat man den Kleinen überfüttert.

Zum Füttern wird der Welpe sachte aufgeweckt und dann aufgenommen. Ein starker und gesunder Welpe wird zappeln und strampeln mit allen Vieren, und die Vordergliedmaßen wird er sicher über seinem Kopf ausstrecken, was ich immer die «Allah-Allah»-Position nenne. Ein Stofftaschentuch oder eine Serviette wird fest um den Kleinen geschlungen, wobei seine Vorderbeinchen eingewickelt werden. Die Hintergliedmaßen bleiben dabei frei, damit er strampeln kann, ähnlich wie er das auch bei der Mutter machen würde. Weil sehr lebhafte Welpen mit den Vorderläufen den Tropfer oder die Flasche aus dem Mäulchen schlagen können, werden diese eben mit dem Tuch stillgelegt. Man kann ihm noch ein Kleenextüchlein als Lätzchen für sehr unordentliche Esser um den Hals legen. Die Mischung wird auf Temperatur geprüft und dann dem Welpen sorgfältig eingegeben. Es kommt vor, daß man Welpen zuerst zum Trinken ermutigen muß. Man spritzt wenige Tropfen auf seine Zunge, und er wird bald merken was kommt und genüßlich saugen. Es ist am besten, wenn man ihn in Bauchlage füttert, d.h. in seiner natürlichen Position beim Trinken; es besteht so auch weniger Gefahr, daß er sich verschluckt. Nach dem Trinken muß man ihm Augen und Mäulchen mit einem leicht feuchten Wattebausch abwischen und alles wieder gut trocken reiben.
Dann muß man dem Welpen Bäuchlein und After massieren, bis er sich entleeren kann. Beim Rüden reibt man vorwärts am Penis entlang, bei der Hündin vom Nabel hinunter Richtung Schwanz, um die Welpen zum Urinieren zu bringen. Nachher werden sie abgetrocknet, und man schmiert etwas Niveacreme an After und Bauch, wenn sie ausgetrocknet aussehen. Wenn der After gerötet oder gar entzündet ist, hilft Babylotion oder Babypuder, damit trocknet die Stelle ab und kann heilen.
Jeder gefütterte Welpe kommt in eine separate Schachtel oder in einen Korb, bis alle fertig gefüttert sind. So kriegt jeder seinen Teil und keiner kann aus Versehen zweimal gefüttert werden, während ein anderer leer ausgehen muß. Dies könnte ja leicht passieren, wenn sich die Kleinen wie Erbsen in einer Schale ähnlich sehen. Nachher kommen sie alle zum verdienten Schlaf in die eigentliche Wurfkiste zurück.

Schwierigkeiten bei der Fütterung
Gelegentlich kommt es vor, daß ein Welpe, weil er sehr hungrig ist, zu schnell trinkt und zu gierig schluckt. dann muß man den Schnuller wegziehen. Entweder wird der Welpe nun mit weit offenem Mund weitersaugen, als wäre der Schnuller noch in seinem Mund, was uns anzeigt, daß er noch immer sehr hungrig ist; oder seine Zunge bleibt am Gaumen kleben. Wie immer die Situation, beides muß sofort gestoppt werden: wenn das Mäulchen offen bleibt, muß man es schließen, oder wenn die Zunge stecken blieb, muß man sie mittels der Tropfpipette lösen.
Wenn ein Welpe genug oder zu schnell getrunken hat, bläst und zieht er oft am Schnuller und bringt dabei falsche Luft in Flasche oder Tropfer. Dies muß reguliert werden, der Kleine darf nicht mehr so schnell trinken, sonst könnte Flüssigkeit in seine Luftwege geraten. Manchmal bläst er sie auch durch die Nase zurück. Bei Verdacht, daß etwas in die Atemwege geraten sein könnte, hält man den Welpen fest in einer Hand und stützt sein Genick gut ab, dann schüttelt man ihn einmal Kopf abwärts. Dies würde etwaige Milch aus Nase und Hals hochbringen. Nachher muß sein Gesicht abgewischt werden.

Ernährung mit der Magensonde
Wenn man einen großen Wurf künstlich aufziehen will, ist dies eine ausgezeichnete Methode. Es sieht wohl für den Anfänger recht gefährlich aus, und man läßt sich am besten vom Tierarzt zeigen, wie es gemacht wird. Auch für diese Methode sollten die verwendeten Geräte vorher ausgekocht werden. Man braucht dazu einen feinen, dünnen Gummischlauch oder Katheter, beziehungsweise eine Sonde, die im Durchmesser an eine 5- oder 10-cc-Spritze paßt. Mit einer Haarklemme markieren wir die Stelle, bis zu welcher die Sonde eingeführt werden darf. Man mißt dies vom Mund bis zum Magen an der Außenseite; was an der Sonde zu lang ist, wird abgeschnitten. Die Milchmischung soll richtig temperiert bereitstehen. In die Spritze wird ein wenig mehr als der Welpe braucht aufgezogen. Der Welpe wird auf ein warmes Tuch flach auf den Bauch gelegt. Zuerst öffnet man ihm das Mäulchen am Mundwinkel mit der Fingerspitze

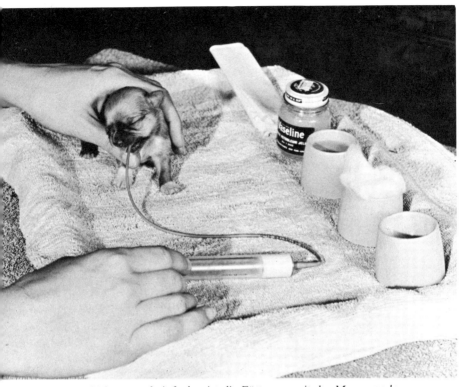

Abb. 24. Sicherer und einfacher ist die Fütterung mit der Magensonde. Hier ist sie in vollem Gang. Text dazu s.S. 184. Die Methode ist einfacher, als man denkt, und beim Aufziehen von Waisenwelpen sehr praktisch.

und führt dann die Sonde in den Mund ein. Normalerweise wird jetzt der Welpe automatisch das Schläuchlein hinunterschlucken, vor allem wenn es vorher in die Milch eingetaucht wurde und so besser schmeckt.

Es ist wichtig, daß man den Kopf des Welpen vorwärts und abwärts hält, während man die Sonde einführt, damit sie direkt in den Magen geht. Hält der Welpe den Kopf nach hinten gebogen, könnte die Sonde versehentlich in die Luftwege geraten, und wenn man nachher die Milch dorthin einspritzen würde, müßte dies zum Tode des Welpen führen. Sobald die

Markierung vor dem Mund angekommen ist, wird die Sonde mit den Fingern der Hand, welche den Welpen über dem Rücken festhält, fixiert. Zur Sicherheit kann der Anfänger nachprüfen, ob die Sonde wirklich im Magen liegt. Wenn man das andere Ende der Sonde ans Ohr hält, wäre die Atmung des Welpen hörbar, wenn sie in der Lunge gelandet wäre. Bleibt alles ruhig, darf man daraus schließen, daß die Sonde sicher im Magen liegt. Die Luft wird nun ab Markierung zum Ausgang der Sonde gepreßt, und dann wird die Sonde an die gefüllte Spritze angeschlossen. Welpe und Spritze sollen flach auf dem Tisch oder Tablett liegen, und am Ende der Sonde darf keine Schlinge sein. Dann wird der Spritzenkolben langsam vorwärts gedrückt, bis die Hälfte des Inhalts im Magen ist. Man wartet ein paar Sekunden und fährt dann mit der Fütterung fort. Man kann fühlen, wie sich der kleine Magen ausdehnt; wenn sich das Bäuchlein voll, aber nicht prall anfühlt, hat der Welpe genug. Ein bis zwei Sekunden später zieht man die Sonde ziemlich schnell in einem Ruck hinaus. Der Welpe wird gereinigt und zur Versäuberung stimuliert, wie nach der gewöhnlichen Fütterung. Mit etwas Übung wird man bald zu schätzen wissen, wie einfach und wie schnell diese Art der künstlichen Ernährung ist, und wie einfach man die erforderliche Menge für jeden Welpen abschätzen kann. Es ist stets besser, wenn der Welpe etwas zu wenig erhält, als ihn zu überfüttern. Welpen, die so ernährt werden, brauchen auch kaum Energie zum Saugen und ermüden nicht. Man kann ihnen auch größere Quantitäten aufs Mal eingeben, und wenn sie kräftig genug sind, kann man sie so auch im sechsstündigen Rhythmus verpflegen, was natürlich für den Züchter eine ziemliche Entlastung bedeutet. Natürlich muß man sich von den individuellen Bedürfnissen des einzelnen Welpen leiten lassen. Wenn er sechs Stunden lang zufrieden ist und schläft, kann man die Mahlzeit in diesem Abstand planen; zeigt er sich aber vorher hungrig, muß er eben schon nach vier oder fünf Stunden gefüttert werden. Sehr winzige Welpen werden zwangsläufig öfters ernährt werden müssen. Falls es mit dem Sechs-Stunden-Turnus klappt, sollte die letzte Mahlzeit um Mitternacht und die erste um sechs Uhr früh gegeben werden. Hat sich diese Routine einmal eingespielt, kann man sogar einen Sechser- oder Achterwurf in weniger als einer halben Stunde versorgen, was für die Hausfrau sicher eine große Entlastung bedeutet.

Der verwaiste Welpe wird entwöhnt
Künstlich ernährte Welpen sollte man so früh wie möglich «entwöhnen», das heißt, man lehrt sie schon im Alter von 2—3 Wochen, aus dem Teller zu fressen.
Welpen, die weder eine Mutter noch eine Amme als Vorbild hatten, muß man beibringen, wie sie aus dem Teller auflecken und fressen sollen. Anfangs ist dies eine ziemlich schmutzige Angelegenheit, aber lernen müssen sie es.
Man reicht das Futter in einem ziemlich flachen Teller. Da der Welpe noch wenig Kontrolle über seine Bewegungen hat, wird er auch in den Teller treten oder gar hineinfallen und wird bald aussehen wie ein kleines Ferkel aus dem Schlammbad, aber er lernt schnell «anständig essen».
Sonst geht die Entwöhnung vor sich, wie bei gewöhnlichen Welpen auch. Man sollte verwaiste Welpen auf eher kleinem Raum schlafen lassen, damit sich die Kleinen in Gesellschaft befinden und gegenseitig wärmen und stimulieren können. Man muß aber aufpassen, daß sie sich nicht gegenseitig an Körperteilen lutschen (s. S. 162).
Die Beziehung zwischen dem Züchter und von Hand aufgezogenen Welpen ist natürlich viel inniger und tiefer. Die stete Sorge, konstante Pflege und der nahe Kontakt führen zu einer starken Bindung. Leider werden solche Welpen auch ziemlich verwöhnte Hundekinder, vor allem wenn einer ein «Einzelkind» war. Da kann es später zu einigen Erziehungsproblemen kommen, weil so ein Welpe oft einen recht eigenwilligen Charakter aufweist.
Erfolge mit künstlicher Aufzucht sind jedoch auf jeden Fall sehr befriedigend, und der Züchter wird damit für all die zusätzliche Mühe und Arbeit reichlich belohnt.
Verwaiste Welpen sollte man weder kupieren noch ihnen die Afterkrallen entfernen, bevor man sicher ist, daß sie «es schaffen» werden und erst dann, wenn sie ordentlich kräftig sind.

Bei Durchfall müssen sie sofort behandelt werden, da er möglicherweise auch durch eine Infektion verursacht sein könnte, nicht bloß durch falsche Ernährung. Auch Spulwürmer könnten daran schuld sein. Auch diese Welpen müssen unbedingt spätestens in der dritten Lebenswoche entwurmt werden.

Kapitel 15: Die Welpen wachsen heran

Die Prinzipien der Aufzucht junger Welpen bleiben sich für Rassen aller Größen gleich. Zugluftfreies und warmes Wohnquartier für die notwendige Ruhe und gemeinsames Spielen und Bewegen in frischer Luft und viel Sonne sind von größter Bedeutung für eine erfolgreiche Aufzucht junger Hunde. Dazu kommt nebst gutem Futter auch der positive Einfluß durch die Umwelt — wichtig eine vertrauensvolle Beziehung zum Menschen — und normale Kontaktmöglichkeiten mit Geschwistern und anderen Hunden. All dies ist erforderlich für die normale körperliche und psychische Entwicklung eines Hundes.
Nach der Entwöhnung läßt man den ganzen Wurf zusammen zum Schlafen, falls kein «Flegel» darunter ist, der seine Geschwister ständig plagt und tyrannisiert. Bei gewissen Rassen, insbesondere bei Terriers, kann man selten mehrere Welpen beisammen lassen, denn es gibt unter ihnen oft arge Raufer. Sogar wenn man bloß zwei Terrier-Welpen zusammenhausen läßt, muß man ihnen zwei Schlafplätze bieten, sonst werden sie bestimmt um das eine Bett streiten. Sind aber zwei Körbe da, werden sie sicher glücklich beieinander im gleichen «Nest» schlafen.

Erste Schritte zur Stubenreinheit
Wenn die Schlafstelle klein genug ist, werden die Welpen selten ihr Bett beschmutzen, denn sobald sie alt genug sind, werden

sie schon instinktiv fern vom Lager ihre «Sachen» verrichten. Sobald die Kleinen erwachen, «müssen» sie, und da kann man ihnen ziemlich schnell beibringen, auf Zeitungspapier zu gehen, das man außerhalb des Bettes ausgelegt hat. Anfangs muß man sie vielleicht hinausheben — Sekunden später kommt das kleine Bächlein. Man läßt zuerst eine beschmutzte Zeitung liegen, damit die Stelle für den Welpen den bewußten Geruch hat, womit er lernt, wo man von ihm erwartet, daß er sich versäubert. Das Zeitungspapier wird mit der Zeit immer weiter von der Schlafstelle entfernt ausgelegt, die Welpen werden ihr «Geschäft» dort erledigen, damit ist der erste Schritt zur «Stubenreinheit» getan.

Das Welpenhaus
Die Größe der Räumlichkeit, in der Welpen aufgezogen werden, wird bestimmt durch die Rasse und die Anzahl der Hunde, die in einem Zwinger gehalten werden. Es kann ja vorkommen, daß bis zu vier und mehr Hündinnen gleichzeitig Nachwuchs haben und so an die vierzig Welpen zusammen kommen. Da baut man am besten ein eigenes Welpenhaus mit getrennten Ausläufen und Abteilen, je nach Bedarf und finanziellen und technischen Möglichkeiten. Es muß gut konstruiert und isoliert sein. In Gegenden mit feuchtem und kühlem Klima muß auch eine Heizmöglichkeit vorhanden sein. Eine gut installierte, thermostatisch regulierbare Heizung wäre das Idealste, vor allem auch nachts, wo die Temperaturen häufig absinken, was jungen Welpen gar nicht gut bekommt. Infrarot-Lampen sind auch sehr praktisch, denn sie können außer Reichweite der Welpen aufgehängt werden, und sie verbreiten genügend Wärme für die Hundekinder, die nicht mehr vom Muttertier warm gehalten werden.

Der Welpen-Auslauf
Welpen brauchen sehr viel Sonne, aber im Sommer und an heißen Tagen müssen sie auch ein schattiges Plätzchen aufsuchen können. Der Auslauf darf auch nicht direkt dem Wind ausgesetzt sein oder muß dann durch Seitenwände abgeschirmt werden. Ideal wäre es, wenn man ein gedecktes Innenquartier

und einen äußeren Auslauf einrichten könnte. Ein gedeckter Auslauf ist bei nassem Wetter und natürlich besonders im Winter eine herrliche Einrichtung.
Die Ausläufe müssen mit starkem Gitterdraht eingezäunt werden. Zwischen den einzelnen Abteilen muß man eine Trennwand erstellen, damit sich die Welpen nicht sehen können, was unnötiges Gekläff verhütet. Diese Trennwand kann aus Holz oder Stein errichtet werden. Eine etwa 60 cm hohe Backsteinmauer eignet sich vorzüglich, weil die Welpen so auch keine Gänge unter dem Zaun zueinander graben können. Allerdings kommt so ein Mäuerchen auch recht teuer zu stehen. Wenigstens einmal täglich sollten die Welpen auch völlig frei herumtollen dürfen. Die Welpen müssen psychisch immer neu angeregt werden, indem man ihnen stets neue Dinge zu sehen gibt und die Gelegenheit bietet, neue Erfahrungen zu machen. Für Zwergrassen, die oft ganz im Haus und sogar in der Küche aufgezogen werden, kann man einen Gitterdraht um die Füße des Küchentisches spannen. Daraus entsteht ein prima Auslauf für die Kleinsten. Auch ein mit Gitterdraht umspanntes Kinderlaufgitter leistet dazu gute Dienste.
Zur Zeit der Ernte darf man Welpen niemals unter Obstbäumen spielen lassen. Es ist schon vorgekommen, daß ein kleiner Hund von herunterfallenden Früchten erschlagen wurde.

Sauberkeit im Auslauf

Es ist immer ein Problem, wie man mit den Unmengen von Kot und Urin fertig werden soll, die so ein Wurf oder gar mehrere von sich geben. Eine praktische Methode ist die Ausbreitung eines großen Plastiktuches, welches man mit vier Pflastersteinen, einen in jeder Ecke, festhält. Man legt Zeitungspapier aus, worauf die Welpen nachher ihre «Geschäfte» erledigen. Das Papier kann, wenn es beschmutzt ist, leicht entfernt und in den bereitgestellten Abfallsack geräumt werden. Das Plastiktuch kann abgespritzt oder abgewaschen werden. Das ist einfacher und schneller, als stets mit Schaufel und Bürste zu hantieren. Allerdings muß man dabei aufpassen, daß die Welpen nicht am Plastiktuch herumbeißen und nagen oder es sogar anfressen.

Die Ausläufe müssen täglich gereinigt werden, und auch harmlos scheinende Dinge, wie Äste und Zweige von umstehenden Bäumen, müssen fortgeräumt werden. Ich habe einen zirka 30 cm langen Zweig gesehen, der in den Auslauf von Doggenwelpen gefallen war. Er wurde von einem Welpen aufgehoben und weggetragen, wobei dieser wahrscheinlich in irgend etwas hineingerannt sein muß. Jedenfalls stellte der Tierarzt später ganz hinten im Hals einen Gegenstand fest, der sich, herausgezogen, als der Zweig entpuppte. Leider hat man den Welpen am nächsten Morgen tot aufgefunden. Eine anschließende Sektion erbrachte die traurige Bilanz, daß der Zweig den Darm und eine Niere durchstoßen hatte. Wer hätte gedacht, daß ein so kleiner Zweig soviel Schaden anrichten könnte!

Schlafstelle der Welpen
Auch wie das Bett aussehen muß, ist vorwiegend rassebedingt. Für einen Wurf der kleineren Rassen ist eine warme Decke ausgezeichnet. Für große Rassen eignen sich mit Holzwolle gefüllte Säcke sehr gut. Holzwolle ist warm, sauber und nicht staubig, aber man sollte sie nie für Welpen unter drei Wochen oder für Welpen mit seidigen, langen Haaren wie Malteser und Yorkshire Terriers verwenden. Sägemehl sollte meiner Ansicht nach nie gebraucht werden. Es macht viel Unordnung, gerät in die Augen der Welpen und in ihr Futter und ist recht mühsam zum Aufputzen. Sägemehl von dunklem Holz verfärbt sogar, wenn es naß ist, ein helles Haarkleid der Welpen. Um allerdings große Urinlachen der großen Rassen aufzusaugen, ist Sägemehl sicher nicht übel, und auch bei Durchfall kann damit der Kot gut entfernt werden.
Tücher und Säcke können den Welpen aber auch gefährlich werden, wenn sie zerrissen sind oder lange Fransen und Fäden haben. Stofflöcher müssen ganz aufgeschnitten werden, denn die Welpen könnten sich darin verstricken, Gliedmaßen könnten abgeschnürt werden, und sie könnten sich sogar selbst erwürgen.

Spielen
Welpen, wie Kinder, dürfen sich nicht langweilen, und man muß ihnen Gelegenheit und Spielzeug zum Spielen geben. Letzteres braucht nicht teuer zu sein. Eine Büchse mit ein paar Steinen darin macht herrlichen Lärm und wird zum lustigen Spielzeug, aber sie muß gut verschlossen sein, damit sie sich nicht plötzlich öffnet und die Steine vom Welpen verschluckt werden.
Ganz große, rohe Knochen (Gelenke) sind gut für die Zähne und bester Zeitvertreib. Alte, an vier Ecken verknotete Tücher dienen zum «Tauziehen» für mehrere Welpen. Hartgummibälle, die nicht zerbissen und angenagt werden können, sind auch beliebt und ungefährlich.

Bewegung und Ruhe
Alle Welpen brauchen Bewegung, aber bis sie etwa vier Monate alt sind, müssen sie noch nicht gezielt bewegt werden, und sie brauchen noch kein Muskeltraining. Junge Welpen ermüden noch sehr rasch und merken und zeigen es selbst, wieviel Bewegung sie verkraften können. Ihre Spiele müssen immer wieder durch Ruhepausen und viel Schlaf unterbrochen werden. Man soll auch verhindern, daß sie von hohen Stellen hinunterspringen, das könnte sich später in losen Ellenbogen äußern.

Gesundheitsprobleme

Durchfall
Die meisten Welpen und Junghunde haben ab und zu mal Durchfall, und man sollte es niemals allzu leicht nehmen. Möglicherweise ist die Ursache lediglich ein Futterwechsel, er kann aber auch durch Würmer, Erkältungen, Zahnwechsel oder Infektionen auftreten. Es ist wichtig, den Grund möglichst schnell abzuklären und daß die Behandlung sofort gestartet wird.
Gewöhnlich, wenn der Durchfall nur leicht ist, wird dreimal täglich Kaolin (noch besser Laktoferment) das Übel kurieren. Bei schwerem Durchfall muß man sofort einen halben bis gan-

zen Fasttag einschalten, und der Hund darf gar keine Milch mehr bekommen. Doch soll er viel Wasser trinken, damit er nicht austrocknet. Auch «Arobon» (Nestlé) ist ein harmloses, aber wirksames Mittel. Man löst es in warmem, abgekochtem Wasser auf. Später kann man Protogest und etwas Reis dazu geben. Geht es dem Welpen wieder besser und er hat kaum mehr Durchfall, kann man ihm zuerst etwas eingelegten Zwieback und nachher auch wieder die gewohnte Nahrung geben, nur mit der Milch sollte man noch weitere 24 Stunden warten.
Bei sehr argen Durchfällen muß der Welpe von den anderen Hunden isoliert werden für den Fall, daß es sich um eine Infektionserkrankung handeln sollte. Sollte man aber im dünnen Stuhl auch noch Schleim und Blut feststellen nebst einem sehr widerlichen Geruch, muß man zum Tierarzt. Diese Anzeichen sind sehr ernst und deuten auf eine schwere Infektion. Für Zwergrassen und sehr junge Welpen ist akuter Durchfall besonders gefährlich. Einem sehr kranken Welpen gebe ich stündlich ein wenig geschlagenes Eiweiß mit ein paar Tropfen Kognak. — Durchfallkot muß stets sofort aufgeputzt werden, denn er könnte ja eine Quelle der Infektion sein. Nach jeder Versäuberung muß frisches Papier gelegt werden. Auch der abgesonderte Welpe muß warm und sauber gehalten und der Bettinhalt muß vermehrt gewechselt werden.

Ein Rezept aus Großmutters Zeiten:
Dieses Stärkungsmittel hat schon vielen kranken Welpen geholfen und manchen vielleicht sogar das Leben gerettet. Es wird stündlich oder halbstündlich in kleinen Mengen eingegeben:
1 Eiweiß, geschlagen, 5 Eßlöffel Milch, 1 Eßlöffel Traubenzucker (Glukose), 1 Eßlöffel Kognak

Probleme mit den Augen
Gelegentlich leiden vor allem Welpen der kleinen Rassen an Augenentzündungen und -geschwüren. Ursachen sind fast immer Kratzer und Reizungen durch zu lange Krallen, mit denen sich die Welpen beim Spielen und wenn sie sich kratzen leicht verletzen, ferner können auch Infektionen dafür verantwortlich sein. Erste Anzeichen sind getrübte, bläuliche Augen.

Man läßt sich am besten vom Tierarzt eine Behandlung empfehlen, meist wird dies ein Cortisonpräparat sein. Wenn Augentropfen verschrieben werden, darf man sie nicht mitten auf den Augapfel tropfen lassen, sonst rollen sie einfach wieder davon. Man träufelt die Tropfen an der inneren Ecke des Auges auf die Bindehaut, dann kann das Medikament über den Augapfel auf die andere Seite fließen. Welpen mit Augenproblemen sollten zusätzliche Vitamine erhalten.

Die Räude
Sie ist der Schrecken der Züchter. Es gibt zwei Formen der Räude. Demodikose oder «falsche Räude» ist der echten Räude durch Sarcoptes-Milben (beim Menschen Krätzmilben genannt) sehr ähnlich, ist aber etwas weniger ansteckend. Dafür ist Demodikose viel häufiger anzutreffen, vor allem bei Dachshunden und bei schwarzen Hunden bestimmter Rassen, und sie ist langwieriger. Sie wird durch die Haarbalgmilbe verursacht. Welpen, die sauber gehalten sind, werden kaum von Sarcoptes-Räude befallen werden, aber mit Demodikose können sie schon durch die Hündin vor der Geburt angesteckt werden. Deshalb nennt man diese Art in England oft auch die Erb-Räude, obschon sie nicht im wahren Sinne des Wortes vererbt wird. Es werden meist junge Hunde zur Zeit des Zahnwechsels davon befallen oder auch Hunde, die kränklich oder schlecht ernährt sind. Die Tiere werden kahl um die Augen und auf dem Nasenrücken, später auch am Hals, Bauch und an den Gliedmaßen. Meist besteht kein Juckreiz, und es ist vielleicht deshalb, daß bei dieser Form von Räude selten Krusten und Schorf zu sehen ist, außer bei sehr schweren Fällen, wo man sogar eine Verdickung der Haut feststellen kann. Die Behandlung von Demodikose ist langwierig, und es treten immer wieder Rückfälle ein; wenn der Hund sich unpäßlich fühlt oder bei der Hündin, wenn sie in Hitze kommt, oder auch nach dem Werfen. Bei den Rassen, wo es bekannt ist, daß sie zu dieser Erkrankung neigen, müssen die Welpen schon beim ersten kleinen Flecken mit den vom Tierarzt verordneten Präparaten behandelt werden. Diese Form der Räude ist nur durch direkten Kontakt übertragbar. Entdeckt man sie in einem mischfarbigen

Wurf, werden bestimmt die schwarzen Welpen davon befallen sein. Sarcoptes-Räude kann mit den gleichen Medikamenten behandelt werden. Sie ist aber sehr ansteckend, und deshalb muß das Lager der Hunde gut mit 3 %iger Kreolinlösung desinfiziert werden. Läßt man das Abteil nachher mindestens vier Wochen leerstehen, sind die Milben mit Sicherheit abgestorben. Diese Milben graben richtige Furchen und Gänge in die Haut, und das befallene Tier leidet an schrecklichem Juckreiz. Geschützte Körperteile werden mit Vorliebe heimgesucht. Die Hunde kratzen sich ständig, und es bilden sich Krusten und Schorf. Werden die Tiere nicht frühzeitig behandelt, magern sie ab und sind total erschöpft. Die Krusten müssen aufgeweicht (in Kamillosan oder Schmierseife gebadet) und dann abgekratzt werden. Hernach werden die Stellen mit einem Präparat vom Tierarzt (evtl. Gammexan) bestrichen. Vielseitiges, kräftiges Futter, eventuell Vitamin-Zugaben und größte Reinlichkeit werden den Heilungsprozeß beschleunigen. Man kann die beiden Milben-Typen nur unter dem Mikroskop unterscheiden.

Virus-Krankheiten

Die *Staupe* wird durch ein Virus hervorgerufen. Weitaus am häufigsten werden Hunde im ersten Lebensjahr davon befallen; doch auch ältere, ungeimpfte Hunde können daran erkranken. Staupefälle gibt es vorwiegend, wenn das Wetter feucht ist und naßkalt, also im Frühjahr und im Herbst. Bei sehr kaltem oder heißem Wetter kommt sie kaum vor. Schlecht gehaltene Hunde, die keine kräftige Ernährung und zu wenig Bewegung erhalten, und zu früh entwöhnte Welpen sind die ersten «Seuchenkandidaten». Es gibt noch kein eigentliches Heilmittel, man behandelt lediglich die Symptome, wie sie auftreten. Die ersten Krankheitserscheinungen treten drei bis sechs Tage nach der Ansteckung in Erscheinung.
In der ersten Phase zeigen sich Appetitlosigkeit, entzündete und gerötete Augen, glanzloses, struppiges Fell, schleimiger Ausfluß aus Nase und Augen, Husten und Entzündung der Atemwege mit hohem Fieber. Später kommen noch Erbrechen und Durchfall dazu. Impft man zu diesem Zeitpunkt Staupe-Serum, kann der Hund noch ohne großen Schaden geheilt werden.

Diese Symptome klingen wieder ab, und der Hund ist vielleicht mehr als eine Woche lang fieberfrei. Doch der Schein trügt; in dieser Zeit werden auch die übrigen Organe von den Viren besiedelt, und es kommt noch zu einer bakteriellen Infektion. Plötzlich treten wieder hohe Fieber auf, der Nasen- und Augenausfluß ist jetzt eitrig geworden, und auf der Bauchhaut zeigen sich Eiterpusteln. Der Hund hat Lungen-, Magen- und Darmentzündung.

Wenn die Hunde diese zweite Phase überleben können und nicht an Schwäche und Erschöpfung gestorben sind, tritt erneut eine vorübergehende Besserung ein, die sich oft in übergroßem Appetit äußert.

Leider kann nun die Lungenstaupe noch in Nervenstaupe ausarten. Dies ist die gefährlichste, dritte Phase. Der Hund hat Krämpfe und Zuckungen und zeigt Lähmungserscheinungen, weil Rückenmark und Gehirn betroffen sind. Dazu kommt sehr hohes Fieber. Dieses Stadium geht fast immer tödlich aus oder überlebende Hunde sind für immer geschädigt.

Will man die erkrankten Hunde retten, muß man sie besonders gut und sorgfältig pflegen. Werden die Frühsymptome schnell erkannt, kann man das Schlimmste vermeiden, indem man dem Tier sofort das Staupe-Serum spritzen läßt. Jedes Symptom muß einzeln behandelt werden. Manchmal werden auch Antibiotica eingesetzt. Die Rekonvaleszenz dauert bis sechs Wochen, und während dieser Zeit braucht der Hund noch viel Ruhe und muß sich nur langsam wieder daran gewöhnen, auszugehen und sich Bewegung zu verschaffen. Auch die Futtermenge wird nur langsam wieder gesteigert, mit bestem Futter unter Zugabe von Vitaminen und Stärkungsmitteln.

Wenn auch nur *ein* Staupefall in einem Zwinger vorkommt, wäre es sicher weise, wenn man alle jungen Welpen mit einer Injektion von Gammaglobulin zusätzlich schützen würde.

Als weitere bösartige Infektion sind noch die ansteckende Leberentzündung (*Hepatitis contagiosa canis*), die *Leptospirosen,* vor allem die als «Stuttgarter Hundeseuche» bekannte, und die *Hartballenkrankheit* zu nennen.

Impfungen
Doch alle die Hundeinfektionskrankheiten müssen heute nicht mehr der Schrecken von Hundehaltern und Züchtern sein, denn die Tiere können ja rechtzeitig schutzgeimpft werden.
Zuerst sind die Welpen noch durch die Kolostralmilch geschützt. Es wird die Ansicht vertreten, daß man die Welpen nicht vor der 10.—12. Woche impfen sollte, weil die Abwehrstoffe der Kolostralmilch eine Barriere für die Impfstoffe bilden und diese daher nicht mehr voll wirksam sein könnten. Deshalb empfehlen viele Tierärzte, daß die Welpen erst dann geimpft werden sollen, wenn die Schutzwirkung der Muttermilch verloren ist.
Serum-Injektionen sind nur zirka drei Wochen wirksam und können als erster Schutz in der Übergangszeit dienen (auch als zusätzliche Schutzmaßnahme für Reisen und Ausstellungen). Nachher müssen Welpen aber richtig geimpft werden. Heute gibt es Impfstoffe, die schon früh verabreicht werden können. Es empfiehlt sich, bei den Welpen etwa sieben bis neun Wochen nach dem Entwöhnen die erste kombinierte Staupe/Hepatitis-Impfung machen zu lassen und dann eine zweite Impfung mit Staupe/Hepatitis/Leptospirosevaccinen nach vier Wochen vorzunehmen. Die Impfungen müssen jährlich (oder bei gewissen Impfstoffen alle 2 Jahre) wiederholt werden, nach Anweisungen des Tierarztes.
Kein Impfschutz, weder beim Menschen, noch beim Hund, ist hundertprozentig. Vor allem bei Staupe, wo ebenfalls verschiedene Erreger im Spiel sind, wo es mindestens fünfzig verschiedene Virenarten gibt, und bei Leptospirose, kann man sich vorstellen, wie breit das Spektrum der Vakzine sein müßte. Ein Hund sollte immer mit den Impfstoffen des Landes geimpft werden, in dem er leben muß, da er ja vor dort bekannten Viren geschützt werden muß. Nach der Schutzimpfung sollte man die Welpen noch zwei Wochen isoliert halten. Ansteckung in dieser Zeit würde den Hund gefährden, denn er wäre der Doppel-Belastung durch eine Infektion und den Immunisierungsprozeß wohl kaum gewachsen. Auch vor Erkältung muß er geschützt werden.
(Über die wichtigen Impfungen gegen die Tollwut brauchen wir

keine Worte zu verlieren — sie sind in unseren Ländern praktisch obligatorisch. Anm. d. Übers.)

Körperpflege
Diese beginnt eigentlich im kleinen gleich nach der Geburt, indem man den Welpen hält und streichelt und so daran gewöhnt, daß er angefaßt wird.
Langhaarige Rassen, die nach Standard keine Unterwolle brauchen, kann man sanft mit einer weichen Bürste *bürsten*. Das regt die Zirkulation an und macht das Fell seidig und glänzend. Doch dieses Babyfell wird mit etwa zwölf Wochen gewechselt. Bei einigen Rassen (z.B. Malteser und Pudel) findet kein eigentlicher Haarwechsel statt, hingegen bei jungen Spitzern wird man ihn deutlich erfahren. Bei Langhaar-Rassen ist der Haarwechsel sehr offensichtlich, und die Hunde müssen in dieser Zeit vermehrt gebürstet und gekämmt werden.
Jeder Welpe soll täglich untersucht werden. Die *Augen* müssen mit etwas Watte oder einem feuchten Lappen ausgewischt werden. Viele Rassen neigen zu tränenden Augen, was durch Zugluft und sonstigen starken Wind noch verstärkt auftreten kann. Besonders bei Hunden mit hellem Haarkleid entstehen dadurch unter den Augen oft häßliche Verfärbungen. Zur erfolgreichen Bekämpfung streut man sehr vorsichtig etwas Borax-Puder an die Stellen unter dem Auge, wo die Tränenflüssigkeit über das Fell geflossen ist, und läßt ihn dort wie eine Paste antrocknen. Damit werden Haut und Fell getrocknet, und es ist erstaunlich, wie gut gleichzeitig auch die Flecken verschwinden.
Auch die *Ohren* erfordern häufige Kontrollen, vorab bei Rassen mit Hängeohren wie z.B. Spaniels, Dackel und Bluthunde. Da ist der «Ohrzwang», ein Ekzem der Ohrmuschel und des Gehörgangs, eine bekannte Erscheinung. Die Entzündung entwickelt sich bei Hängeohren, weil zu wenig Luft zum Ohrinneren kommt und die Ausdünstung vielleicht noch durch lange Haare verhindert wird, womit wiederum der Zersetzung des Ohrschmalzes Vorschub geleistet wird.
Sie bereitet dem Hund große Schmerzen und heftigen Juckreiz. Wenn man das Ohr an der Basis zusammendrückt, hört man

ein quatschendes Geräusch. Durch wöchentliche Reinigung der Behänge mit einem Wattestäbchen könnte man diesen Zustand verhindern. Der Tierarzt wird zur Behandlung Ohrentropfen verschreiben und das Ohr gründlich ausputzen.

Dann gibt es noch die Ohren-Räude, die durch Milben verursacht wird. Das Ohr ist stark entzündet, und der Hund kratzt sich dauernd, weil es ihn juckt. Er schüttelt immer wieder den Kopf. Mit der Zeit bilden sich Krusten im Gehörgang. Wird die Sache nicht behandelt, kann es zu Sehstörungen und Krampfanfällen kommen, ja sogar zu Abmagerung und Tod. Als erste Behandlung erfolgt ebenfalls gründliches Reinigen der Ohrmuschel und des äußeren Gehörganges. Dann Ohrentropfen und wiederholte Waschungen mit Gammexan-Präparaten.

Dieses Übel ist sehr ansteckend unter den Hunden. Ich habe aber die Erfahrung gemacht, daß man neuen Befall verhindern kann, sobald die Parasiten einmal erfolgreich bekämpft sind. Die Haare, die in den Gehörgang hineinwachsen, müssen regelmäßig durch Auszupfen entfernt, und die Behänge müssen außen mit einem Spezial-Puder eingestäubt werden, von dem aber auf keinen Fall etwas in den Gehörgang geraten darf! Die Herstellung dieses Puders ist einfach:

4 Teile Zink-Oxyd-Pulver
4 Teile Borax-Puder
1 Teil Jodoform

1 × wöchentlich, nur äußerlich anzuwenden!

Wenn die Hinterteile der Welpen stark beschmutzt sind, kann man sie *abwaschen* und nachher gut trocknen; baden sollte man die Junghunde im ersten Jahre noch nicht.

Es ist doch wohl selbstverständlich, daß *Flöhe und Läuse* sofort bekämpft werden. Mit Flohpuder muß man aber sparsam umgehen, denn er ist immerhin so giftig, daß er Flöhe lähmen und töten kann und deshalb auch dem Welpen gefährlich werden kann.

Bürsten und Kämme werden wöchentlich in Salmiakwasser (1 Eßlöffel auf 1 Liter Wasser) gewaschen und gereinigt. Leinsamenöl ist wunderbar zur Fellpflege, es fördert das Wachstum des Haares und gibt ihm einen herrlichen Glanz. Es darf aber nicht überdosiert werden, sonst führt es zu Durchfall.

Bei Rassen mit Seidenhaaren wie z.B. Yorkshire Terriers wird das Haar mit Mandelöl geschmeidig und seidig erhalten, man verhütet damit auch Haarbruch und das Verfilzen.

Der Umgang mit Welpen und ihre Erziehung
Ein Welpe darf niemals erschreckt und eingeschüchtert werden. Er soll niemals mit Besen und Stecken hinter und unter Möbeln hervorgehetzt werden. Damit kann man einen jungen Hund fürs Leben einschüchtern und verderben. Schmeicheln mit freundlichen Lockrufen wird den Kleinen hervorholen, sonst kann man ihn immer noch mit etwas Fleisch oder mit Hundekuchen «ködern». Auch völliges Nichtbeachten wird helfen! Man setzt sich hin und gibt vor, etwas anderes zu tun — bald siegt die natürliche Neugierde des Welpen über seine Hemmungen oder seinen Widerstand und er landet bald in den Armen seines «Herrchens.»
Der Welpe sollte schon sehr früh daran gewöhnt werden, daß man ihn anfaßt und hochhebt, daß man ihn pflegt und streichelt. Er sollte aber nicht von zu vielen verschiedenen Personen gehandhabt werden, vor allem nicht von kleinen Kindern. Für den Anfang genügen 1 bis 2 Personen und später, wenn er die Augen offen hat und zur Kontaktaufnahme fähig ist, wird er allmählich auch mit den übrigen Familienmitgliedern und Freunden vertraut gemacht, hoffentlich lauter Menschen, die Hunde verstehen und lieben! Welpen sind sehr wendig und zum Teil schon sehr stark. Man muß sie also gut, aber nicht hart anfassen und halten, damit sie nicht von großer Höhe herunterfallen und sich Schaden zufügen. Sie dürfen auch niemals unter den Ellenbogen hochgehoben werden, das kann zu losen Ellenbogen führen. Ein Welpe wird um beide Schultern umfaßt und nachher sofort mit einem Arm an seinem Hinterteil unterstützt. Ein Welpe einer großen Rasse, wie zum Beispiel ein Bernhardiner, wird mit einem Arm von hinten um den Schenkel und den Schwanz umfaßt und mit dem anderen Arm um den Brustkasten gehalten. Nachher können die Vorderbeine über den Arm gelegt werden, das ist bequemer. Beim Aufheben der Welpen muß man auch aufpassen, daß man sie nicht mit einem Finger in die Flanke drückt und dabei verletzt. Ich finde auch,

daß man Welpen niemals am Nackenbalg oder — noch schlimmer — direkt am Nacken aufheben sollte!
Der Welpe soll schon früh lernen, auf einem Tisch zu stehen, sein Gebiß zu zeigen und seine Ohren. Das sind Übungen, an die man ihn bei der Pflege und im Spiel gewöhnen kann, und die ihn auf spätere Ausstellungsbesuche und Tierarztkonsultationen vorbereiten.
Leider kommt dann auch eine Zeit, wo der Junghund sein früheres «Training» zu vergessen scheint. Er macht eine Entwicklungsphase durch, wo er sich seiner Kraft und Intelligenz bewußt wird und einen starken Eigenwillen verspürt. Jetzt haben wir einen kleinen Rebellen und «Teenager» im Haus. Da muß man Verständnis haben, aber auch die Erziehung intensivieren und besonders den großen Vertretern ihrer Art klar machen, wer der «Boss» ist. Mit etwa sieben bis acht Wochen aber ist der Welpe besonders willig, und da kann man ihm auch das Leinengehen am schnellsten beibringen.
Fast bei allen Rassen machen die Junghunde ein «Flegelalter» durch. Das kann bei Zwergrassen fast unbemerkt vorbeigehen, bei mittleren Rassen noch lustig sein, aber bei den großen Rassen wie Bluthunde und Doggen ist diese Zeit ziemlich anstrengend und kräfte- und nervenraubend. Sie können sich wirklich sehr wild und ungestüm verhalten, und es kann für den Besitzer sogar schmerzhaft werden, wenn sie die Unart annehmen, im Spiel am Meister hochzustehen oder ihn ins Handgelenk oder auch in den Fußknöchel zu beißen, als wären es saftige Knochen. Auch ist es sicher eher für den Zuschauer lustig, wenn die große Dogge ihr Frauchen «spazieren» zieht, an straffgespannter Leine keuchend. Trotz Schmerzen darf man die Hunde aber niemals schlagen, für sie ist ja alles im Spiel geschehen. Man versuche den Spiel- und Beißdrang in andere Bewegungsspiele abzulenken. Das Hochstehen und Anspringen ist im Teenageralter auch «in» und muß sofort abgewöhnt werden.
Hunde aller Rassen begreifen schnell und lernen willig, wenn man ihnen mit Vernunft und Liebe begegnet und nicht zuviel auf einmal von ihnen verlangt. Sie müssen wie Kinder erzogen werden. Auch Hunde der Zwergrassen soll man nicht in Watte verpacken und bei jedem Luftzug im Hause behalten. Auch ein

Zwerg kann sich zu einem großen Haustyrannen entwickeln, wenn man ihn zu sehr verhätschelt.

Eine der ersten Unarten, die man den Welpen abgewöhnen muß, ist unnötiges Kläffen und Bellen. Streiten sie untereinander, müssen sie getrennt werden, damit sie sich nicht gegenseitig verletzen. Allerdings muß man den Unterschied kennen zwischen bösen Raufereien und Spielkämpfen oder kleinen Meinungsverschiedenheiten über einen saftigen Knochen.

Je mehr Liebe und Aufmerksamkeit die Welpen von ganz klein an erhalten, um so klüger der spätere Hund und um so intimer das Verhältnis des Hundes zum Menschen. Hunde, die ohne Kontakt zum Menschen aufwachsen, verwildern, wenn sie in Freiheit leben; im Zwinger verblöden sie. Vielleicht kann man sie später noch einigermaßen erziehen, aber sie werden nie zum anhänglichen, treuen Kameraden des Menschen werden.

Welpen, die man für einige Zeit vom Meuteverband trennen mußte, darf man nur unter Aufsicht und mit Vorsicht zurückbringen, denn die anderen Welpen werden ihn möglicherweise nicht sofort akzeptieren und könnten ihn verletzen. Auch schwache und kranke Hunde werden oft von anderen Hunden gequält oder angegriffen.

Eintragung ins Hunde-Stammbuch, Verkauf, Abschied

Der Züchter muß für jeden Welpen eine gültige Abstammungsurkunde beschaffen und zu diesem Zwecke auch für den Zwinger einen geschützten Namen beantragen. Zuständig dafür ist das jeweilige Hundestammbuchsekretariat der Kynologischen Gesellschaft des betreffenden Landes. Man tritt am besten der nationalen Kynologischen Gesellschaft bei, die der FCI (Fédération Cynologique Internationale) angeschlossen ist. Für viele Rassen wird dazu Beitritt zum Spezialklub verlangt. Bevor man sich für eine bestimmte Rasse entschließt, sollte man sich über Zuchtreglemente und Vorschriften genauestens informieren.

Man soll sich von Richtern und erfahrenen Züchtern in diesen Belangen beraten lassen. Die Vorschriften und Reglemente sind von Rasse zu Rasse und von Land zu Land etwas verschieden. Information erhält man: in *Deutschland* vom Verband für das

Deutsche Hundewesen, Postfach 1390, D-46 Dortmund; in *Österreich:* Österreichischer Kynologen-Verband, Karl Schweighofer-Gasse 3, Wien; in der *Schweiz:* Schweizerische Kynologische Gesellschaft, Postfach 2307, 3000 Bern 1.
Gut bekannte, erfolgreiche Züchter haben selten Mühe, ihre Welpen an gute Plätze zu verkaufen. In großen Zwingern wäre es bestimmt von Vorteil, wenn man eine Liste mit den zu verkaufenden Hunden aufstellen würde: Geburtsdatum, Geschlecht, Farbe, Preis. Diese Liste soll in der Nähe des Telefons bereitliegen, damit man bei telefonischen Anfragen sofort präzise und korrekt antworten kann. Wenn Eltern und Vorfahren der Welpen besonders erfolgreich waren, sollte man dies jedesmal erwähnen, denn es könnte dem möglichen Interessenten Eindruck machen.
Vorerst muß man aber eine gewisse Auslese treffen und sich selbst mögliche Kandidaten zur Nachzucht reservieren, obschon man erst Monate später in dieser Hinsicht klar entscheiden kann, wenn man mehr sieht. Ich finde, daß der Preis durch Erscheinungsbild und Qualitäten eines Welpen bestimmt werden sollte. Später kann man den Preis nicht bei verschiedenen Kunden nach Belieben wieder ändern. Wenn man einen Welpen längere Zeit behalten muß, wird sein Preis steigen oder fallen, je nachdem, wie er sich weiter entwickelt hat. Gewöhnlich revidiere ich die Preise solcher Hunde einmal monatlich.
Obwohl von Verhaltensforschern oft empfohlen wird, daß man die Welpen mit sieben Wochen schon «verpflanzen» sollte, weil sie sich da am schnellsten umgewöhnen könnten, finde ich, daß die Welpen frühestens nach 10 Wochen, aber besser erst nach 12 Wochen fortgegeben werden sollten. Die meisten Rassenklubs raten zu diesem Zeitpunkt, und bei vielen ist es sogar im Reglement festgehalten. Natürlich werden bei großen Rassen die Futterkosten täglich höher steigen, je länger der Welpe bleibt. Dann gibt es auch Rassen, wie zum Beispiel die Zwerg-Spitze, die sehr niedlich und ansprechend aussehen, wenn sie noch sehr jung sind. Einige Monate später beginnt aber der starke Haarwechsel, und man hat dann vielleicht etwas Mühe, einem eventuellen Käufer klar zu machen, daß diese «halbnackten»

Welpen mit sechs bis sieben Monaten wieder behaart sein und prächtig aussehen werden. Andere Rassen, besonders kurzhaarige und langbeinige, sind eine Zeitlang ungelenk, wirken steif und haben den Babycharme verloren. Trotzdem, mit zehn bis zwölf Wochen hatten die Welpen eine faire Chance, sich mit ihren Geschwistern auszutoben, was für die spätere Beziehung zu anderen Hunden von größter Bedeutung ist. Sie sehen dann auch noch aus wie Babys, und der neue Besitzer kann sich daran freuen.

Oft wird es notwendig, daß man ein Inserat aufgibt, um die Hunde zu verkaufen. Je nach Rasse und Wohnort muß man sich da die passende Zeitschrift oder Zeitung aussuchen. Auch den Wortlaut muß man gezielt auswählen. Wenn der Welpe als Familientier gedacht ist, muß man den Charme, das Wesen und die Rasse umschreiben; für Zucht- und Ausstellungszwecke die berühmten Vorfahren und die «Blutlinie»! Niemals schreibe man einen «vorzüglichen, vielversprechenden Wurf» aus, da man dies in diesem Alter nicht wirklich sicher behaupten kann. Inserate müssen fair sein und dürfen nicht irreführen. «Mit Liebe aufgezogen» und «keine Hundehändler» und ähnliche Bemerkungen sind aber durchaus vernünftige Zusätze. Die Telefonnummer ohne Adresse genügt im allgemeinen und spart Geld und Worte.

Alle Anfragen sollen prompt und ausführlich beantwortet werden. Eine schriftliche Beschreibung mit einer Kopie der Abstammungsurkunde trägt oft zur Festigung einer «Geschäfts»-Beziehung bei. Nach meiner Erfahrung kommen aber beigelegte Fotos selten wieder zurück, noch am ehesten, wenn man ein adressiertes und frankiertes Antwortkuvert beilegt. Am Telefon soll man Welpen nur bedingt reservieren. Damit bindet man sich, und die Leute werden vielleicht nie mehr etwas von sich hören lassen, während man in der Zwischenzeit den Welpen hätte plazieren können. Zudem sollte man sich die Menschen wirklich vorher erst ansehen und mit ihnen reden, um klar zu sehen, ob man ihnen überhaupt einen seiner Zöglinge anvertrauen kann und will. Man sollte auch immer Name, Adresse und Telefonnummer erfragen, damit man bei eventuellen Schwierigkeiten mit der Abmachungszeit oder aus anderen Gründen zurückrufen kann. Ich frage auch jedesmal, wie man auf meinen Namen gekommen sei, so erhält man eine Idee, wo man das nächste Mal wieder inserieren soll. Zeitungen und Lokalblätter in und um große Städte sind immer vorteilhafter, dann Magazine und Fachzeitschriften, die zwar weniger oft erscheinen und vielleicht auch weniger Leute auf einmal erreichen. Dafür liegen sie oft in Wartezimmern bei Ärzten, Tierärzten und in Friseursalons etc. auf, oft noch Monate nach ihrem Erscheinen. Ich habe sogar schon einen Hund ins Ausland verkaufen können auf ein Inserat hin, das ich drei Jahre vorher aufgegeben hatte. Die meisten Züchter möchten ihre Welpen nach Verabredung zeigen können, denn sie sind oft vielbeschäftigte Leute. Es gibt aber immer wieder Leute, die einfach ohne vorherige Anmeldung aufkreuzen, die sich stundenlang Welpen ansehen, den Züchter befragen und Zeit kosten, um dann ohne einen Hund zu kaufen wieder fortzugehen. Ihre Einstellung ist wohl, wenn der Züchter am Verkauf interessiert sei, müsse er auch dies über sich ergehen lassen, und man wird im allgemeinen auch kaum etwas dagegen einwenden können. Außer bei Züchtern von Rassen wie Pudel, Malteser, Yorkshire, Terriers, deren Haarkleid enorme Pflege erfordert und die man selbstverständlich im besten Zustand zeigen möchte. Langhaarige Welpen, die gerade im nassen Gras im Garten herumgetollt haben, werden nicht gerade einen überwältigenden Eindruck machen, während sie, frisch gebürstet und gepudert, richtig schön und schmuck aussehen.

Wirklichen Hundeliebhabern ist der Verkauf der Welpen ein Greuel, aber natürlich kann kein Züchter alle seine Zöglinge behalten. Ob sie reich sind oder arm, alle Züchter müssen für ihre Pflegekinder früher oder später ein gutes, neues Zuhause finden.

Voraussichtliche Käufer haben oft vorgefaßte Meinungen nur darüber, wie ihr Hund aussehen sollte, und überlegen dabei zu wenig, ob ihre eigene Lebensart und ihr Lebensraum auch den Bedürfnissen des Hundes entsprechen, den sie sich wünschen. Der Hund sollte auch vom Exterieur her und in seiner Wesensart zum Eigentümer passen. Es kommt zum Beispiel vor, daß sich Leute, die in einer kleinen Wohnung leben und wenn möglich noch ganztags arbeiten, so quasi als Statussymbol unbedingt einen Dobermann anschaffen wollen. Da wundern sie sich später, warum der junge Hunde allerlei Unfug anstellt und sogar großen Schaden anrichtet, wenn er den ganzen Tag ohne Bewegung und Gesellschaft sich selbst überlassen bleibt! Bei ganz jungen Welpen mag das vielleicht noch angehen, aber später brauchen sie ihrer Größe entsprechende Bewegung und körperliche Betätigung, und viele eignen sich nicht gut zur Haltung in der kleinen Wohnung, wenn sich nicht der Besitzer zumindest intensiv mit ihnen abgibt und täglich bereit ist, für die nötige Bewegung außerhalb zu sorgen.

Hundehaltung verpflichtet! Man kann einen Hund nicht nach Bedarf und Lust und Laune hervornehmen und nachher wieder beiseite stellen. Er ist ein empfindsames Wesen, das ein Anrecht darauf hat, daß man sich seiner annimmt in der ihm oft unverständlichen Welt der Menschen und Maschinen.

Es scheint, daß aus gewissen Minderwertigkeitskomplexen und aus Snobismus heraus oft große Rassen gewählt werden. Diese Menschen fühlen sich als Besitzer eines großen Hundes selbst irgendwie sicherer und größer. Leider vergessen sie dabei die ebenfalls großen Unkosten für dessen Ernährung und Haltung und ahnen auch nicht, wie sehr sie das Tier quälen, weil es seinem ausgesprochenen Bewegungstrieb und Beschäftigungsdrang zuwenig nachkommen darf.

Folge und Tragödie solcher Denkfehler sind dann unglückliche Hunde, die vielleicht von Haus zu Haus abgeschoben werden und nie ein richtiges Zuhause erhalten. Leuten, die in kleinen Häusern und Wohnungen leben und sich den Hund hauptsächlich als Kameraden und vielleicht auch noch als Wächter wünschen, sollte man zu Rassen mittlerer Größe oder gar zu Zwergen raten, die meist besonders liebenswürdige, charmante Hunde sind und oft sogar intelligenter und gewitzter als die schweren lethargischen Vertreter großer Rassen. — Doch die Wahl eines Hundes ist eine sehr individuelle Sache, und manchmal braucht so ein kleiner Welpe jemand nur auf seine spezielle Art anzuschauen, und schon macht es «klick», und man hat den Hund fürs Leben gefunden!

Leider erlebt man beim Verkauf der Hunde auch allerlei Unerfreuliches und Unangenehmes, und man muß sich daran gewöhnen, daß es viele rücksichtslose Menschen gibt. Solche zum Beispiel, die sich auf Sonntagnachmittag oder sonst zu ungewöhnlicher Zeit mit dem Züchter verabreden und dann nicht erscheinen. Der Züchter sagt möglicherweise eine attraktive Einladung ab, weil er findet, daß ein möglicher Kunde Vorrang hat, und dann wartet er einen ganzen Nachmittag auf den anderen, der etwas Besseres zu tun fand und sich nicht einmal die Mühe nimmt, die Verabredung telefonisch abzusagen. Oder man erwartet verschiedene Interessenten und verteilt sie auf Abmachungen für den Morgen und am Nachmittag, nur um sich dann plötzlich am Abend vor allen drei Parteien gleichzeitig zu finden! So geht's eben oft zu und her im Hundetheater!

Man darf einem Interessenten niemals zu viele Welpen auf einmal zeigen, er wird dadurch nur verwirrt. Am besten fragt man ihn nach dem Typ Hund, nach Geschlecht, Farbe und Haarart, die er sich vorgestellt hat, und zeigt ihm dann vorerst nur die Welpen, die seinen Wünschen und Vorstellungen am nächsten kommen. Man darf aber nicht überrascht sein, wenn später ein glücklicher Kunde statt mit dem schwarzen, kurzhaarigen Hund, den er sich ausgemalt hatte, mit einem langhaarigen weißen Hund zufrieden und überzeugt davonzieht. Es hat keinen Zweck, Welpen lange zu beschreiben. Der Käufer muß die Kleinen sehen und fühlt sich dann oft durch das Verhalten oder Aussehen eines Welpen besonders angesprochen. Die zur Zucht reservierten Welpen zeigt man mit Vorteil erst nach abgeschlossenem Handel, wenn überhaupt. Es liegt nämlich in der menschlichen Natur, daß Leute immer das am liebsten haben möchten, was sie nicht haben dürfen oder können.

Mit dem Kauf eines Hundes erhält der Käufer auch die Abstammungsurkunde, die man aber noch an das Hundestammbuchsekretariat zurücksenden muß, damit der Handwechsel dort offiziell zur Kenntnis genommen und registriert wird. Der Kunde erhält eine Quittung und natürlich auch den Impfausweis des Welpen, mit den nötigen Anweisungen für weitere Schutzimpfungen. Auch einen genauen Futterplan sollte

man mitgeben und den Käufer auf Literatur und Spezialbücher hinweisen, die ihn weiter über Hundehaltung und Erziehung aufklären und belehren können. Man muß ihn selbst auch über die Pflege seines Hundes informieren sowie über die individuelle Eigenheiten seiner Rasse. Gerade bei langhaarigen Rassen wie Malteser, Yorkshire Terriers oder Shih Tzus, ist die tägliche Pflege des Haarkleides von großer Wichtigkeit. Auch über Vorkommnisse wie beispielsweise, daß Stehohren während des Zahnwechsels oft wieder fallen, sollte man den neuen Eigentümer orientieren. Umgekehrt sollte man ihm sagen, daß bei Rassen wie der Schottische Schäferhund oder Collie, wo der Standard verlangt, daß die Ohrenspitze nach vorne gekippt getragen wird, meist die Stehohren bleiben, wenn man sie nicht speziell behandelt. Auch Schwanzhaltungen brauchen oft Erklärungen, weil bei einigen Rassen die Rute erst später richtig getragen wird. Auch ungefestigtes Gangwerk und etwelche Zahnprobleme müssen jetzt erwähnt werden. Wenn ein Hund als Familienhund und nicht zur Zucht oder für Ausstellungszwecke angeschafft wird, finde ich es nicht notwendig, den Käufer auf Ausstellungqualitäten aufmerksam zu machen. Wendet sich aber ein Neuling vertrauensvoll an den Züchter, damit er ihm bei der Wahl eines Zucht- oder Ausstellungstieres behilflich sei, ist es nur fair und anständig, daß man ihn auf Fehler und gute Punkte eines Welpen und möglichst auch seiner Eltern aufmerksam macht. Gelegentlich wird aber auch ein «Alles- und Besser-Wisser» vorbeikommen, der angeblich über genauste Kenntnisse der Rasse verfügt. Wenn man dann merkt, daß es damit nicht weit her ist, fühle ich persönlich mich nicht verpflichtet, so einen eines Besseren zu belehren.
Im Alter von 10 bis 12 Wochen kann man auch wirklich kaum etwas über das spätere Aussehen eines Hundes aussagen. Junge Schwäne können zu schwerfälligen Gänsen und häßliche kleine Entlein zu prächtigen Schwänen werden. Einmal verkaufte Welpen sollte man nicht zurück in den Zwinger nehmen, denn es besteht immerhin die Gefahr, daß sich ein Welpe «draußen» eine Infektion geholt hätte und diese nachher in den Zwinger einschleppen könnte, was zu katastrophalen Folgen führen würde. Es sei denn, daß man mit dem Käufer vorher eine

schriftliche Abmachung getroffen hätte, daß er den Hund zuerst zum Tierarzt bringen möchte und er, wenn dieser etwas Nachteiliges feststellen müßte, den Welpen innerhalb einer abgemachten Frist noch zurückbringen kann.
Leider kann es auch dem erfahrenen Züchter noch passieren, daß sich einer seiner Zöglinge ganz und gar am falschen Platz befindet. Da wird der wahrhaft tierliebende und verantwortungsbewußte Züchter kaum Zeit, Mühe und finanzielle Opfer scheuen, dem Welpen und vielleicht auch dem ungeschickten «Herrchen» zu helfen oder dem Hund möglicherweise ein anderes Plätzchen zu suchen. Ein guter und kluger Züchter bleibt auch nach Möglichkeit in Kontakt mit den neuen Besitzern seiner Schützlinge, denn es wird ihm nebst dem Bewußtsein, daß der Hund am richtigen Ort steht, auch darum gehen, zu erfahren, wie er sich entwickelt und heranwächst. Danach muß er ja seine Zuchterfolge messen und weiteres Zuchtvorgehen planen.
Sind alle Welpen ausgezogen, müssen die «Kinderstube», Laufgitter und Ausläufe gründlichst gereinigt, gelüftet, gesonnt und auch desinfiziert werden. Alles wird aufgeräumt und wieder vorbereitet auf den nächsten guten Wurf, der ja bestimmt noch viel besser und schöner als der vorhergehende sein wird!

Register

Absinken der Temperatur als Zeichen der bevorstehenden Geburt 107
Absorbieren der Föten 17
Abstammungsurkunde 202
Achondroplasie 16
Afterklauen 149
Afterkrallen, Entfernung der 156
Akten über jeden einzelnen Hund 37
Allantois 108
Alter der Zuchthündin 60
Alter und Fruchtbarkeit 66
Amme 173, 176
Amnion 108
Anschriften kynologischer Landesverbände 203
Anspringen 201
Antibioticum 155
Antikörper 174
Anzahl Mahlzeiten bei Handaufzucht 180
Anzeichen vor dem Werfen 107
Atembeschwerden 21
Aufbau einer Zucht 35
Augen 198
Augen, bläuliche 193
Augenentzündungen 193
Augen, geschlossene 148
Augengeschwüre 193
Augen öffnen der Welpen 159
Augenpflege der Welpen 159
Augen, tränende 198
Augentropfen 194
Ausbildung des Hundes zum Deckrüden 74
Ausfluß aus der Scheide 95
Aussehen der Vulva 58
Auswahl der Zuchttiere 18

Babycharme 204
Babyflasche 179
Balanitis 69
Bandscheibenschäden 21
Bandwürmer 169
Bauch nach oben-Lage 134
Beckendeformation 129
Befruchtung 57
Befruchtung, künstliche 92
Beißdrang 201
Benehmen der Hündinnen vor dem Werfen 107
Bereitschaft der Hündin 59
Bett der tragenden Hündin 97
Bettinhalt 125
Bewegungen der Welpen 152
Bluterkrankheit 17
Bluthunde 60
Boston-Terrier 21
Brunstzeit, abnorm verlängerte 70
Brustdrüsen 54
Brustdrüsenentzündung 146
Brustdrüsen, Stauungen in den 122
Bürsten 198
Bürsten reinigen 199
Bulldogge 21, 104, 150

Cervix 54
Chihuahua 20
Chorion 108
Chow-Chow 49
Chromosomen 14
Colostrum 121

Dachshunde 21
Dahinserbeln 154
Darmentzündung 154
Darmpech 121, 176
Deckrüde, eigener 49
Deckschwierigkeiten 69, 88
Deckschwierigkeiten bei Zwerggrassen 91
Decktaxen 50
Demodikose 194

Diarrhoea 154
Dobermann 16
Dominanz 15
Durchfall 154, 192
Durchfall, Gefahren des 153

Echinokokkus 172
Eibläschen 52
Eicheltripper 69
Eierstöcke 52
Eigenwärme 148
Eihaut aufreißen 133
Eileiter 54
Eisprung 58
Eklampsie 145, 169
Embryo 108
Enteritis 154
Entstehung neuer Rassen 26
Entwicklung des Welpen 161
Entwöhnen 187
Entwöhnung der Welpen 165
Entwöhnung des verwaisten Welpen 187
Entwurmen 169
Entwurmung 170
Entzündung der Nebenhoden 69
Epididymitis 69
Erbanlagen 14
Erbfehler 149
Erbfehler bei Vorfahren und Nachkommen des Rüden 42
Erb-Räude 194
Ernährung, falsche 65
Ernährung mit der Magensonde 179, 184
Eröffnungsphase 109
Eröffnungswehen 110
Erste Untersuchung der Welpen 148
Erstickungs-Gefahr für den Welpen 128
Experimentierzuchten 26
Extreme 21

Familienhunde, ungeübte 91
Farben 24

Farbzeichen 174
Fehler ausmerzen 38
Fieber, hohes 196
Flegelalter 201
Flöhe 199
Follikel 52
Fortpflanzungsbereitschaft der Hündin 58
Fortpflanzungsorgane der Hündin 52
Fortschritte der Welpen 153
Fox-Terrier 21
Fremdzucht 19
Fremdzuchtpaarung 17
Frigidität 71
Fruchtbarkeit 22
Fruchtblase 109
Fruchtwasser 109
Frühgeburtenflasche für Säuglinge 179
Fußabdrücke 174
Futter, vorgewürgtes 166
Futter, vorverdautes 166
Fütterung der trächtigen Hündin 98
Fütterung der Welpen bis zur 3. Lebenswoche 125
Fütterung mit Säuglingsflasche 180
Fütterung mit Tropfpipette 180
Fütterung, zusätzliche für kleinere Welpen 153
Fütterung, zusätzliche für schwächere Welpen 153

Gammaglobulin 174, 196
Gaumenspalten 17, 21, 148
Gebärmutter 53
Gebärmutterentzündung 146
Gebärmutterhals 54
Gebärmuttermund 54
Gebiß 164
Gebiß, erstes 163
Geburt 104
Geburtsfahrplan 125
Geburtshelfer, Typen von 128
Geburtshilfe bei Komplikationen 132
Geburtskanal 110
Geburtsschwierigkeiten 21, 104, 127

211

Geburts-Vorbereitungen 105
Gelbkörperphase 57
Gene 13
Gene, dominante 15
Gene, rezessive 15
Genetik 13
Geruchsinn 152
Geschlecht der Nachkommen 14
Geschlechtsgebundene Merkmale 17
Geschlechtsreife 45, 60
Geschmackssinn 148
Geschwülste und Wucherungen 71
Gesundheitsprobleme 192
Glukose-Test zur Feststellung
der Ovulation 59
Greyhound 23
Größe des Wurfes 120
Größenunterschiede zwischen
Rüde und Hündin 67
Gummiband-Methode zum
Kupieren der Schwänze 159

Haarbalgmilbe 194
Haare, die in den Gehörgang
hineinwachsen 199
Haemophilie 17
Hände waschen 172
Hängen 48, 84, 85, 89
Halb-Letal-Gene 17
Haltung eines eigenen Deckrüden/
Zuchtrechtsvertrag 49
Haltung der trächtigen Hündin 96
Hand-Aufzucht von Welpen 175
Hartballenkrankheit 196
Hartgummibälle 192
Hasenscharte 17, 148, 150
Heizkissen 124
Hepatitis contagiosa canis 196
Hernien 131
Heterozygot 15
Hilfsartikel bei der künstlichen
Ernährung 179
Hitze, falsche 70
Hochbrunst 56
Hochheben der tragenden Hündin 97
Hochstehen 201

Hoden 44
Hoden-Abstieg 45
Hodenentzündung 68
Hodenkontrolle 45
Hodensack 43
Höhe der Decktaxe 51
Holzwolle 125, 191
Homozygot 14
Hormonmangel 70
Hülsenwurm 172
Hundeamme 173
Hundefloh 169
Hundegebiß, Ursachen für mangelhafte Entwicklung des 165
Hunde-Stammbuch, Eintragung 202

Juckreiz 195, 198
Junghunde 201

Impfschutz 197
Impfungen 197
Impfung gegen die Tollwut 197
Inertia uteri 129
Infrarot-Lampe 100, 105
Injektionsspritze 179
Inserat 204
Instrumenten-Tablett für die
Geburt 106
Inzestzucht 17, 36
Inzucht 17

Kämme reinigen 199
Käufer 205
Kaiserschnitt 129, 131, 142
Kalkmangel 165
Kastration 69
Katze als Amme 175
Kinder und Hunde 172
Klumpfuß 149
Knochen 192
Körperpflege 198
Körpertemperatur beim Hund 106
Kolostralmilch 174, 197
Kolostralmilch, Abwehrstoffe
der 197

Kolostrum 151
Komplikationen nach der Geburt 145
Kontaktmöglichkeiten mit
  Geschwistern 188
Kontaktmöglichkeiten mit Geschwistern 188
Kopflage 113
Kopflagen, schwierige 132
Krämpfe 196
Krätzmilben 194
Kreuzung 20
Kryptorchismus 45
Kümmerer 154
Kümmern 154
Künstlich ernähren 175
Künstliches Ernähren, Fehler
  beim 181
Kupieren der Schwänze 158
Kurzhaar 20

Lähmungserscheinungen 196
Läuse 199
Lager für die junge Familie 124
Langhaar 20
Leberentzündung 196
Leistenbrüche 131
Leptospirose 196
Letalfaktoren 17
Linienzucht 17, 19
Lungenstaupe 196

Machtkämpfe 162
Magensonde 154
Mammae 54
Mastitis 146
Meconium 121, 176
Merkmale, die sich rezessiv
  vererben 23
Mesalliance 92
Metritis 146
Milcheinschuß 107
Milcheinschuß alter Hündinnen 173
Milch-Fieber 145
Milchproduktion 123

Milchtritt 152, 157
Milchüberschuß 146
Milchzähne 163
Milchzähne, erste 161
Mischerbig 15
Mißbildungen 24
Mißfarben 149
Mundgeruch 165
Mund-zu-Mund-Beatmung 142
Mutationen 16
Mutterhündin nach dem Wurf 120
Mutterkuchen 117
Muttermilch, Schutzwirkung der 197

Nabelbruch 115, 160
Nabelschnur 114
Nabelschnur durchschneiden 116
Nabelschnur, Durchtrennung der 115
Nach der Paarung 88
Nachgeburten 117
Nachgeburten fressen 117
Nachgeburt, zurückgebliebene 117
Nachtblindheit 23
Nackenlage eines Welpen 129
Nacken- oder Hinterhauptslage 135
Nagebedürfnis 164
Namen 202
Narkose 143
Nasenabdrücke 174
Neigung zum Verwerfen 17
Nervenstaupe 196
Nestbau 105

Oberlippe, Fehlformation der 150
Ohren 198
Ohrenbeschwerden 21
Ohren der Welpen 160
Ohren, geschlossene 148
Ohren-Räude 199
Ohrentätowierung 174
Ohrzwang 198
Orchitis 68
Outcross 19
Ovarien 52

Paarung 79
Paarung bei Zwergrassen 89
Paarung mit nur einem Helfer 83
Paarung mit zwei Gehilfen 82
Paarung mit drei Helfern 82
Paarungsort 76
Paraffinöl 134
Parodontose 165
Pekingese 21
Penis 44
Pflege der Hündin während der Brunstzeit 62
Pflege der trächtigen Hündin 96
Pflege der Zuchthündin 63
Pflege des Zuchtrüden 47
Phimose 69
Pigmentierung 24
Pigmentstop, intrauteriner 149
Placenta 114, 117
Pleiotropie 16
Polygenie 16, 23, 41
Probleme mit den Augen 193
Prolaps 147
Prostata 43
Prostatitis 69
Puppenflaschen 179

Qualität des Zuchtmaterials 35

Räude 194
Räude, falsche 194
Rangordnung, Raufereien um die 162
Rassenblindheit 31
Reinerbig 14
Rennfähigkeit 23
Resorption der Welpen 131
Rolle des Deckrüden bei der Paarung 48

Sägemehl 191
Samenabgabe des Rüden 48
Samenfäden 44
Sarcoptes-Milben 194
Sauberkeit 162

Säugen 151
Säuglingsmilchpulver 175
Sauginstinkt 151
Saugkraft 151
Scham 54
Scheide 54
Scheidenverengung 71
Scheinträchtigkeit 94
Scherengebiß 163
Schlafstelle der Welpen 191
Schnuller 179
Schutzimpfung 197
Schutzstoffe 174
Schwierigkeiten bei der Fütterung mutterloser Welpen 184
Scottish Terrier 21
Seidenhaare 200
Serum-Injektionen 197
Sexualzyklus 56
Skrotum 43
Spermien 44
Spezialklub 202
Spieldrang 201
Spielen der Welpen 192
Spielzeug 192
Spulwurminvasion 169
Sträkungsmittel für kranke Welpen 193
Staupe 195
Staupe-Serum 196
Steißlage 113, 127, 133
Sterilisation der Hündin 72
Sterilität 65
Störungen, hormonale 68
Stubenrein 162
Stubenreinheit 188
Stuhluntersuchungen 168
Stuttgarter Hundeseuche 196
Symbol-Zeichen für männlich und weiblich 26

Tablette aufteilen 170
Tablette eingeben 170
Taubheit 21, 23
Testikel 44
Testpaarungen 40

Tetanie der Mutterhündin 169
Totgeburten 17
Trächtigkeit 93
Trächtigkeit, Anzeichen der 94
Tragzeit 93
Tropfpipette 179
Tuben 54
Tücher, verknotete als Spielzeug 192
Tumoren 71

Überbeanspruchung bei
 Deckrüden 66
Überdeckung 92
Übergang von Muttermilch auf
 feste Kost 166
Umwelteinflüsse 66
Unarten, den Welpen
 abgewöhnen 202
Unfruchtbarkeit 65
Unfruchtbarkeit als Folge von
 Krankheiten 68
Unfruchtbarkeit bei der Hündin 70
Unfruchtbarkeit beim Rüden 68
Unterbiß 173
Unterernährung 17
Unterlagen, schriftliche 37
Unterlegen der Welpen 176
Uterus 53, 123

Vagina 54
Verdauungsstörungen 165
Verengung der Vorhaut 69
Vererbungswissenschaft 13
Verwachsungen 144
Verkauf 202
Verkaufspreise 203
Verkaufs-Zeitpunkt 203
Versuchspaarungen 38, 40
Virus-Krankheiten 195
Vitamin E-Mangel 71
Vorbereitungen zur Paarung 72
Vorbiß 163
Vorbrunst 56
Vorfall 147
Vorsteherdrüse 43

Vorsteherdrüsen-Entzündung 69
Vulva 54

Wärmeplatte 124
Wahl des Zuchtrüden 41
Waisen 173
Wehen 110
Wehenschwäche 129
Wehenschwäche, primäre 130
Wehentätigkeit, Anregung der 130
Welpe, abgestorben 131
Welpen, abnorme Lagen der 128
Welpen, aufheben 200
Welpen-Auslauf 189
Welpen beibringen, wie sie aus dem
 Teller auflecken sollen 187
Welpen, Erziehung der 200
Welpen, geburtsgeschwächte 138
Welpen, gesunde 150
Welpen, große Rassen, mit Fleisch
 bekannt machen 166
Welpenhaus 189
Welpen, hochheben 200
Welpen, Infektionen der 153
Welpen, kümmernde 153
Welpen, künstlich ernährte 187
Welpe, mumifizierter 131
Welpen, mutterlose 173
Welpen nach dem Wurf 120
Welpen, neugeborene 147
Welpen, ohne Atmung 120
Welpensäuglingsmilch 175
Welpe, täglich untersuchen 198
Welpe, toter 135
Welpen, übergroße 128
Welpen, Umgang mit 200
Welpen, unerwünschte 149
Welpen, verwaiste 173
Welpen, von herunterfallenden
 Früchten erschlagen 190
Welpen wachsen heran 188
Welpen während des Fortgangs der
 Geburt bei der Hündin lassen 119
Welpenzahl 104, 120
Welpen zeigen an Interessenten 205
Welpe, Zurückbleiben eines 118

Wenn kein Tierarzt erreichbar ist 135
Whitney, Dr. Leon F. 18
Wiederbelebungsversuche am Welpen 138
Wie oft darf der Zuchtrüde decken? 46
Wolfsrachen 17
Wurf 54
Wurfdatum 106
Wurfdatum errechnen 93
Wurfkiste 99
Wurfkiste herstellen 100
Wurfkisten für Zwerghunde 102
Wurmbefall 168
Wurmprobleme 168
Wurmtoxikose 169
Wurmträgerin 169

Zahl der Welpen pro Wurf 149
Zahnausfall 165
Zahnfleischentzündungen 165
Zahnpflege 165
Zahnstein 165
Zahnverfall, vorzeitiger 165
Zahnverlust 164
Zahnwechsel 164
Zangengebiß 163
Zehenkrallen, Zurückschneiden der 156
Zitzen 55
Zitze, harte 147
Zuchthündin 51
Zuchtlinie 35
Zuchtrechts-Abtretung 63
Zuchtrechtsvertrag 49
Zuchtreglement 202
Zuchtrüden 41
Zuchtrüden als Träger von Erbfehlern 40
Zuchtrüdentypen 73
Zuchtvorschriften 149
Zuckungen 196
Zufütterung 125
Zurückbleiben eines Mutterkuchens 136
Zurückbleiben eines Welpen 137
Zwinger 202
Zwinger-Blindheit 31
Zyklus der Hündin, unregelmäßiger 61
Zyklus-Unregelmäßigkeiten 61